高职交通运输与土建类专业规划教材

无砟轨道施工测量与检测技术

WU ZHA GUI DAO SHI GONG CE LIANG YU JIAN CE JI SHU

主　编：赵景民

主　审：张冠军

人民交通出版社
China Communications Press

内 容 简 介

本教材以国内目前应用的几种无砟轨道轨道板为基础，以轨道板铺设为主线，以测量技术和组织为核心，介绍高速铁路前期的各级控制测量方法、各型轨道板结构及其铺设中的测量方法和运营期的检测维护技术，并适当拓展相关知识。

本书为高职高专交通土建测量课程的相关教材，适用于高速铁道工程技术、铁道工程技术及工程测量等专业从事高速铁道工程施工、养护方向的测量教学用书，也可供从事高速铁路施工、养护的工程技术人员参考。

图书在版编目（CIP）数据

无砟轨道施工测量与检测技术 / 赵景民主编. — 北京：人民交通出版社，2011.9
ISBN 978-7-114-09248-0

Ⅰ. ①无… Ⅱ. ①赵… Ⅲ. ①无砟轨道—铁路测量②铁路工程—检测 Ⅳ. ①U212.24

中国版本图书馆 CIP 数据核字（2011）第 187316 号

书　　名：无砟轨道施工测量与检测技术
著 作 者：赵景民
责任编辑：杜　琛
出版发行：人民交通出版社
地　　址：（100011）北京市朝阳区安定门外外馆斜街 3 号
网　　址：http://www.ccpress.com.cn
销售电话：（010）59757969，59757973
总 经 销：人民交通出版社发行部
经　　销：各地新华书店
印　　刷：北京牛山世兴印刷厂
开　　本：787×1092　1/16
印　　张：14.25
字　　数：331 千
版　　次：2011 年 9 月　第 1 版
印　　次：2011 年 9 月　第 1 次印刷
书　　号：ISBN 978-7-114-09248-0
印　　数：0001～3000 册
定　　价：29.00 元
（如有印刷、装订质量问题的图书由本社负责调换）

前言 Preface

近年来，我国高铁技术不断完善，高速铁路建设全面铺开，但就高铁测量技术而言，目前普及程度还远远不够。随着大量高铁(客运专线)投入运营和高铁技术走向世界，人才紧缺现象更加突出，人才培养任务更加艰巨。编者作为铁路职业院校的教师，在大量走访、考察和学习的基础上，与南方高铁公司朱茂栋等技术人员联合开发本教材，旨在通过职业教育，培养掌握高铁测量系统知识，具备基本操作技能的高素质专业人才。

本教材坚持理论与实践相结合，突出科学性与实用性的结合，突出学校与生产企业的结合，突出传统知识与先进技术的结合，图文并茂、言简意赅。

本教材以项目为单元，共分 12 个项目，分别是无砟轨道及测量背景、高速铁路控制测量、CPI 和 CPII 网测量、沉降变形监测、CPIII 测量、GRP 测量、CRTSI 型轨道板测量、CRTSII 型轨道板测量、CRTSIII 型轨道板测量、双块式无砟轨道运营及养护维修测量、工程案例等。

本书由西安铁路职业技术学院赵景民主编。具体编写分工为：南方高铁公司朱茂栋编写项目 1、12；洛阳工务段刘凤恩编写项目 3、11；西安铁路职业技术学院刘峰编写项目 2、附录，张晓雅编写项目 4、5；西安铁路职业技术学院赵景民编写项目 6～10，并对全书进行统稿整理。

铁道部第三勘察设计院测绘分院总工张冠军为本书做了审阅工作，提出了有益的修改意见和建议，本教材的编写提供了相关案例素材，在此表示衷心的感谢。

由于编者水平有限，书中难免有疏漏和问题存在，敬请读者批评指正。

编　者

2011 年 6 月于西安

目录 Content

项目1　无砟轨道交通发展及测量背景

1.1 无砟轨道研究背景

随着世界经济的飞速发展，高速铁路已成为世界交通发展的主题。传统的有砟轨道主要采用的是天然道砟材料，其均一性较差，在列车荷载作用下道床肩宽、砟肩堆高、道床边坡、轨枕间距及轨枕在道床中的支撑状态相对易发生变化，导致轨道几何尺寸发生变形，结构稳定性和恒定性较差，运营时间越长，舒适度越低。随着列车速度的提高，有砟轨道在列车荷载作用下，会产生道砟颗粒磨耗、粉化、相对错位等问题，引起结构变形，严重影响结构的耐久性，维修工作越来越繁重，维护费用大量增加。再则，列车在高速行驶中会产生空气动力效应，使道床上的道砟飞溅，增加了运行安全隐患。为了消除有砟轨道结构形式下的不利影响，铁路工作者开始考虑采用一种新型的轨道结构形式来代替有砟轨道结构形式，无砟轨道由此产生。

高速铁路至少具备以下三点优势：

(1)高速铁路车辆速度快，省时间，安全系数高，乘坐空间大，舒适方便，价格适宜，迎合了现代社会出行的需求，因而受到人们的青睐，成为实践各国振兴铁路的强大动力。

(2)高速铁路运输系统是铁路大面积吸纳现代高科技成果进行技术创新的产物，它推动了铁路科学技术和铁路装备迈上一个崭新的台阶，增强了铁路的竞争力。

(3)高速铁路不仅运输能力特别大，而且兼有对环境污染相对较小的优势，因而特别适宜于大运量的城市间、城市群和城郊的高频率运输。旅行时间的节约，旅行条件的改善，旅行费用的降低，再加上国际社会对人们赖以生存的地球环境保护意识的增强，使得高速铁路在世界范围内呈现出蓬勃发展的强劲势头。除欧洲、北美洲外，大洋洲、亚洲诸国和地区，也正在进一步加快高速铁路的建设速度。总之，发展高速铁路是科技进步的必然，是时代发展的需要。

日本是世界上第一个建成使用高速铁路的国家。1964年10月1日，东海道新干线正式投入运营，最高运行速度达到210km/h，使一度被贬为“夕阳产业”的铁路显示出强大的生命力，预示着“铁路第二个大时代”的来临。全球高速铁路网建设的时期也随之而来。技术创新是世界铁路复苏的重要动力，高速技术和信息技术带动了铁路整体技术的迅猛发展，使铁路这一传统产业面貌焕然一新，铁路市场竞争能力大大提高。

世界铁路发展史大体上可分为表1-1所列的几个时期。

世界铁路发展各个阶段　　　表1-1

萌芽期	蓬勃发展期	衰退期	复苏期
1825～1900年	1900～1945年	1946～1964年	1964年以后

目前已开行时速 200km 以上高速列车的国家有中国、日本、法国、德国、意大利、西班牙、比利时、荷兰、瑞典、英国、美国、俄罗斯，正在积极建设或规划建设高速铁路的国家还有瑞士、奥地利、丹麦、加拿大、澳大利亚、韩国、印度等。

1.2 无砟轨道研究

1.2.1 国外无砟轨道研究

自 1825 年世界上第一条铁路诞生的 100 多年来，世界各国从事铁路研究工作的专家、学者，始终在为提高列车的行车速度作不懈努力。按照列车运行速度每小时超过 200km 以上者为高速列车的标准，世界各国高速铁路的情况如下：

1903 年德国用电力机车牵引，试验速度达到 210km/h；

1954 年法国用电力机车牵引，试验速度达到 243km/h；

1962 年日本用电力机车牵引，试验速度达到 256km/h；

1972 年法国用内燃机车牵引，试验速度达到 318km/h。

到了二十世纪八九十年代，法国、德国、日本用电力机车牵引试验速度达到 400km/h 以上，特别是法国 1990 年试验的 TGV 高速列车速度达到 515.3km/h，创世界最高纪录。

自 1964 年日本建成世界上第一条高速铁路以来，法国、英国、德国、西班牙、意大利和美国等发达国家相继修建了高速铁路。其中最具代表性的是法国高速铁路，其最高商业运行时速已突破 300km/h。目前全世界已投入运行和正在修建的高速铁路里程超过 1.4 万公里，约占铁路总营业里程的 2%。欧洲有关部门作出的长远规划是到 2015 年，全欧高速铁路网总长达到 3 万公里，其中新建路段 9100km，约占 30%。与此同时，世界上许多国家和地区也作出了自己相应的规划和目标。高速铁路的诸多特点和优势，使得传统的铁路运输重新焕发了生机，并在世界各地得到了蓬勃发展，从而加速了高速铁路现代化的步伐，为世界高速铁路网的形成和发展打下了良好的基础。

1)日本的高速铁路

日本的高速铁路是在充分吸收德、法等国家高速列车试验经验，并凭借本国强有力的经济与技术力量，于 1964 年建成了世界上第一条高速铁路东海道新干线（东京至新大阪，全长 515.4km），并研制了“0 系”高速列车。日本的东京至大阪东海道线仅用 8 年时间就收回全部投资。近 40 年来，日本新干线技术不断进步与创新，已构成了日本国内铁路网的主干部分。

日本的新干线在速度方面的优势后来被法国的 TGV 超过，但是这条专门用于客运的电气化、标准轨距的双线铁路，代表了当时世界第一流的高速铁路技术水平，标志着世界高速铁路由试验阶段跨入了商业运营阶段。东海道新干线以其安全、快速、准时、舒适、运输能力大、环境污染轻、节省能源和土地资源等优势博得了政府和公众的支持和欢迎。新干线投入运营后，高速列车的客运市场占有份额迅速上升，而且新干线修建之后，其对于日本经济的拉动作用也成为世界高速铁路进入建设高潮的原因之一。

2)法国的高速铁路

法国修建高速铁路，首先是对既有铁路进行现代化改造。改造后的铁路行车速度虽提高到 160km/h，最高也达到了 220km/h，但是，包括巴黎—里昂在内的许多铁路干线的通过能力已达饱和，采用提速技术已无法提高运力；采用双复线化又受到隧道等障碍，因此，从 1970 年在建议修建巴黎—里昂东南线新线时，便确定了以下原则：一是新建高速铁路客运专用新线；二是高速铁路新线与既有铁路线网兼容；三是多车次少中转的运营系统。

法国从1976年开始修建巴黎—里昂东南线第一条高速铁路，1981年部分区段开通，1984年全线开通。截至1996年统计，法国国营铁路公司已经拥有1282km的高速铁路。法国高速铁路的主要技术特征有：新建客运专线、动力集中的电动高速列车（TGV）、集中调度控制和基于轨道电路采用混频技术的列车运行控制系统（TVM）。同时为了充分发挥高速铁路的优势，法国采取的是高速列车下既有线运行的方式，使高速列车TGV可提供服务的路网范围达到了5700km。法国修建的地中海高速线，全线长295km，允许时速为350km，运行间隔为3min，于2001年初投入运营。

3）德国的高速铁路

德国铁路高速化，首先从经济发达的南北长干线开始，并从提高路网能力考虑来建设高速铁路和对既有线路进行改造。1970年制订了修建高速铁路的计划，从1973年开始修建慕尼黑—斯图加特和汉诺威—维尔茨堡的高速铁路，1991年5月竣工开通。到目前为止，德国新建并投入运营的高速铁路里程为427km，线路允许的最高运行速度为280km/h；既有线改造可允许列车以200km/h速度运行的线路达到650km；新建线和改造线的总长为1077km。德国高速铁路的主要技术特征是：新建部分高速线采用客、货分时；高、中速混跑运输组织模式；动力集中的电动高速列车ICE（Inter City Express）；分区域的集中控制和基于轨道电缆的列车运行控制系统（LZB）。德国的高速铁路在路网中起着主要通道的作用，高速列车可在既有线运行，使高速列车ICE可提供服务的路网范围达到了4000km。根据1992年通过的联邦运输基础设施技术，德国还将建设速度在250km/h以上的高速铁路，其中包括斯图加特—奥格斯堡、纽伦堡—因戈尔斯塔特、纽伦堡—埃尔福特—莱比锡铁路，扩建计划还将包括"泛欧铁路网"等。

德国的ICE是目前高速铁路中起步最晚的项目。ICE的研究开始于1979年，其内部制造原理和制式与法国TGV有很多相似之处，目前最高时速是1988年创下的409km。现在德国与法国政府正在设计进行铁路对接，用各自的技术完成欧洲大陆上最大的两个国家铁路网的贯通。

4）意大利的高速铁路

意大利第一条高速铁路是1992年修建的罗马至佛罗伦萨线，全长236km，ETR450高速列车最高行驶时速250km。但是，他们没有立即继续高速铁路的修建，而是密切观察该段高速铁路的性能，总结经验，待高速铁路的优越性变得十分明显时，才于1994年正式开始高速铁路网工程。1998年对米兰—博洛尼亚段180km铁路进行升级改造，车速提高至300km/h。这是继罗马—那不勒斯、博洛尼亚—佛罗伦萨和佛罗伦萨—罗马段之后的第四条升级铁路，标志着意大利的高速铁路网计划已完成一半。另外，都灵—博洛尼亚高速铁路于2000年完工；米兰—威尼斯高速铁路于2001年完工；米兰—热那亚高速铁路于2003年完工。意大利高速铁路网总长度超过1600km。意大利高速铁路采用最新型的ETR500高速列车，被称为"意大利欧洲之星"。

5）西班牙的高速铁路

西班牙于1992年4月21日在巴塞罗那奥运会前夕开通了从马德里至塞维利亚（长471km）的高速铁路，赶上了世界高速运输发展的步伐。西班牙高速列车简称AVE，采用法国技术，最高时速达 300km。AVE 还创造了一天客运量达到 12338 人次的纪录。在第一条高速干线运营成功以后，西班牙继续加快高速列车的发展，制订了新的路网规划。正在修建和计划修建的新干线有：马德里—巴塞罗那—法国西南部、萨拉戈萨—毕尔巴鄂、洛格罗尼奥—法国西南部、马德里—葡萄牙首都里斯本。将要改造的旧线有：马德里—巴伦西亚、马德里—莱昂、瓦利阿多里德—洛格罗尼奥、塞维利亚—韦尔发、塞维利亚—加的斯等。经过新建和改建以后，西班牙铁路将形成一个现代化的高速路网，跻身于世界铁路的先进行列。

目前世界上运行时速在 200km 以上的新建高速铁路营业里程约 4400km，若包括运行时速 200km 的线路，总营业里程已超过 15000km。这些线路仅占世界铁路总营业里程的1.5%，却担负着各拥有国铁路较大一部分的客运量。如日本现有四条新干线约占日本铁路(JR)总营业里程的 9%，承担了铁路旅客周转量的 1/3；法国现有的三条高速新线和 TGV 列车通行网络分别占法国铁路网总营业里程的 4%和 18%，承担了一半以上的旅客周转量；德国正在运营的高速线及时速达 200km 的 IC 列车的通达里程只占德国铁路总营业里程的 1%和 10%，却担负着 50%的旅客周转量。

随着高速铁路系统技术的不断发展，高速列车的商业运行速度不断提高。从 20 世纪 60 年代时速 210km，到 80 年代时速 250～300km，90 年代末或 21 世纪初时速可望达 350km 左右。既有线经改造符合高速要求的一般运行时速为 200km，个别线路可达到 220～225km。

由于高速铁路的优势日益显现和全社会的认可度逐步提高，高速铁路在世界范围内呈现出蓬勃发展的强劲势头。可以预见，21 世纪的铁路运输业将会出现轮轨系高速铁路的全面发展，全球性高速铁路网建设的时期已经到来。

1.2.2 国内无砟轨道研究现状

我国高铁建设起步较晚，但成效却非常显著，分别于 1997 年、1998 年用电力机车牵引试验速度达到 212.6km/h 和 240km/h。

京津城际铁路是中国最早开工建设并最先建成的第一条高标准铁路客运专线，全长约 120km，连接首都北京和天津两大直辖市。该线路采用高新技术的系统集成，于 2005 年 7 月 4 日开工建设，2007 年 12 月 15 日全线铺通，2008 年 8 月正式运营。

武广客运专线为京广客运专线的南段，位于湖北、湖南和广东境内，全长约 1068.8km，投资总额 1166 亿元，于 2005 年 6 月 23 日在长沙首先开始动工，2009 年 12 月 9 日试运行成功，于 26 日正式运营，列车最高时速可达 394km。

京沪高速铁路于 2008 年 4 月 18 日动工兴建，从北京南站出发终止于上海虹桥站，总长度 1318km。全线纵贯北京、天津、上海三大直辖市和河北、山东、安徽、江苏四省，是我国目前最长的客运专线之一。

沪宁城际铁路于 2008 年 7 月 1 日动工兴建，是上海与江苏省南京市之间建设联系区域内部交通的高速铁路，2010 年 7 月 1 日正式建成通车。

郑西客运专线是我国中长期铁路规划的 10 条客运专线中徐兰客运专线(徐州—郑州—西安—宝鸡—兰州)最先开工的一段，2009 年 6 月 28 日全线铺通，2010 年 2 月 6 日正式运营。

截至目前，我国已建成的高速铁路包括：武汉—广州、郑州—西安、北京—天津、上海—南京、北京—上海。

正在建设的高速铁路有 1 万多公里：包括哈尔滨—大连、北京—石家庄、石家庄—武汉、广州—深圳、上海—杭州、杭州—长沙、天津—秦皇岛、合肥—福州、厦门—深圳、汉口—宜昌等高速铁路，以及上海—南京、南京—杭州、广州—珠海、哈尔滨—齐齐哈尔、成都—都江堰、武汉城镇圈、郑州城镇圈、京津城际延伸线、海南东环等城际铁路。

为了提高列车在高速运行条件下的稳定性和平顺性，减少轨道维修量，世界各国研究和开发了多种结构形式的无砟轨道。目前国内使用的轨道板主要有：德国博格板，日本单元板，综合吸收消化德国博格板和日本单元板技术而研制出的CRTS III型轨道板，纵联式双向预应力混凝土轨道板以及在博格板和日本单元板这两类轨道板基础上的各种改进轨道板。国内现有的轨道板精调系统也是根据不同类型的轨道板，直接全套引进或参考德国博格板和日本单元板的精调测量系统进行的仿制和改进。

当前，我国正在大规模建设铁路客运专线，已广泛采用无砟轨道施工技术，无砟轨道铁路成为我国铁路现代化建设的重要内容。无砟轨道铁路测量技术作为无砟轨道铁路建设成套技术的一个重要组成部分，在无砟轨道铁路建设过程中也越来越显示出其重要性。

1.3 无砟轨道测量技术及应用现状

德国睿铁公司(Rail One)执行副总裁巴哈曼先生在总结无砟轨道铁路建设经验时说："要成功地建设高速铁路，就必须有一套完整、高效且非常精确的测量系统，否则必定失败。"这句话也充分说明了精密工程测量在无砟轨道工程建设中的重要作用。

1.3.1 国外无砟轨道控制测量技术现状

1)德国高速铁路测量技术

德国的平面控制网共分为四级：PS0、PS1、PS2 和 PS4。德国的高速铁路线路采用大地测量基准，是以德国土地测量管理部门的ETRF89为基础的DB－REF，采用七参数转换到局部参考椭球体，使用3°带高斯—克吕格投影将球面投影转换到平面上。

(1)PS0是在联测德国国家控制点(网点的间距为30～50km)的基础上采用GPS大地测量方法测定的三维网络，其控制点一般分布在线路交汇的范围内，尽量保证能够被多条线路应用，它构成了德国高速铁路网的坐标框架(图1-1)。

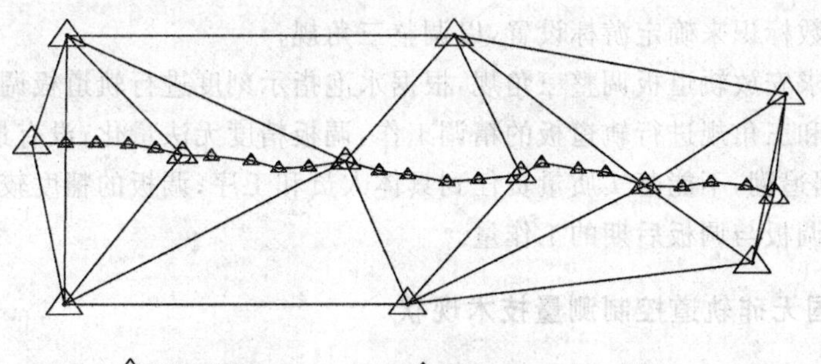

图1-1 德国国家控制点、PS0和PS1布网示意图

(2)PS1是在PS0的基础上采用全站仪和水准测量的方法建立的大地测量三维网。

(3)PS2建立在PS1和PS0的基础上，只是采用全站仪大地测量方法建立的平面控制网，其控制点以永久的控制点标准设立。

(4)PS4则是根据需求设立的其他测量方式获得的控制网。

(5)德国的高程网只有一种PS3，其控制点是建立在适宜的大楼和建筑物处，是采用联测国家水准点建立的水准网。同时，对于上述维数少于三的控制网，需要用分米级精度标称缺少的维数。其控制网的标准如表 1-2 所示。

德国高速铁路控制网精度标准　　表 1-2

控制网级别	距　离	绝对精度(mm)	相对精度(mm)	备　注
PS0	4km	⩽10	⩽5	高程误差无数据
PS1	800～1000m	⩽8	⩽10	高程误差无数据
PS2	150～200m	⩽8	⩽10	无高程精度
PS4	50～60m	⩽5	⩽6	具体根据要求
PS3	700～1000m	⩽5	⩽5×R	无水平位置精度

2)日本的高速铁路测量技术

在高速铁路建设史上，日本起步较早，其相应的轨道板精调定位技术也有着广泛的应用。日本已建和在建的无砟轨道铁路普遍采用基准器和三角规进行轨道板的精调工作。

三角规方法进行轨道板精调的步骤如下：

(1)标注凸形挡台中心线和测点位置；

(2)安放基准器；

(3)测量基准点之间的距离并作调整；

(4)进行基准点的纵断测量并作调整，使用设定高低的量具和超高水准器；

(5)进行基准点的平顺测量并作调整：

①直线部分主要使用经纬仪和拉线测量；

②曲线部分主要使用正矢测量仪器、量尺、经纬仪和拉线测量；

(6)填充防护砂浆固定基准器；

(7)进行内业整理；

(8)根据每个凸形挡台的基准器的三维坐标计算出对应三角规的调整参数并打印临时参数标识卡片；

(9)将参数标识卡片粘贴在对应凸台上；

(10)根据参数标识来确定游标设置，以调整三角规；

(11)按照要求安放轨道板调整三角规，根据水泡指示刻度进行轨道板调整。

采用基准器和三角规进行轨道板的精调工作，调板精度无法量化；没有最终的测量结果数据，无法进行数据追溯，不能落实质量责任到具体人员和工序；调板的精度较低，直接影响到钢轨铺设的精度及调板与调板后期的工作量。

1.3.2　我国无砟轨道控制测量技术现状

我国无砟轨道控制网由一级基础平面控制网(CP Ⅰ)、二级线路平面控制网(CP Ⅱ)、三级轨道控制网(CP Ⅲ)和大地水准点组成。一级控制点(CP Ⅰ)具有 X、Y、Z 三维坐标，间距小于 4km。二级控制点(CP Ⅱ)是在一级控制点(CP Ⅰ)的基础上进行，测设二级控制点(CP Ⅱ)时，利用 GPS 测量和网内平差得到二级控制点的 X、Y 坐标；二级控制点的高程利用数字水准仪在大地水准点或一级控制点(CP Ⅰ)基础上测设；二级控制点间距控制在 1km 左右，设置在线路附近。三级控制点(CP Ⅲ)构成了线上工程的精度控制网，如果采用导线测设三级控制点，将测量仪器直接设置在部分三级控制点上(测量仪器间距控制在 120～140m)，将会产生 2mm

的测站对中误差，虽然布网花费时间短，但点位误差较大，控制网稳定性不够，不利于精调施工与轨道检测。为此，必须利用自由设站法测设三级控制点，在每个设站点进行多目标测回测量，以减小观测误差，设站点间距不大于140m，最后利用最小二乘原理进行整网的约束平差。这种方法的优点是控制网网形规则，观测精度均匀统一，点位误差小，无较弱点存在，控制网稳定性较高等。

我国从2008年开始研究以CP III为定向基准的轨道板精调方案，并进行了一些试验分析。试验结果显示，该方案受CP III的测量精度制约较大，而且全站仪在CP III自由设站换站时，站与站之间的误差较大，导致铺设的轨道板的短波平顺性很难达到高合格率。

利用GRP进行强制对中设站方案是参考了博格板的测量调板方案，根据在京津城际博格板精调的实践，改进其测量硬件和软件，从而适应I型板的精调测量。此方案利用全站仪在GRP点(由CP III网加密获得)上进行强制对中设站，测量安置在精调标架上的棱镜，然后通过软件计算偏差值，对轨道板进行调整，直至合格。应用GRP为基准进行轨道板精调测量的方法已经成功应用在京津城际铁路和沪宁城际铁路，京沪高速铁路、沪杭城际铁路等也已相继采用该方案进行精调测量。

1.4 板式无砟轨道控制测量概述

1.4.1 概念定义

1)工程独立坐标系

为满足铁路工程建设要求采用的以任意中央子午线和高程投影面进行投影而建立的平面直角坐标系。边长投影在对应的线路轨道设计高程面上，投影长度的变形值不大于10mm/km。

2)基础框架平面控制网CP 0

为满足线路平面控制测量起闭联测的要求，沿线路每50km左右建立的卫星定位测量控制网，作为全线勘测设计、施工、运营维护的坐标基准。

3)基础平面控制网CP I

在基础框架平面控制网(CP 0)或国家高等级平面控制网的基础上，沿线路走向布设，按GPS静态相对定位原理建立，为线路平面控制网起闭的基准。在勘测阶段按静态GPS相对定位原理建立，点间距小于4km，点对间大于800m，测量精度为GPS二等网。

4)线路平面控制网CP II

在基础平面控制网(CP I)上沿线路附近布设，为勘测、施工阶段的线路平面控制和轨道控制网起闭的基准。可用GPS静态相对定位原理测量或常规导线网测量，在勘测阶段建立。GPS点间距为600～800m，测量精度为GPS三等网，导线点间距为400～800m，测量精度为三等导线。

5)轨道控制网CP III

沿线路布设的三维控制网，起闭于基础平面控制网(CP I)或线路控制网(CP II)，一般在线下工程施工完成后进行实测，为轨道施工和运营维护的基准。CP III网按自由设站边角交会方法测量，点间距为纵向50～70m、横向为线路结构物宽度，测量精度为相邻点位的相对点位中误差小于1mm。

6)轨道基准网GRP

为了满足对某段高速铁路的外部及内部几何位置的精度要求,建立一个具有极高相对精度的控制网,GRP的测量工作必须在轨道控制网(CP III)评估通过后方可进行,基准点之间的相对精度应满足:平面为0.2mm,高程为0.1mm。

7)精密水准测量

高速铁路无砟轨道工程施工测量中,用于测量轨道控制网CP III各标志点高程的等级水准测量,其精度介于二等和三等水准测量之间,每公里高差测量的偶然中误差为2mm/km和全中误差为4mm/km。

8)自由设站边角交会

在线路中线附近架设全站仪,测量线路两侧多对轨道控制网CP III点的方向和距离,并联测就近的CP I或CP II,以获取轨道控制网CP III平面坐标的测量方法。

9)线路平顺性指标

线路平顺性指标主要包括轨距、高低、轨向、水平和扭曲等轨道静态参数。

10)轨道几何状态检测仪

铁路轨道几何状态检测仪简称轨检仪,也叫轨道检测小车,是一种通过CP III控制网、智能型全站仪、倾角及轨距传感器和专用测量软件,自动检测线路中线坐标、轨顶高程和轨距、高低、轨向、水平和扭曲等轨道静态参数,并自动进行记录整理的智能化、轻型的轨道检测设备。

1.4.2 板式无砟轨道简介

目前我国客运专线所使用的无砟轨道主要有以下几种形式:CRTS I型板式无砟轨道、CRTS II型板式无砟轨道、CRTS III型板式无砟轨道和CRTS I型双块式无砟轨道、CRTS II型双块式无砟轨道等。

这里主要介绍CRTS I型板式无砟轨道、CRTS II型板式无砟轨道、CRTS III型板式无砟轨道。双块式无砟轨道将在项目10中系统介绍。

1)CRTS I型板式无砟轨道

国内的CRTS I型板式无砟轨道技术主要是引进日本的新干线技术。CRTS I型板式无砟轨道通过水泥沥青砂浆调整层,铺设在现场浇筑的钢筋混凝土底座上,有凸形挡台限位,适应于ZPW-2000轨道电路的单元轨道板无砟轨道结构形式。

CRTS I型轨道板分预应力混凝土轨道板和框架式混凝土轨道板两种。CRTS I型板式无砟轨道系统主要由钢轨、扣件系统、轨道板、CA砂浆垫层、混凝土底座、凸形挡台等部分组成。在路、桥、隧道等不同线下基础上,CRTS I型板式无砟轨道系统的结构组成相同。

20世纪70年代,板式轨道作为日本铁路建设的国家标准进行推广,因此,日本的板式轨道应用非常广泛。到目前为止,日本板式轨道累计铺设里程已达2700多延长公里,常用的有普通A型轨道板、框架型轨道板、用于特殊减振区段上的防振G型轨道板及早期用于路基上的RA型轨道板等。

2)CRTS II型板式无砟轨道

CRTS II型轨道板采用纵向连接,可分为有挡肩和无挡肩两种。其中有挡肩的CRTS II

型板式无砟轨道系统即博格板式无砟轨道系统，是我国引进的第一条无砟轨道结构形式，经过消化、吸收、再创新，形成了中国特色的板式轨道——II 型板式无砟轨道技术。该板型已成功地应用于京津城际轨道交通工程和京沪高速铁路工程。无挡肩的 CRTS II 型板式无砟轨道系统已成功应用于武广高速铁路工程。

博格板式无砟轨道为预制轨道板结构，轨道板之间纵向连接，采用数控磨床加工预制轨道板上的承轨槽，采用高性能沥青水泥砂浆提供黏结和均匀的支撑，并使用高精度、快速便捷的测量系统保证轨道施工精度，其施工机械化程度很高。博格板式无砟轨道为近年来新研制的一种轨道结构形式，获得了德国联邦铁路管理局颁发的许可证，并在德国纽伦堡至英格施塔特的新建高速线上铺设了 35km。

3)CRTS III 型板式无砟轨道

CRTS III 型板式无砟轨道是贯彻“引进先进技术、联合设计生产、打造中国品牌”的战略方针，在无砟轨道现有研究成果基础上，针对城际铁路运营条件开展的新研究、取得的新成果。CRTS III 型无砟轨道结构是以“路基纵连、桥上单元”基本原则为指导思想，在无砟轨道结构设计、施工工艺、施工装备和材料等方面取得更为系统的研究成果，为实现无砟轨道国产化、打造中国无砟轨道品牌迈出的坚实一步，同时为中国铁路实施“走出去”的战略奠定基础。

CRTS III 型无砟轨道结构线路技术的主要设计理念是“单元思路、纵连方式、双块受力”。其核心理论架构就是“路基纵连、桥上单元、方便维修”。

CRTS III 型无砟轨道结构体系的最大特点是拼装化施工、可拆卸、方便维修，对路基塌陷和不可抗力的自然灾害均可快速维修，这也是有别于国外双块式、博格板无砟轨道板线路技术的最大亮点之一。

1.4.3 精度要求

根据《高速铁路工程测量规范》(TB 10601—2009)，客运专线无砟轨道铁路工程测量各级平面控制网布网要求应按表 1-3 执行。

各级平面控制网布网要求 表 1-3

控制网	测量方法	测量等级	点间距	相对点位精度(mm)	备注
CP0	GPS	—	50km	20	
CP I	GPS	二等	≤4km 一对点	10	点对间≥800m
CP II	GPS	三等	600～800m	8	
	导线	三等	400～800m	8	附合导线网
CP III	自由测站边角交会	—	50～70m 一对点	1	

注：1. CP II 采用 GPS 测量时，CP I 可按 4km 一个点布设。

2. 相邻点的相对中误差为平面 X、Y 坐标分量中误差。

各级平面控制网的主要技术要求应符合表 1-4 的规定。

GPS 测量的精度指标 表 1-4

控制网级别	基线边方向中误差	最弱边相对中误差
CP I	≤1.3″	1/180000
CP II	≤1.7″	1/100000

导线测量的主要技术要求应符合表 1-5 的规定。

CP II 控制网导线测量的主要技术要求 表 1-5

控制网	附合长度(km)	边长(m)	测距中误差(mm)	测角中误差(″)	相邻点位坐标中误差(mm)	导线全长相对闭合差限差	方位角闭合差限差(″)	导线等级
CP II	≤5	400～800	5	1.8	8	1/55000	$\pm 3.6\sqrt{n}$	三等

导线环(段)的测角中误差应按下式计算:

$$m_{\beta} = \sqrt{\frac{1}{N}\left[\frac{f_{\beta}^{2}}{n}\right]} \tag{1-1}$$

式中:f_{β}——导线环(段)的角度闭合差(″);

N——导线环(段)的个数;

n——导线环(段)的角度个数。

自由测站边角交会测量主要技术要求应符合表 1-6 的规定。

CP III 平面网的主要技术要求 表 1-6

控制网名称	测量方法	方向观测中误差(″)	距离观测中误差(mm)	相邻点的相对点位中误差(mm)
CP III 平面网	自由测站边角交会	±1.8	±1.0	±1.0

1.5 本书的主要内容

本书对板式无砟轨道控制测量技术理论与方法进行了全面的探讨,涉及包括 CORS、CP I、CP II、CP III 以及 GRP 共五级控制网的精密测量技术。以 CRTS I 型板式无砟轨道精密控制测量为背景,综合运用了大地测量、工程测量及精密工程测量技术,紧密结合各种板式无砟轨道的控制网设计与施工,形成一套较全面的、实用的板式无砟轨道测量技术解决方案。

为便于学习,本书按 12 个项目进行编排。其中,项目 1 综述了国内外板式无砟轨道研究及应用现状,分析当前板式无砟轨道精密测量技术的研究水平,并简明扼要地介绍了各种形式的轨道板。

项目 2 介绍框架控制网(CP0),阐述了框架控制网测量方法,控制点的布设、观测及解算过程及解算步骤等。

项目 3 主要介绍 CP I、CP II 控制网的测量方法及控制网网形与精度设计,以及 CP I、CP II控制网的数据处理方法。

项目 4 介绍了路基、桥涵、隧道变形和沉降观测技术方案及施测方法,过渡段、车站以及道路两侧高边坡和滑坡地段的垂直位移监测和水平位移监测。

项目 5 详细介绍了 CP III 轨道控制网的设计,阐述了 CP III 轨道控制网的测量方法及数据处理原理及方法,分析了测量平差的基本原理与方法。

项目 6 阐述了轨道基准网的设计及测量的各项技术要求,总结出了 GRP 轨道基准网的放样与数据处理方法,并详细介绍了坐标转换及平顺性搭接处理的原理与方法。

项目 7～9 则分别介绍了 CRTS I、CRTS II、CRTS III 型板式无砟轨道系统的测量技术,介绍了各种轨道板的结构形式及结构特点,详细阐述了轨道板外形尺寸检测及轨道板精调技术。

项目 10 主要介绍双块式轨道精调作业。双块式轨道被大量应用于我国北方地区,郑西客运专线基本采用的就是双块式轨道。

项目 11 介绍运营及养护维修测量，重点介绍轨道检查车的发展和应用，结合郑西客专养护监测工艺，叙述运营期轨道维护检调及其施工组织等。

项目 12 结合城际铁路无砟轨道工程施工实例，详细介绍 CRTS I 型板式无砟轨道线上工程施工程序，主要从控制网测设、底座板施工测量、GRP 测量与平差、轨道板精调测量以及轨道平顺性精调测量几个方面作了详细介绍。

思考题

1. 如何看待世界铁路发展的阶段性？
2. 如何体会我国高速铁路发展所处的国际地位？
3. 怎样理解无砟轨道施工、养护中测量工作的重要性？

项目2 框架控制网CP0测量

2.1 概述

框架控制网(CP0)是采用卫星定位测量方法建立的三维控制网,作为全线(段)勘测设计、施工和运营维护的坐标起算基准,满足线路平面控制测量起闭联测的需要。CP0 控制网应与IGS 参考站或国家 A、B 级 GPS 点进行联测。全线联测的已知站点数不应少于 2 个,且在网中均匀分布。框架控制网 CP0 测量成果应输出 2000 国家大地坐标系中各点的地心坐标和大地坐标。

2.2 国家大地控制网的简介

国家大地坐标系是测制国家基本比例尺地图的基础。根据《中华人民共和国测绘法》规定,中国建立全国统一的大地坐标系统。

建国以来,我国于 20 世纪 50 年代和 80 年代分别建立了 1954 年北京坐标系和 1980 年西安坐标系,测制了各种比例尺地形图,在国民经济、社会发展和科学研究中发挥了重要作用。限于当时的技术条件,中国大地坐标系基本上是依赖于传统技术手段实现的。1954 年北京坐标系采用的是克拉索夫斯基椭球体。该椭球在计算和定位的过程中,没有采用中国的数据,该系统在中国范围内符合得不好,不能满足高精度定位以及地球科学、空间科学和战略武器发展的需要。20 世纪 70 年代,中国大地测量工作者经过 20 多年的艰苦努力,终于完成了全国一、二等天文大地网的布测。经过整体平差,采用 1975 年 IUGG 第十六届大会推荐的参考椭球参数,建立了中国 1980 年西安坐标系,其在中国经济建设、国防建设和科学研究中发挥了巨大作用。

2008 年 3 月,由国土资源部正式上报国务院《关于中国采用 2000 国家大地坐标系的请示》,并于 2008 年 4 月获得国务院批准,自 2008 年 7 月 1 日起,中国将全面启用 2000 国家大地坐标系,国家测绘局受权组织实施。

2.2.1 平面大地控制网情况

1)1954 年北京坐标系

新中国成立以后,我国大地测量进入了全面发展时期,在全国范围内开展了正规的、全面的大地测量和测图工作,迫切需要建立一个参心大地坐标系。限于当时条件,我国采用了前苏联的克拉索夫斯基椭球参数,采用多点定位法进行椭球定位,并与前苏联 1942 年坐标系进行联测,通过计算建立了我国大地坐标系,定名为 1954 年北京坐标系。因此,1954 年北京坐标系可以认为是前苏联 1942 年坐标系的延伸。它的原点不在北京而是在前苏联的普尔科沃。

它是将我国东北呼玛、吉拉林、东宁三个基线网与苏联大地网相连，以连接处基线网坐标为起算数据，平差我国东北及东部区一等锁，这样传算过来的坐标系就定名为1954年北京坐标系。高程基准为1956年青岛验潮站求出的黄海平均海水面，高程异常是以苏联1955年大地水准面差距为依据，按我国天文重力水准路线传递而得。

1954年北京坐标系采用的椭球坐标参数：地球长半轴 $a=6378245\text{m}$；短半轴 $=6354950\text{m}$；扁率 $\alpha=1/298.3$。

自1954年北京坐标系建立以来，在该坐标系内进行了许多地区的局部平差，其成果得到了广泛的应用。但是随着测绘新理论、新技术的不断发展，人们发现该坐标系存在如下缺点：

(1)椭球参数有较大误差。克拉索夫斯基椭球差数与现代精确的椭球参数相比，长半轴约大109m。

(2)参考椭球面与我国大地水准面存在着自西向东明显的系统性的倾斜。在东部地区大地水准面差距最大达+60m，这使得大比例尺地图反映地面的精度受到影响，同时也对观测量元素的归算提出了严格的要求。

(3)几何大地测量和物理大地测量应用的参考面不统一。我国在处理重力数据时采用赫尔默特1900～1909年正常重力公式，与这个公式相应的赫尔默特扁球不是旋转椭球，它与克拉索夫斯基椭球是不 致的，这给实际工作带来了麻烦。

(4)定向不明确。椭球短半轴的指向既不是国际普遍采用的国际协议(原点)CIO(Conventional International Origin)，也不是我国地极原点JYD1968.0；起始大地子午面也不是国际时间局BIH(Bureau International de I'Heure)所定义的格林尼治平均天文台子午面，从而给坐标换算带来一些不便和误差。

为此，1978年在西安召开了“全国天文大地网整体平差会议”，提出了建立属于我国自己的大地坐标系，即后来的1980年西安坐标系。时至今日，1954年北京坐标系仍然是我国使用最为广泛的坐标系。

2)1980年西安坐标系

1980年西安坐标系采用地球椭球基本参数为1975年国际大地测量与地球物理联合会第十六届大会推荐的数据。该坐标系的大地原点设在我国中部的陕西省泾阳县永乐镇，位于西安市西北方向约60km，故称1980年西安坐标系。大地原点又简称西安大地原点。基准面采用青岛大港验潮站1952～1979年确定的黄海平均海水面(即1985国家高程基准)。

1980年西安坐标系是依我国境内的高程异常的平方和为最小，适用于我国经济建设和国防建设的大地基准面。1980年西安坐标系是参心坐标系，椭球短轴 Z 轴平行于地球质心，指向地极原点方向，大地起始子午面平行于格林尼治天文台子午面；X 轴在大地起始子午面内与 Z 轴垂直指向经度0方向；Y 轴与 Z、X 轴成右手坐标系。椭球参数为：长半轴 $a=6378140\text{m}\pm5\text{m}$；短半轴 $b=6356755.2882\text{m}$；扁率 $\alpha=1/298.257$；地球自转角速度 $\omega=7292115\times10^{-11}\ \text{rad/s}$；地球总质量与引力常数之积 $GM=3986005\times10^{8}\ \text{m}^3/\text{s}^2$；地球引力场二阶带谐系数 $J_2=108263\times10^{-8}$。

3)2000国家大地坐标系

1954北京坐标系和1980西安坐标系在我国的经济建设和国防建设中发挥了巨大作用。同时也应当看到，随着情况的变化和时间的推移，这两个以经典测量技术为基础的局部大地坐标系，目前已经不能适应科学技术特别是空间技术发展，不能适应我国经济建设和国防建设需要。我国大地坐标系的更新换代，是经济建设、国防建设、社会发展和科技发展的客观需要。以地球质量中心为原点的地心大地坐标系，是当今空间时代全球通用的基本大地坐标系，也是我国新一代大地坐标系的适宜选择。地心大地坐标系可以满足大地测量、地球物理、天文、导航和航天应用以及经济、社会发展的广泛需求。

(1)2000 国家大地坐标系定义。2000 中国大地坐标系(China Geodetic Coordinate System 2000，CGCS2000)，国人又称为 2000 国家大地坐标系，是我国新一代大地坐标系，现已在全国正式实施。2000 中国大地坐标系符合 ITRS(国际地球参考系)的如下定义：

①原点在包括海洋和大气的整个地球的质量中心；

②长度单位为米(SI)。这一尺度同地心局部框架的 TCG(地心坐标时)时间坐标一致；

③定向在 1984.0 时与 BIH(国际时间局)的定向一致；

④定向随时间的演变由整个地球的水平构造运动无净旋转条件保证。

国家大地坐标系的定义包括坐标系的原点、三个坐标轴的指向、尺度以及地球椭球的 4 个基本参数的定义。2000 国家大地坐标系的原点为包括海洋和大气的整个地球的质量中心；2000 国家大地坐标系的 Z 轴由原点指向历元 2000.0 的地球参考极的方向，该历元的指向由国际时间局给定的历元为 1984.0 的初始指向推算，定向的时间演化保证相对于地壳不产生残余的全球旋转；X 轴由原点指向格林尼治参考子午线与地球赤道面(历元 2000.0)的交点，Y 轴与 Z 轴、X 轴构成右手正交坐标系。图 2-1 给出了 CGCS2000 定义的示意图。2000 国家大地坐标系采用的地球椭球参数的数值为：长半轴 $a=6378137\text{m}$；扁率 $f=1/298.257222101$；地心引力常数 $GM=3.986004418\times10^{14}\text{m}^3/\text{s}^2$；自转角速度 $\omega=7.292115\times10^{-5}\text{rad/s}$。

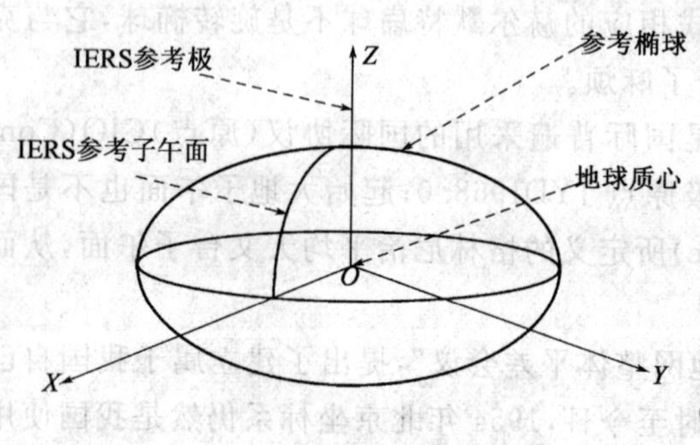

图 2-1 CGCS2000 定义的示意图

(2)中国 CGCS2000 地心三维坐标框架。全球定位系统(GPS)的问世和应用，使大地测量发生了根本变革。为了充分利用 GPS 提供的高精度三维信息，世界多数国家相继建成了连续 GPS 观测网、国家网、区域网、城市网、洲际网及全球 IGS 网。GPS 控制网以其方便、精确、低成本的巨大优势，正在逐步替代旧的经典大地测量控制网。

CGCS2000 的坐标框架应由两部分组成，第一部分是全球导航卫星系统(GNSS)国家级连续运行站网(以下简称国家 CORS 系统)，第二部分是国家高精度大地控制网。

国家 CORS 系统的主要任务是：通过 GNSS 数据和信息的接收、传输、处理、整合、发布和服务，向国内用户提供主要在中国陆海国土范围内的分米级或米级的实时动态空间位置服务，提供从 cm 级到 mm 级的高精度三维单点事后精密定位服务，以维持中国国家三维地心坐标框架的统一、高精度和现实性，是实现 CGCS2000 的基础。构建国家 CORS 系统应注意下列四个方面：

①该系统应覆盖我国陆域和海域国土，实现国家陆海坐标与高程基准的统一；

②CORS 要在顾及我国地质构造各块体分布的基础上，力求均匀分布，地质环境相对稳定；

③充分利用地方和行业已有的 CORS，选择其中符合国家 CORS 要求的，将其改造为国家级 CORS；

④同时应建立国家CORS网络管理服务中心，具有国家CORS的通讯网络管理、数据采集、处理和服务的功能。

我国目前行业性的、局域性的CORS系统很多，但由于缺乏在国家级规模上的统一规划和设计，至今还没有建立面向全国、为全国各行各业服务的国家CORS系统及其资源的共享平台。

国家高精度大地控制网指的是我国高精度2000国家GPS大地网，由国家测绘局布设的高精度GPS A、B级网，总参测绘局布设的GPS一、二级网，中国地震局、总参测绘局、中国科学院、国家测绘局共建的中国地壳运动观测网组成。该控制网整合了上述三个大型的、有重要影响力的GPS观测网的成果，共2609个点。平差后该网点的地心坐标在ITRF97坐标框架内，历元为2000.0时的点位中误差在±3cm以内。通过它和具有近5万大地点的全国天文大地网进行两网联合平差，将后者纳入三维地心坐标系，并提高它的全国天文大地网的精度。

(3)采用CGCS2000地心三维坐标系对现有地图的影响。以1980年西安坐标系为例讨论采用地心三维坐标系对现有地图的影响。在进行新旧坐标系统更换时，中国境内地面点原来标注的大地经纬度和高斯平面坐标值必将会相应变动，从而使中国境内原有地图(包括地形图)上点和线(包括图廓点和图廓线)的位移，以及它们之间的长度和方位的变化。

若由1980年西安坐标系更换为CGCS2000地心三维坐标系，则有：

①地面点大地纬度和大地经度的变动区间分别为$-1.6''\sim0.7''$和$-6.4''\sim3.0''$，二者变动绝对值的平均值分别为$0.57''$和$4.4''$。

②地面点高斯平面坐标X、Y值变动区间分别为$-48.6\text{m}\sim+22.7\text{m}$和$115.7\text{m}\sim-75.7\text{m}$。二者变动绝对值的平均值分别为16.31m和106.9m。

由于坐标系的这一更换，在1:50000比例尺地图(含图廓点)及更大比例尺地图中点(含图廓点)的地理位置会有1cm以下的位移，在同一幅地图中各点的位移差别是不同的，但其差别在制图精度以内。因此坐标系的更换只需对一幅图的图廓点给予新的坐标注记后，该图即可视为在新坐标系内的地图。

③在中国境内各种比例尺的地图中，由于坐标系更换所导致的两点连线(包括图廓线)的长度和方位变动都在制图精度以内，可以忽略不计。

4)国际地球参考框架(ITRF)

国际地球参考框架ITRF(International Terrestrial Reference Frame)，是由国际地球自转服务局(IERS)按一定要求建立地面观测台站进行空间大地测量，并根据协议地球参考系的定义，采用一组国际推荐的模型和常数系统对观测数据进行处理，解算出各观测台站在某一历元的坐标和速度场，由此建立的一个协议地球参考框架。它是协议地球参考系CTRS(Conventional Terrestrial Reference System)的具体实现。CTRS由原点、定向、尺度和时变四个基本元素来定义。各元素定义如下：

(1)原点定为包括海洋和大气的地球质量中心；

(2)定向采用国际时间局1984.0结果；

(3)尺度是广义相对论意义下，局部地球框架的尺度；

(4)时变遵循地壳板块运动相对于地球整体无旋转，即地壳不受剩余地球自转的影响。

ITRF每年通过IERS技术文件向世界各国有关机构公布ITRFyy。年序yy指明了ITRF在框架形成过程中，使用的有效数据所至的最终年代，如ITRF97表明以坐标和速率表示的框架，所利用的有效数据一直到1997年。

ITRF 采用了 VLBI(甚长基线干涉)、SLR(激光测卫)、LLR(激光测月)、DORIS(多普勒卫星跟踪和无线电定位系统)和 GPS(全球定位系统)等多种空间大地测量技术,它是综合多个数据分析中心的解算结果,由一系列测站相对于某一参考历元的坐标和位移速度构成,即它是通过一组固定于地球表面而且只作线性运动的大地点的坐标及坐标变化速率组成。

假设某一 GPS 会战的参考历元是 T_c,要求利用这一会战的观测数据和精密星历计算测站坐标。人们可能会遇到两种精密星历:一种是基于 WGS84 坐标系的星历,另一种是基于 ITRF 的星历(如 IGS 精密星历)。使用坐标系不同的精密星历,得到的测站坐标将属于不同的坐标系。如果使用 IGS 精密星历(假设它的参考框架为 ITRFyy,yy 表示年),应该采用已知点在 ITRFyy 参考框架中的坐标(参考历元为 T_0),并根据已知点在 ITRFyy 中的速度将坐标从 T_0 归化至观测历元 T_c,如果必要的话,此时再对归化后的已知点坐标施加约束,这样得到的未知点坐标属于 IGS 精密星历所采用的 ITRF 参考框架。

5)国际 GPS 服务(IGS)

国际 GPS 服务(IGS)机构是由国际大地测量协会(IAG)协调的一个永久性 GPS 服务机构,成立于 1992 年。成立之初的英文全名为 International GPS Service for Geodynamics(国际地球动力学服务机构),缩写为 IGS。其目的是为全球科研机构及时提供 GPS 数据和高精度的星历,以支持世界范围内的地球物理学研究。随着 IGS 的服务范围不断拓宽和支持多学科的科学研究与发展的需要,于 1999 年 1 月 1 日将国际 GPS 地球动力学服务机构更名为国际 GPS 服务(International GPS Service)机构。

图 2-2 武汉国际 IGS 卫星跟踪站

(1)跟踪网站。全球 GPS 跟踪网站大都装备了精密型双频 P 码接收,采样率为 30s。直至目前为止,支持 IGS 的全球网观测基准站从开始的不足 100 个已经超过 250 个,由全球网、区域网和局部网构成。所有观测站以连续跟踪方式,并通过专门线路、网络或卫星通信传送数据,以保证每日观测数据快速地自动传送到数据中心。目前,在我国的 IGS 跟踪站 20 多个,分布在北京、武汉、拉萨、乌鲁木齐、昆明、上海等地。为维护国家动态地心参考系,开展全球地壳运动观测和研究等是必需的基础保障。图 2-2 为武汉国际 IGS 卫星跟踪站。

全球网测站的数据至少由设在两个不同国家的 IGS 分析中心进行分析并用于每天的卫星轨道、地球自转参数、测站位置与速度的估算。全球网的 GPS 数据由以单台接收机交换(RINEX)格式生成的日观测和导航数据文件组成,这些数据经 UNIX 压缩后传送到相应的数据中心。每个测站的日数据量约为 0.6 兆字节,由此可知,一个由 80 个测站组成的网约有 50 兆字节的数据/日。数据文件以 ssssdddO. yyt－Z 命名。文件名中的 ssss 为 GPS 测站名,ddd 表示一年中的某日,yy 表示年份,t 为文件类型,O 表示观测,N 表示导航,Z 表示已压缩。连续广播星历文件以 BRDCdddO. yyN－Z 命名,由全球数据中心生成,用户可在全球数据中心获得。

(2)IGS 服务。IGS 目前提供的服务有:

①高精度的 GPS 卫星星历;

②地球自转参数；

③IGS 跟踪站的坐标和速率；

④GPS 跟踪站的时钟信息；

⑤电离层数据；

⑥对流层数据；

⑦所有 GPS 卫星的高质量轨道(以优于 5cm 的精度)和预测轨道(25cm)；

⑧以 RINEX 格式提供每个 IGS 跟踪站的日和/或小时相位和伪距观测。

IGS 取得的上述成果为当今全球范围内许多重大科学项目和课题如国际地球参考架(ITRF)的实施和改进、固体地球形变的监测、地球自转的监测、监测水圈(海平面、冰层等)的变化、科学卫星的定轨、电离层监测、对流层效应以及气候学研究和异常恶劣天气的预报等研究提供了数据支持。

2.2.2 高程大地控制网情况

1)国家高程基准

布测全国统一的高程控制网，首先必须建立一个统一的高程基准面，所有水准测量测定的高程都以这个面为零起算，也就是以高程基准面作为零高程面。由于大地水准面所形成的体形——大地体是与整个地球最为接近的体形，因此通常采用大地水准面作为高程基准面。

长期观测海水面水位升降的工作称为验潮，进行这项工作的场所称为验潮站。根据各地的验潮结果表明，不同地点平均海水面之间还存在着差异。因此，对于一个国家来说，只能根据一个验潮站所求得的平均海水面作为全国高程的统一起算面——高程基准面。新中国成立后的 1956 年，我国根据基本验潮站应具备的条件，认为青岛验潮站位置适中，地处我国海岸线的中部，而且青岛验潮站所在港口是有代表性的规律性半日潮港，又避开了江河入海口，外海海面开阔，无密集岛屿和浅滩，海底平坦，水深在 10m 以上等有利条件，因此，在 1957 年确定青岛验潮站为我国基本验潮站，验潮井建在地质结构稳定的花岗石基岩上，以该站 1950 年至 1956 年 7 年间的潮汐资料推求的平均海水面作为我国的高程基准面。以此高程基准面作为我国统一起算面的高程系统名谓“1956 年黄海高程系统”。

“1956 年黄海高程系统”的高程基准面的确立，对统一全国高程有其重要的历史意义，对国防和经济建设、科学研究等方面都起了重要的作用。但从潮汐变化周期来看，确立“1956 年黄海高程系统”的平均海水面所采用的验潮资料时间较短，还不到潮汐变化的一个周期(一个周期一般为 18.61 年)，同时又发现验潮资料中含有粗差，因此有必要重新确定新的国家高程基准。

新的国家高程基准面是根据青岛验潮站 1952～1979 年 19 年间的验潮资料计算确定，以这个高程基准面作为全国高程的统一起算面，称为“1985 国家高程基准”，该系统中，我国水准原点的高程为 72.260m。

2)几种高程系统

(1)正高系统。正高系统以大地水准面为高程基准面，地面上任一点的正高是指该点沿垂线方向至大地水准面的距离。

$$H_{正} = \frac{1}{g_m^B}\int g\,dh$$

式中：g_m^B——B 点沿垂线方向不同深处重力的平均值；

$\int g\mathrm{d}h$——过 B 点的水准面与起始大地水准面之间位能差。

但由于 B 点沿垂线方向不同深处的重力不能测定，所以 g_m^B 不能精确得到，正高也就不能精确求得。

(2)正常高系统。将 g_m^B 用正常重力 γ_m^B 代替，便得到另一种系统的高程，称其为正常高。

$$H_{常} = \frac{1}{\gamma_m^B}\int g\mathrm{d}h$$

式中：g——沿水准测量路线的重力测量得到；

$\mathrm{d}h$——水准测量的高差；

γ_m^B——按正常重力公式算得的正常重力平均值。

正常重力按下式计算：

$$\gamma = \gamma_0 - 0.3086H$$

式中：H——大地高，以米为单位；

γ_0——正常重力，按 1975 年国际地球物理和大地测量联合会推荐的正常重力公式计算：

$$\gamma_0 = 978032.7(1 + 0.0053024\sin^2\varphi - 0.000058\sin^2 2\varphi)$$

我国规定采用正常高高程系统。正常高以似大地水准面为基准面的高程。在海面上，大地水准面和似大地水准面重合。

(3)GPS 高程。GPS 除测出平面坐标外，还测出大地高 H（即沿 WGS-84 椭球体法线到椭球面的距离）。如果能知道 WGS-84 椭球面和似大地水准面之间的差值，则可由 GPS 的大地高求得正常高。在一个区域确定 WGS-84 椭球面和似大地水准面之间的差值，是在该区域建立高精度的似大地水准面。通过高精度 GPS 控制网和水准测量控制网，综合利用重力资料，进行似大地水准面的拟合来实现。

2.3 框架平面控制测量

为保证铁路工程测量统一的尺度和起算基准，勘测控制网、施工控制网、运营维护控制网进行设计时要体现“三网合一”的测量理念。在实际工作中，由于铁路线路中心线线位存在一定的不确定性，使航测控制网、初测控制网、定测控制网、施工控制网等存在一定的不协调性。生产中，比较实用的方法就是首先建立框架基准控制网(CP0)，提供初测控制网的基准。

基准控制网(CP0)是采用卫星定位测量方法建立的三维控制网，作为全线（段）勘测设计、施工和运营维护的坐标起算基准，满足线路平面控制测量起闭联测的需要。基准平面控制网(CP0)可在国家控制点不能满足平面控制测量点间的相对精度时先行建立。

2.3.1 框架控制点布设

CP0 控制网在初测前采用 GPS 测量方法建立，全线一次性布网，统一测量，整体平差；也可收集 2000 国家大地控制网点（A、B 级）或地壳运动监测网点等国家高精度大地点。CP0 控制点沿线路走向每 50km 左右布设一个，在线路起点、终点或与其他线路衔接地段，应至少有 1 个 CP0 控制点。当国家既有 GPS 控制点的精度和位置满足 CP0 控制网要求时，应将其作为高速铁路 CP0 控制点。

CP0 控制点宜设在适合于 GPS 观测作业的地点，周围 200m 范围内不得有强电磁干扰源和强电磁反射源，点位距离线路中线不宜大于10km。控制点标石应设在基础稳定、不受施工和其他人为活动的干扰，且必须能够长期保存的地点。标石规格和埋设标准按《高速铁路工程测量规范》附录A（见附录）的要求执行。图2-3为建筑物CP0平面控制点标石示意图。

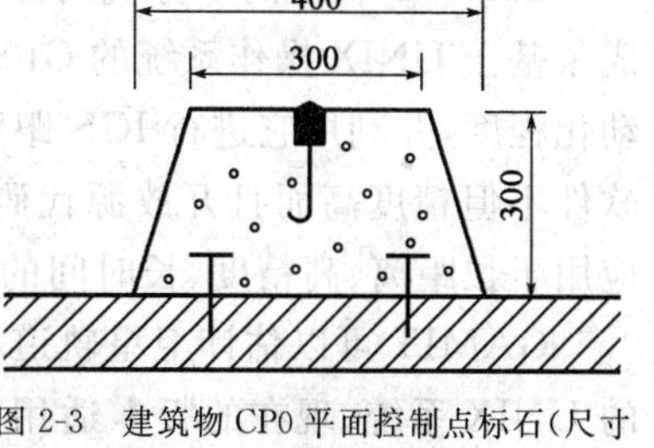

图2-3 建筑物CP0平面控制点标石（尺寸单位：mm）

标石埋设完成后，应现场填写点位说明，丈量标石至明显地物的距离，绘制点位示意图，按《高速铁路工程测量规范》附录D的格式做好点之记。新埋标石应办理测量标志委托保管书，一式两份，标石保管单位或个人与测量单位各存一份。

2.3.2 框架控制网观测

CP0构网联测时应与IGS参考站或国家A、B级GPS点进行联测。全线联测的已知站点数不应少于2个，且在网中均匀分布。每个CP0控制网与相邻的CP0连接数目不得少于3，IGS参考站或国家A、B级GPS点与其相邻的CP0连接数不得小于2。

CP0观测应使用标称精度不低于5mm＋1ppm的双频GPS接收机，同步观测的GPS接收机不应少于4台。各项技术要求应符合表2-1的规定。

CP0测量技术要求 表2-1

卫星截止高度角	数据采样间隔	同时观测有效卫星数	有效卫星的最短连续观测时间	观测时段数	有效时段长度
15°	30s	≥4	≥15min	≥4	≥300min

注：同步观测时段长度是指同步环中的连续观测最短时间跨度。

各个观测时段应昼夜均匀分布，夜间观测时段数应不少于1个。每个观测时段不宜跨越北京时间早8点（世界协调时0点）。天线安置应严格整平对中，天线对中误差应不大于1mm。天线高应在测前（开机之前）和测后（关机之后）各量取一次，每次应在相同的位置从天线三个不同方向（间隔120°）量取，或用接收机天线专用量高器量取。单次天线高重复量取的读数互差不大于±2mm时，取平均值作为单次天线高观测值；测前和测后天线高观测值读数互差不大于±3mm时，取平均值作为天线高最终观测值。同一时段的观测过程中不得关闭并重新启动仪器，不得改变仪器的参数设置，不得转动天线位置。观测过程中若遇强雷雨、风暴天气应立刻停止当前观测时段的作业。

2.3.3 CP0数据处理

为解决全线坐标基准问题，高速铁路框架控制网必须具有系统性和完整性，一条线的CP0采用整网平差数据处理。基线解算采用IGS公布的最终精密星历，基线向量解算应使用适合长基线解算的高精度GPS解算软件。基线解算软件推荐采用GAMIT或BERNESE等，网平差应采用国家或铁道部主管部门评审通过的软件。

1)GAMIT GPS数据处理软件

GAMIT-GLOBK是一套高精度数据处理软件，主要用于分析研究地壳变形、高精度GPS测量数据处理等领域。它由美国麻省理工学院（MIT）和斯克里普斯海洋研究所（SIO）联合开发，并得到美国哈佛大学和美国国家科学基金会的支持。

GAMIT 软件的部分代码源于 20 世纪 70 年代的空间大地测量数据处理程序，1987 年完成了基于 UNIX 操作系统的 GPS 数据处理软件，1992 年研制人员对软件进行改进，提高其自动化程度，并利用它进行 IGS 跟踪站网的 GPS 数据处理。GAMIT/GLOBK 高精度数据处理软件不但精度高而且开放源代码，使用者可以根据需要进行源程序的修改。目前，它已广泛应用于长距离、高精度、长时间的 GPS 定位数据处理。

GAMIT 可以估计卫星轨道和地面测站的三维相对位置。软件设计基于支持 X-Windows 的 UNIX 系统，现在的版本适用于 Sun(OS/4，Solaris 2)、HP、IBM/RISC、DEC 和基于 Intel 工作站的 LINUX 操作系统。作为科研软件，GAMIT/GLOBK 供研究和教育部门无偿使用，只需通过正式途径得到使用许可证。完全的开放性使用户可以对软件的工作原理、数据处理流程及技巧有全面的了解，这也在一定程度上促进了 GAMIT/GLOBK 的不断更新。

GAMIT 软件处理双差观测量，采用最小二乘算法进行参数估计。采用双差观测量的优点是可以完全消除卫星钟差和接收机钟差的影响，同时也可以明显减弱诸如轨道误差、大气折射误差等系统性误差的影响。当它采用精密星历和高精度起算点时，其处理长基线和连续时段静态定位相对精度可达 $10^{-8}\sim10^{-9}$ 数量级，处理短基线的精度可达 1～3mm。

GAMIT 软件主要功能和特点如下：

(1)卫星轨道和地球自转参数估计；

(2)地面测站的相对定位计算；

(3)用模型改正各种地球物理效应(极移、岁差、章动、潮汐等)；

(4)对流层天顶延迟参数和大气水平梯度参数估计；

(5)支持接收机天线相位中心的 ELEV(随卫星高度角变化)模型改正；

(6)可选观测值等权、反比于基线长度或随高度角定权；

(7)同时提供载波相位整周模糊度分别为实数和整数的约束解及松弛解；

(8)数据编辑可人工干预(CVIEW)，也可自动处理(AUTCLN)。

用 GAMIT 估计对流层天顶延迟参数和大气水平梯度参数，通常采用线性分段模型，根据观测时间和区域自主确定参数个数。如果测站间隔较近，估计得到的参数间的相关性会非常大，由此降低了应用于气象学研究的可靠性。这是所有相对定位软件的共同局限。

GAMIT 软件处理 GPS 数据的过程非常复杂，但就近几年的卫星状况和接收机的状况，数据筛选和编辑完全可由数据自动编辑模块 AUTCLN 完成。FIXDRV 模块将数据处理部分的工作集为一体，使数据处理变得简单易行。从 2000 年起随软件包一起提供的一个由 C-shell 写成的程序 sh-gamit 更是将繁琐的数据准备和处理工作集成化，只要在 RINEX 格式的观测文件中给定正确的相关信息即可。

GLOBK 是一个卡尔曼滤波器，其主要作用是综合空间大地测量和经典大地测量的初步处理结果完成数据的后处理。因此它的输入一般是一些准观测量，如测站坐标、地球自转参数、卫星轨道及它们的方差——协方差。虽然最初发展 GLOBK 是作为 GAMIT 和 CALC-SOLVE(VLBI 的数据处理软件)结合的一个界面，但现已可以接受其他 GPS 数据处理软件如 GIPSY 和 BERNESE 产出的结果及经典大地测量和 SLR 观测数据。GLOBK 三个主要应用是：

(1)结合一个观测作业期内不同时段(例如不同天)的初步处理结果，获取该观测作业期测站坐标的最佳估值；

(2)结合不同年份获取的测站坐标结果估计测站的速度；

(3)将测站坐标作为随机参数，生成每个时段或每个观测作业期的坐标结果以评估观测质量。

GLOBK 是一个复杂且又非常灵活的应用软件，包含有许多控制命令，每个命令完成一个功能，不同的命令组合实现不同的应用。

2)GAMIT 数据处理步骤

(1)数据准备

GAMIT 软件数据准备过程比较复杂，需要从 GPS 观测文件、GPS 观测天线、测站坐标及约束、星历文件及共用表等方面准备。

①观测文件及星历文件准备。观测文件包含 RINEX 格式观测 O 文件及导航 N 文件，星历文件指 IGS 精密星历。为了便于数据组织，我们通常将观测文件及星历文件按天存放于指定目录中。

②共用表准备。共用表格文件是指在多天多网数据处理中共用的文件，包含日月星历、章动、极移、地球自转等及其他一些参数设置文件。其中日月星历、章动、极移、地球自转需要依据处理日期随时更新。

③测站相关文件准备。测站相关文件包含测站概略坐标文件、测站信息文件及测站约束文件，通常存放于共用文件目录中。

(2)数据处理步骤

①将共用表文件复制或链接到数据目录中；

②利用测站 X、Y、Z 坐标生成 L 文件(BLH)；

③运行 makexp 程序，生成输入文件；

④运行 sh sp3fit 脚本，生成轨道初始根数；

⑤运行 sh check sess 脚本，检查卫星一致性；

⑥运行 makej 程序，生成卫星钟差文件；

⑦运行 sh check sess，检查卫星一致性；

⑧运行 makex 程序，生成 X 文件；

⑨运行 fixdrv 程序，生成批处理文件；

⑩运行 fixdrv 生成的批处理文件，得结果。

(3)GLOBK 数据处理步骤

①在用户目录下建立 GLOBK 数据目录；

②数据文件准备；

③运行 htoglb 将 GAMIT 的 H－文件转换为 GLOBK 认可的二进制的 h－文件；

④运行 glred 进行重复性精度评价。

3)BERNESE GPS 数据处理软件

BERNESE GPS 数据处理软件由瑞士伯尔尼大学天文研究所(Astronomy Institute of Bernese University)开发，2004 年 12 月推出的 5.0 版本，主要针对大学、研究机构和高精度的国家测绘机构等用户，其界面友好，模块条理更为清晰。BERNESE 5.0 软件既可用非差方法进行精密单点定位，又可用双差方法进行整网平差。而且它能对 GPS 数据和 GLONASS 数据同时处理。其中 BPE 具有自动处理功能且满足 GPS 高精度定位应用。该软件大约由 1000 个数据处理程序和 100 个菜单程序组成，包括 1000 个子程序和函数，其程序语言主要是

FORTRAN 77、Perl 等，个别程序用 FORTRAN 90 编写。主要功能有：卫星精密定轨；测站坐标解算；地球定向参数估计；太阳光压参数估计；对流层天顶延迟估计，进行大气和气象研究；GPS 精密钟差估计。

BERNESE 软件是付费软件，并且价格也是比较昂贵的，一般适用于一些科研院校或者是一些事业单位；界面操作也相对容易一些，在 windows 系统下运行。

其他的高精度 GPS 科研分析软件有：美国喷气动力实验室（JPL，即 Jet Propulsion Laboratory）的 GIPSY 软件；德国 GFZ 的 EPOS 软件；美国得克萨斯大学的 TEXGAP 软件；英国的 GAS 软件；挪威的 GEOSAT 软件。

4)CP0 基线向量解算要求

基线向量应采用精密星历进行基线解算，同一时段观测值的数据剔除率宜小于 10%。应采用多基线解算模式进行基线解算，计算结果应包括基线向量的各坐标分量及其协方差阵等平差所需的元素。基线向量解算引入的起算点坐标位置基准应为国际地球参考框架中（ITRF）的坐标成果，该坐标框架应与采用的精密星历坐标框架保持一致。起算点选用联测的 IGS 参考站或国家 A、B 级 GPS 点，其点位坐标精度应小于 0.1m。

基线解算完成后应对 CP0 控制网基线处理结果进行质量检核，同一基线不同观测时段的基线向量各分量及边长较差应满足下式要求：

$$\begin{cases} \mathrm{d}\Delta X \leqslant 3\sqrt{2}R_{\Delta X} \\ \mathrm{d}\Delta Y \leqslant 3\sqrt{2}R_{\Delta Y} \\ \mathrm{d}\Delta Z \leqslant 3\sqrt{2}R_{\Delta Z} \\ \mathrm{d}S \leqslant 3\sqrt{2}R_{\mathrm{S}} \end{cases}$$

R 按下式计算：

$$R_{\mathrm{C}} = \left[\frac{\dfrac{n}{n-1} \cdot \sum_{i=1}^{n} \dfrac{(C_i - C_m)^2}{\sigma_{C_i}^2}}{\sum_{i=1}^{n} 1/\sigma_{C_i}^2}\right]^{1/2}$$

式中：n——同一基线重复观测的总时段数；

i——时段号；

C_i——i 时段基线的某一坐标分量或边长；

C_m——各时段基线的某一坐标分量或边长加权平均值；

$\sigma_{C_i}^2$——相应于 i 时段基线的某一坐标分量或边长的方差。

基线向量的独立（异步）闭合环或附合线路的各坐标分量闭合差应满足下式要求：

$$\begin{cases} W_X \leqslant 2\sigma_{W_X} \\ W_Y \leqslant 2\sigma_{W_Y} \\ W_Z \leqslant 2\sigma_{W_Z} \end{cases}$$

而

$$\begin{cases} \sigma_{W_x}^2 = \sum_{i=1}^{r} \sigma_{\Delta x(i)}^2 \\ \sigma_{W_y}^2 = \sum_{i=1}^{r} \sigma_{\Delta y(i)}^2 \\ \sigma_{W_z}^2 = \sum_{i=1}^{r} \sigma_{\Delta z(i)}^2 \end{cases}$$

式中：i——闭合环(线)中第 i 条基线；

r——闭合环或附合线路中的基线数；

$\sigma^2_{C(i)}$——第 i 条基线 $C(C=\Delta X、\Delta Y、\Delta Z)$ 分量的方差。

环线全长闭合差应满足：

$$W_S \leqslant 3\sigma_W$$

而

$$\sigma^2_W = \sum_{i=1}^{r} WD_i W^T$$

$$W = \begin{bmatrix} \frac{w_{\Delta X}}{w} & \frac{w_{\Delta Y}}{w} & \frac{w_{\Delta Z}}{w} \end{bmatrix}$$

$$w = \sqrt{w^2_{\Delta X} + w^2_{\Delta Y} + w^2_{\Delta Z}}$$

其中，D_i 为闭合环(线)中第 i 条基线的方差——协方差阵。

CP0 网平差应符合下列要求：

无约束平差中基线向量各分量的改正数的绝对值应满足下式要求：

$$\begin{cases} V_{\Delta X} \leqslant 3\sigma \\ V_{\Delta Y} \leqslant 3\sigma \\ V_{\Delta Z} \leqslant 3\sigma \end{cases}$$

式中：σ——基线弦长标准差(mm)，$\sigma=\pm\sqrt{a^2+(b \cdot d)^2}$，其中 $a=5\text{mm}$，$b=0.2\text{mm/km}$。

约束平差前，应进行外部数据处理质量检核。联测站点的已知坐标成果与无约束平差成果间差值的绝对值应小于 0.2m，且由此计算的基线长度相对误差应小于 $0.3\times D\times 10^{-6}$。整体约束平差所采用的约束点应为 IGS 参考站或国家 A、B 级 GPS 点的 2000 国家大地坐标系成果。整体约束网平差中基线向量各分量改正数与无约束平差同一基线改正数较差的绝对值应满足下式要求：

$$\begin{cases} dV_{\Delta X} \leqslant 2\sigma \\ dV_{\Delta Y} \leqslant 2\sigma \\ dV_{\Delta Z} \leqslant 2\sigma \end{cases}$$

无约束平差应输出 ITRF 或 IGS 国际地球参考框架下各点的三维坐标、各基线向量平差值、各基线的坐标分量、改正数及其精度。整体约束平差应输出 2000 国家大地坐标系中各点的地心坐标和大地坐标。CP0 复测的方法和精度应与原测相同。CP0 复测成果转化为平面坐标后与原测成果的 x、y 坐标较差限差应为 ±20mm，当较差满足限差要求时，采用原测成果，否则应按同精度扩展方法更新坐标成果。

思考题

1. 何谓“三网合一”？目前我国高铁的三网合一是如何构建的？

2. 框架控制网 CP0 的高程系统式如何实施的？

3. 2000 国家大地坐标系相对 1954 年北京坐标系和 1980 年西安坐标系有什么优点？对高速铁路控制测量起什么作用？

4. CP0 测量需要跟哪些点联测？我国这类点的建设情况如何？

5. 如何利用 GAMIT、BERNESE 进行基线解算？CP0 基线解算有哪些要求？整体约束平差后输出哪几类坐标？

项目3　CP Ⅰ、CP Ⅱ控制网测量

3.1 概述

在高速铁路无砟轨道勘测设计阶段，应建立基础平面控制网CP Ⅰ、线路控制网CP Ⅱ。基础平面控制网CP Ⅰ主要为勘测、施工、运营维护提供坐标基准。CP Ⅱ网是在基础平面控制网CP Ⅰ上沿线路附近布设，为勘察、施工阶段的线路平面控制网和无砟轨道施工阶段轨道控制网提供起闭的基准。

高速铁路无砟轨道铁路工程测量CP Ⅰ控制网一般采用二等静态GPS测量，CP Ⅱ采用三等静态GPS测量精度要求施测，或采用三等导线精度要求施测。当前高速铁路精密平面CP Ⅱ控制网主要采用GPS定位技术实现，在极少数观测条件受限制地点采用导线方式实现。

为保证勘测、施工、运营维护各阶段平面测量成果的一致性，CP Ⅰ、CP Ⅱ平面控制网测量应使用同一个GPS平面位置基准，该位置基准由CP0确定。CP Ⅰ控制网应附合到CP0上，采用固定数据平差。CP Ⅰ中的GPS观测量应在WGS-84坐标系中进行三维无约束平差，然后把WGS-84的坐标转换为工程独立平面坐标。转换模型的投影长度变形值不应大于10mm/km。为减小尺度误差，工程独立平面坐标系统以沿线路敷设的控制基桩对应的轨道设计高程为投影面；同时为了便于各单位测量成果的相互联系与利用，满足城市规划的要求，在工程独立平面坐标系统中还需引入1954年北京坐标系、1980年西安坐标系或城市地方坐标系。CP Ⅱ控制网附合到CP Ⅰ上，采用固定数据平差。

3.2 CP Ⅰ、CP Ⅱ控制网设计

CP Ⅰ、CP Ⅱ控制网在测量工作展开前，应根据测区地形、地貌以及线路工程的情况进行设计，并以多余观测分量平均设计准则和经济性原则进行优化设计。CP Ⅰ、CP Ⅱ控制网在设计前，应收集线路设计的有关资料和沿线的国家大地点资料，在充分研究线路平、纵断面图的基础上进行控制网设计。收集的资料应包括：线路平、纵断面图及测区1∶10000和1∶50000地形图；线路沿线的国家或地方控制点资料，包括平面控制网、水准路线图、点之记、成果表、技术总结等相关资料。

控制网设计包括控制网基准、网形和精度设计。需要增补控制点时，应进行控制网改造设计。

3.2.1　控制网基准设计

《高速铁路工程测量规范》要求施工平面控制网坐标投影长度变形值不大于10mm/km。

为达到这一要求，可选择以下三种数学模型：

(1)根据客运专线通过地区的具体情况和要求，选择抵偿坐标系统、任意中央子午线坐标系统、任意中央子午线的较窄宽度带的坐标系统。

(2)采用斜轴墨卡托投影。墨卡托投影是一种保角圆柱投影，它以圆柱作为投影面，将经纬线投影到圆柱面上，然后将圆柱面展成平面而成。圆柱面可与地球椭球相切或相割，同时也有正位、横位、斜位三种不同位置的区别。

(3)采用自由投影。斜默卡托投影只能满足小于 1/100000 的要求，采用自由投影可以解决高斯投影的长度变形，使客运专线坐标系统的长度投影变形小于 1/1000000，即≤1mm/km。

3.2.2 控制网网形设计

CP I 应沿线路走向布设，宜在初测阶段建立，困难时应在定测阶段完成；应采用边联结方式构网，形成由三角形或大地四边形组成的带状网；CP II 平面控制网为 CP I 平面网的加密网，CP II 平面网点间距控制在 400～800m；CP II 坐标系统应附合到 CP I 平面网上；CP II导线测量应起闭于 CP I 控制点。无砟轨道三级平面控制网布设如图 3-1 所示。

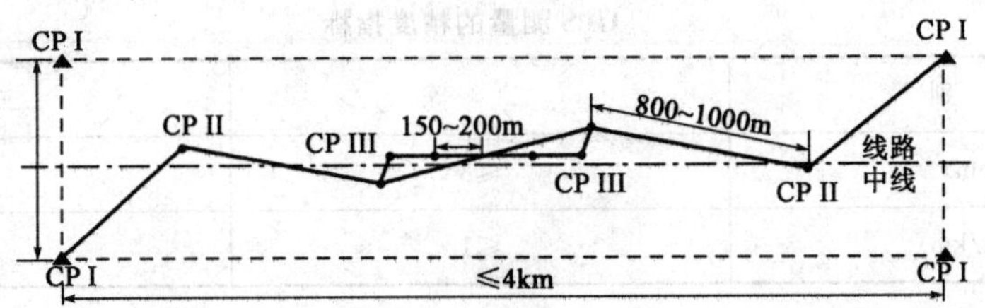

图 3-1　无砟轨道三级平面控制网布设示意

客运专线无砟轨道铁路工程测量 CP I、CP II 平面控制网布网具体要求按相关规范中有关规定执行。

3.2.3 控制网精度设计

控制网精度设计应包括控制点的可重复性测量精度、相对点位精度及其平均可靠率等几方面。特别需要强调的是，精度计算应考虑原始数据误差的影响。

通过理论分析和大量的仿真计算，并参照德铁 RIL883 标准，CP I 基础平面控制网 GPS 测量精度定为二等；与德铁标准相比，CP I 控制网相对点位精度短边高于德铁 RIL883 标准，长边低于 RIL883 标准，但仍然高于测量所要求的精度。

各级控制网的多余观测分量平均值 $\bar{r}$ 宜满足下式要求：

$$\bar{r} = \frac{r}{n} > 0.25 \tag{3-1}$$

式中：r——控制网的多余观测数；

n——控制网的总观测数；

$\bar{r}$——平均可靠率。

CP I 网按大地四边形布设，其平均可靠率 $\bar{r} = \frac{9}{18} = 0.5 > 0.25$。具体参照表 3-1。

控制点的定位精度　　表 3-1

控　制　点	可重复性测量精度(mm)	相对点位精度(mm)
CP Ⅰ	10	$8+D\times10^{-6}$
CP Ⅱ	15	10

注：1. 可重复性测量精度：控制点两次定位坐标差的中误差或补设、增设控制点时，由现有已知控制点发展的新控制点相对于已知点的坐标中误差。
2. 相对点位精度：通过测量可导出的相邻控制点之间的精度。
3. 表中数据为 X、Y 坐标方向的中误差。
4. D 为基线边长，单位为 mm。

3.3 CP Ⅰ、CP Ⅱ控制网测量

各级平面控制网的主要技术要求应符合下列规定：

(1)GPS 测量的精度指标应符合表 3-2 规定。

(2)CP Ⅰ、CP ⅡGPS 控制网测量的主要精度和技术指标应符合全球定位系统(GPS)铁路测量规程的相关要求。

GPS 测量的精度指标　　表 3-2

级　别	二　等	三　等
a(mm)	≤8	≤10
b(mm/km)	≤1	≤5

各等级控制网相邻点间弦长精度应小于式(3-2)计算的标准差。

$$\sigma=\pm\sqrt{a^2+(b\cdot d)^2} \tag{3-2}$$

式中：σ——基线弦长标准差(mm)；

a——固定误差(mm)；

b——比例误差系数(mm/km)；

d——相邻点间距离(km)。

(3)GPS 测量作业的技术要求应符合表 3-3 规定。

GPS 测量作业的技术要求　　表 3-3

项　目	级　别	二　等	三　等	四　等	五　等
静态测量	卫星高度角(°)	≥15	≥15	≥15	≥15
	有效卫星总数	≥4	≥4	≥4	≥4
	时段长度(min)	≥90	≥60	≥45	≥40
	观测时段数	≥2	1～2	1～2	1
	数据采样间隔(s)	10～60	10～60	10～30	10～30
	接收机类型	双频	双频	单/双频	单/双频
	PDOP 或 GDOP	≤6	≤8	≤10	≤10

(4)导线测量的主要技术要求应满足表 3-4 规定。

CP II 控制网导线测量的主要技术要求 表 3-4

控制网级别	附合长度(km)	边长(m)	测距中误差(mm)	测角中误差(″)	相邻点位坐标中误差(mm)	导线全场相对闭合误差	方位角闭合差限差(″)	对应导线等级
CP II	≤5	400～800	5	1.8	8	1/55000	$\pm 3.6\sqrt{n}$	三等

注:n 为测角个数。

当同一测区内,导线环(段)数超过 20 个时,需按式(3-3)计算测角中误差:

$$m_\beta = \sqrt{\frac{1}{N}\left[\frac{f_\beta^2}{n}\right]} \tag{3-3}$$

式中:f_β——导线环(段)的角度闭合差(″);

n——导线环(段)的测角个数;

N——导线环(段)的个数。

3.3.1 CP I 控制网测量

CP I 应沿线路走向布设,并在勘测阶段完成。宜按 GPS 二等测量要求,全线(段)一次布网,统一测量,整体平差。点位宜选在距线路中心 50～1000m 不易被破坏的范围内,并按规定埋石且做点之记。CP I 控制点标石埋设规格应符合图 3-2 的规定。

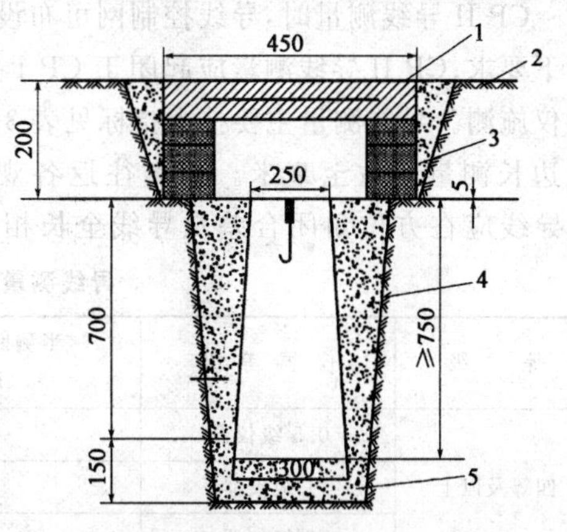

图 3-2 CPI 及二等平面控制点标石埋设(尺寸单位:mm)

1-盖板;2-地面;3-保护井;4-素土;5-混凝土

CP I 采用边联结方式构网,形成由三角形或大地四边形组成的带状图;在线路勘测设计起点、终点或与其他铁路平面控制网衔接地段,应有 2 个以上的 CP I 控制点相重合,并在测量成果中反映出相互关系。

CP I 控制网应与沿线不低于国家或城市三等及以上平面控制点联测,一般每 50km 宜联测一个平面控制点。全线(段)联测平面控制点的总数不得少于 3 个,特殊情况下不得少于 2 个。当联测点数为 2 个时,宜分布在网的两端;当联测点数为 3 个及以上时,宜在网中平均分布。

在初测阶段,有条件的测区可一次布设二等水准测量精度的高程控制网。如果不具备二等水准测量条件,可分两阶段实测,即勘测阶段按四等水准测量要求建立高程控制网,线下工程施工完成后,全线再按二等水准测量要求重新建立高程控制网。高程控制测量应与高一等级及以上的国家水准点联测。四等水准测量一般每 30km 联测一次,困难条件下不应大于 80km;二等水准测量一般每 150km 联测一次,困难条件下不应大于 400km,并形成附合水准路线。

3.3.2 CP II 控制网测量

CP II 控制网为 CP I 平面网的加密网,CP II 在 CP I 的基础上采用 GPS 测量或导线测量方法施测,主要技术指标应符合表 3-5 和表 3-6 的相关规定。GPS 点间距控制在 600～800m

左右，导线点间距控制在 400～800m。

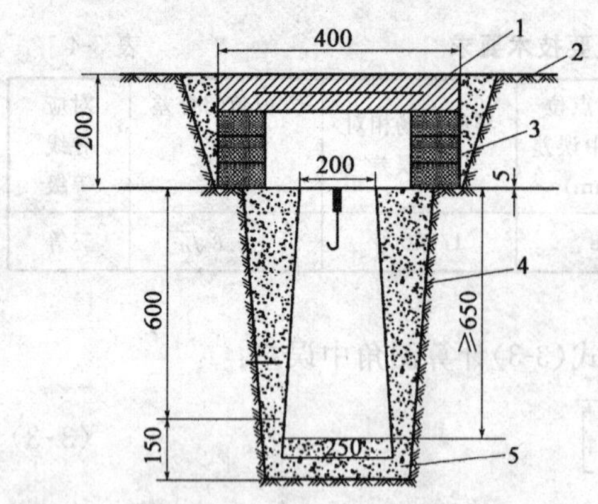

图 3-3　CP II 及三等平面控制点标石埋设图（尺寸单位：mm）

1-盖板；2-地面；3-保护井；4-素土；5-混凝土

CP II 网测量是在 CP I 网的基础上采用三等导线测量或三等 GPS 测量方法施测。CP II 控制点的布设应符合表 3-1 的要求，一般选在距线路中线 50～200m 范围内、稳定可靠、便于测量的地方，并按规定埋石且做点之记（图 3-3）。在线路勘测设计起点、终点及其他平面控制网衔接地段，应联测 2 个及以上 CP II 控制点，并在测量成果中反映出相互关系。

CP II 网 GPS 测量应满足下列要求：CP II 控制点应有良好的对空通视条件，点间距应为 600～800m，相邻点之间应通视，特别困难地区至少应有一个通视点；CP II 控制点分段起闭于 CP I 控制点，测量等级及精度要求应符合表 3-1 和表 3-2规定；CP II 网采用边联结方式构网，形成由三角形或大地四边形组成的带状网，并与 CP I 联测构成附合网。

CP II 导线测量时，导线控制网可布设成附合导线、闭合导线或导线网。导线测量应满足以下要求；CP II 导线测量应起闭于 CP I 控制点，采用标称精度不低于 2″、2mm＋2ppm 的全站仪施测。导线测量主要技术指标见表 3-4。导线测量水平角观测应符合表 3-5 的规定；导线边长测量读数至毫米。距离往返各观测 2 个测回，各项限差应满足表 3-6 的要求；CP II 导线应在方位角闭合差及导线全长相对闭合差满足要求后，采用严密平差进行计算。

导线测量水平角观测技术要求　　表 3-5

等　级	仪器等级	半测回归零差（″）	一测回内 2c 互差（″）	同一方向值各测回互差（″）
四等及以上	0.5″级仪器	4	8	4
	1″级仪器	6	9	6
	2″级仪器	8	13	9
一级及以下	2″级仪器	12	18	12
	6″级仪器	18	—	24

距离观测限差　　表 3-6

等　级	使用测距仪精度等级	每边测回数 往测	每边测回数 返测	一测回读数较差限值（mm）	测回间较差限值（mm）	往返观测平距较差限值
二等	I	4	4	2	3	$2m_D$
	II			5	7	
三等	I	2	2	2	3	$2m_D$
	II	4	4	5	7	
四等	I	2	2	2	3	$2m_D$
	II			5	7	
	III	4	4	10	15	

续上表

等级	使用测距仪精度等级	每边测回数		一测回读数较差限值(mm)	测回间较差限值(mm)	往返观测平距较差限值
		往测	返测			
一级及以下	I	2	2	2	3	$2m_D$
	II			5	7	
	III	4	4	10	15	
	IV			20	30	

注:1. $m_D=(a+b\times D)$,为仪器标称精度。

式中:a——仪器标称精度中的固定误差(mm);

b——比例误差系数(mm/km);

D——测距边长度(km)。

2. 电磁波测距仪的测距精度划分标准为:测距长度为1km时,Ⅰ级:$|m_D|\leqslant 5$mm;Ⅱ级:5mm$<|m_D|\leqslant 10$mm。

3.4 CPⅠ、CPⅡ控制网GPS数据处理

在布设GPS网时,数据处理工作一般是随外业工作的展开分阶段进行的。GPS测量数据处理的对象是GPS接收机在野外所采集的观测数据。数据处理工作从算法角度出发可分为四个阶段:数据传输、格式转换(可选)、基线解算和网平差。

3.4.1 数据传输与格式转换

GPS外业采集的数据一般是记录在接收机的内存模块上,因此,完成观测后,如果要对数据进行分析,需先将数据下载到计算机上。数据传输的同时进行数据分流,生成四个数据文件:载波相位和伪距观测值文件、星历参数文件、电离层参数和UTC参数文件、测站信息文件。

除了“测站信息文件”外,下载到计算机中的数据均按GPS接收机的专有格式存储,一般为二进制文件。通常情况下,只有GPS接收机厂商所提供的数据处理软件能够直接读取这种数据并进行处理,若数据处理软件不支持该型号仪器的原始数据时,则需采用其他软件进行解码,得到Rinex格式观测数据。

除此之外,还需对测站信息文件数据进行检查整理,包括确认测站名、点号、点名是否正确;检查天线高与外业手簿是否一致;检查观测数据的采样间隔与高度截止角;确认所采用天线的各类几何参数、物理参数是否准确;检查外业气象数据是否换成适合于处理软件所需要的单位。在确保外业数据检查合格后,方可启动数据处理软件进行解算。

3.4.2 基线解算预处理

基线解算前,需对其进行预处理。GPS测量数据的预处理目的在于:对数据进行平滑滤波检验,剔除观测值中的粗差,删除无效无用数据,统一数据文件格式,将各类接收机的数据文件加工成彼此兼容的标准化文件。目前,GPS测量数据的预处理主要有:

1)GPS卫星轨道方程的标准化

GPS数据处理中,根据数据的采样间隔,要多次用到卫星坐标,然而GPS广播星历1h发布一组独立的星历,精密星历则每15min发布一组独立的星历,这就要将卫星轨道方程标准化,其目的是以统一的格式提供观测时段内被测卫星的轨道位置,从而使卫星轨道计算简便,

并且其观测轨道是连续轨道。GPS 卫星轨道方程的标准化通常采用以时间为变量的多项式进行拟合处理。

2)卫星时钟多项式的拟合和标准化

卫星时钟改正数来自每小时更新一次的广播星历,类似于轨道方程标准化的问题,要求提供整个观测时段内被测卫星连续、唯一且充分平滑的时钟改正多项式。对卫星时钟进行改正的目的:一是确定真正的信号发射时间以便计算该时刻的卫星轨道位置;二是将各测站对各卫星的时间基准统一起来以估算它们之间的相对钟差。前一目的因卫星运动速度不足 4km/s,当时间改正达 0.25μs 时,位置改正不足 1mm,因而十分容易满足;后一目的则要求时间多项式拟合的数学精度优于 0.2ns,以便精确探测整周跳变,估计整周模糊度。

3)观测值文件的标准化

各种接收机提供的 GPS 数据的记录格式不尽相同,同一接收机也可能互相有一些出入,为了保证后续工作的顺利进行,必须对观测文件进行标准化。观测文件标准化的内容主要包括记录格式标准化、记录类型标准化、记录项目标准化、采样密度标准化以及数据单位标准化等。

4)对观测值进行各种模型改正

GPS 观测值受到多种误差的影响,对于这些误差常常需要加一些模型改正,如相对论改正和大气折射模型改正,以提高测量精度。

5)形成差分数据

将同步环中每两台接收机同步测量的单频或合成单频载波相位形成单差、双差和三差观测值。

6)数据的检查、修复

诊断、确定、修复各种差分载波相位整周跳变。

7)伪距定位坐标计算

平均计算每一个观测点的伪距定位坐标。利用载波相位差分技术进行基线解算时,需要有每一个点位的概略坐标。概略坐标可由伪距单点定位进行解算。

3.4.3 基线向量解算

在对基线向量进行预处理后,即可进行基线解算。基线向量的解算实质是一个平差过程。平差所采用的观测值主要是双差观测值。首先由三差载波相位方程计算基线矢量,然后由双差载波相位观测方程进行基线向量解算,最后确定固定解。

1)三差载波相位方程计算基线矢量

以同步环中每两台 GPS 接收机所在点的坐标差分量作为未知参数,选用同步环中每两台接收机同步观测量所形成的三差载波相位观测值作为观测量,并认为是正态分布的随机观测量。按照最小二乘平差方法,将观测方程以观测点伪距定位坐标作为近似坐标,按泰勒级数展开,建立线性化观测方程:

$$V=BX+L \tag{3-4}$$

按照最小二乘原理 $V^{T}PV=\min$ 列出法方程,并求得解

$$X=(A^{T}PA)^{-1}A^{T}PL \tag{3-5}$$

其中，$X=(dX,dY,dZ)$为未知点近似坐标的改正数。从而可以解出待定点坐标的初始解。按三差所求解的精度仅在 m 级的水平。

2)双差载波相位观测方程计算基线向量

以同步环中每两台 GPS 接收机所在未知点近似坐标的改正数(dX,dY,dZ)和相应的双差整周模糊度$(\nabla\Delta N_i^j L)$为未知参数，并以同步环中每台接收机同步观测量所形成的双差载波相位观测值为观测量。按照最小二乘平差方法，将双差观测方程以观测点三差定位坐标作为近似坐标，按泰勒级数展开：$X_1=(dX,dY,dZ)$为基线矢量，$X_2=(\nabla\Delta N_i^j L)$为双差模糊度。误差方程为：

$$V=B_1X_1+B_2X_2-L \tag{3-6}$$

按最小二乘原理$V^{I}-PV=\min$，用消元法先消去X_1，求出模糊度X_2。如果此时不将模糊度整数化，代入法方程求出X_1，则由此解得的$X_1=(dX,dY,dZ)$称为浮动解，只有 cm 级的精度。

3)确定固定解

将模糊度整数化。整数化方法有四舍五入法或择优法。择优法在求出的实数模糊度$\pm3\sigma$(三倍的标准差)之内所有可能的整周未知数分别参与平差，产生最小标准差的那组整周未知数为最有选择。将整周未知数X_2代入法方程求出X_1，则由此解得的$X_1=(dX,dY,dZ)$，称为固定解。

3.4.4 GPS 三维网无约束平差

GPS 无约束平差是指不引入会造成 GPS 网产生由非观测量引起的变形的外部起算数据，一般是没有起算数据的平差方法，其平差时一般没有起算数据或者只有必要起算数据。GPS 误差方程的建立所采用的观测值均为基线向量，即 GPS 的基线的起点到终点的坐标差，因此其每一条基线向量可以列出如下误差方程式：

$$\begin{pmatrix} v_{\Delta X} \\ v_{\Delta Y} \\ v_{\Delta Z} \end{pmatrix}=\begin{pmatrix} -1 & 0 & 0 \\ 0 & -1 & 0 \\ 0 & 0 & -1 \end{pmatrix}\begin{pmatrix} dX_i \\ dY_i \\ dZ_i \end{pmatrix}+\begin{pmatrix} 1 & 0 & 0 \\ 0 & 1 & 0 \\ 0 & 0 & 1 \end{pmatrix}\begin{pmatrix} dX_j \\ dY_j \\ dZ_j \end{pmatrix}-\begin{pmatrix} \Delta X_{ij}-X_i+X_j \\ \Delta Y_{ij}-Y_i+Y_j \\ \Delta Z_{ij}-Z_i+Z_j \end{pmatrix} \tag{3-7}$$

若 GPS 网中有n个点，通过观测共得到m条独立的基线向量(可假定m_1条基线的起点和终点分别为n_1和n_2点)，可经总的误差方程写成如下形式：

$$V=B\hat{X}-L \tag{3-8}$$

式中：

$$L=(l_1 \quad l_2 \quad \cdots \quad l_{m1} \quad \cdots \quad l_m)^{T}$$

$$l_{m1}=(\Delta X_{m1} \quad \Delta Y_{m1} \quad \Delta Z_{m1})-(\Delta X_{m1}^0 \quad \Delta Y_{m1}^0 \quad \Delta Z_{m1}^0)$$

$$V=(v_1 \quad v_2 \quad \cdots \quad v_{m1} \quad \cdots \quad v_m)^{T}$$

$$v_{m1}=(v_{\Delta X_{m1}} \quad v_{\Delta Y_{m1}} \quad v_{\Delta Z_{m1}})^{T}$$

$$\hat{X}=(\hat{x}_1 \quad \hat{x}_2 \quad \cdots \quad \hat{x}_{m1} \quad \cdots \quad \hat{x}_m)^{T}$$

$$\hat{x}_{m1}=(\hat{x}_{m1}\quad \hat{y}_{m1}\quad \hat{z}_{m1})$$

$$B=\begin{bmatrix} \cdot & \cdot & \cdots & \cdot & \cdots & \cdot & \cdots & \cdot \\ \cdot & \cdot & \vdots & \cdot & \vdots & \cdot & \vdots & \cdot \\ \vdots & \vdots & \vdots & \vdots & \vdots & \vdots & \vdots & \vdots \\ 0 & 0 & \cdots & -I & \cdots & I & \cdots & 0 \\ \vdots & \vdots & \vdots & \vdots & \vdots & \vdots & \vdots & \vdots \\ \cdot & \cdot & \cdots & \cdot & \cdots & \cdot & \cdots & \cdot \end{bmatrix}$$

B矩阵由 $m\times n$ 个和 3×3 个子块构成。I 为单位矩阵。

GPS 网平差时，只需要一个位置基准，可以采用秩亏自由网基准，但一般用应用地心坐标作为起算位置基准，可有一个基准方：

$\hat{X}_1=0,\hat{X}_k=(\hat{x}_k\ \hat{y}_k\ \hat{z}_k)^{\mathrm{T}}$，$\hat{x}_k,\hat{y}_k,\hat{z}_k$ 为该基准点坐标改正数。也可写成：

$$GX=0 \tag{3-9}$$

其中，$G=(0\quad \cdots\quad I\quad \cdots\quad 0)$。

一条单基线解可提供如下信息：

$$b_i=(\Delta X_i\quad \Delta Y_i\quad \Delta Z_i)^{\mathrm{T}} \tag{3-10}$$

$$Q_{bi}=\begin{vmatrix} \sigma^2_{\Delta X_i} & \sigma_{\Delta X_i \Delta Y_i} & \sigma_{\Delta X_i \Delta Z_i} \\ \sigma_{\Delta X_i \Delta Y_i} & \sigma_{\Delta Y_i^2} & \sigma_{\Delta Y_i \Delta Z_i} \\ \sigma_{\Delta X_i \Delta Z_i} & \sigma_{\Delta Z_i \Delta Y_i} & \sigma^2_{\Delta X_i} \end{vmatrix} \tag{3-11}$$

式中：Q_{bi}——该条基线向量的协方差阵。

因此可以为其定权为 $p=Q_{bi}^{-1}$，对于 n 条基线可以提供以下信息：

$$B=[b_1\quad b_2\quad \cdots\quad b_n]^{\mathrm{T}} \tag{3-12}$$

$$P_B=\begin{bmatrix} Q_{b1}^{-1} & 0 & \cdots & 0 \\ 0 & Q_{b2}^{-1} & \cdots & 0 \\ \vdots & \vdots & \vdots & \vdots \\ 0 & 0 & \cdots & Q_{bn}^{-1} \end{bmatrix} \tag{3-13}$$

其中，B 为参与构网的基线向量组，P_B 为相应的权阵。

综上所述，可按照最小二乘法进行平差计算，得到平差结果：

$$\hat{X}=N_{bb}^{-1}-N_{bb}^{-1}G^{\mathrm{T}}N_{gg}^{-1}GN_{bb}^{-1}W \tag{3-14}$$

式中：

$$N_{bb}=B^{\mathrm{T}}PB$$

$$N_{gg}=GN_{bb}^{-1}G^{\mathrm{T}}$$

$$W=B^{\mathrm{T}}PL$$

待定点坐标参数：

$$\hat{X} = X^0 + x \tag{3-15}$$

单位权中误差：

$$\sigma_0 = \sqrt{\frac{V^{T}PV}{3m - 3n + 3}} \tag{3-16}$$

式中：m——组成 GPS 网的基线数；

n——点数。

思考题

1. CPI、CPII 控制网各有什么作用？
2. 何谓 CPI 网的加密？如何实施 CPI 网的加密？
3. CPII 网 GPS 数据处理的基本思路是什么？

项目 4 沉降变形观测

4.1 概述

沉降变形观测，是无砟轨道施工过程中的一个重要环节，也是无砟轨道运营监测管理的一个重要方面。客运专线无砟轨道对路基、桥涵、隧道等线下基础工程的工后沉降要求严格，标准高，基础的工后沉降量≤15mm；桥墩、台工后沉降量≤20mm，相邻桥墩、台沉降值差≤5mm；路桥、路隧等过渡段，路基与结构物间的差异沉降不大于5mm，过渡段沉降造成的路基与桥梁或隧道的折角不大于1‰(参考值)。

通过施工期系统的沉降变形动态观测，对实测沉降数据的分析、评估，评价地基最终沉降完成时间，验证调整设计措施，使线下基础工程达到预定的沉降变形控制要求，推断比较准确的最终沉降量和工后沉降量。工后沉降满足要求后，才能铺设无砟轨道。

地基在荷载的作用下沉降随时间发展而变化，其沉降变化一般通过土体结构进行分析计算，但沉降计算的精度受多种因素影响，其结果只能是一个估算值。因此，设计阶段沉降变形计算的精度不足以控制无砟轨道工后沉降。至今国内外均通过系统的沉降观测资料来分析、预测较准确的沉降值。

4.2 沉降变形观测方案编制依据

既然沉降变形观测十分重要，其观测方案的制订和实施就理应十分严密。一般情况下，编制沉降变形观测方案，应依据以下文件进行：

(1)铁道部工管中心电报通知要求，对不同区域、不同线路提出原则性意见。

(2)《客运专线无砟轨道铺设要求评估指南》，铁建设函(2006)258号。

(3)《高速铁路工程测量规范》(TB 10601—2009)、(J962—2009)

(4)《客运专线无砟轨道铁路设计指南》，铁建设函(2005)745号。

(5)设计单位、OPB咨询单位提供的有关资料。

当然，随着此类技术的不断完善，新规范出台后，应当以新的规范标准为编制依据。

4.3 沉降变形观测范围和内容

(1)路基。主要包括路基面的沉降变形观测；路基基底沉降观测；路堤本体的沉降观测(改良土路基)等。

(2)桥涵。主要包括桥梁各墩、台；预应力混凝土梁的徐变上拱变形；涵洞沉降观测等。

(3)隧道。主要指隧道口仰拱；隧道一般地段和不良、复杂地质区段沉降观测等。

(4)过渡段。包括路桥、路隧、路涵、堤堑过渡段沉降观测等。

（5）车站以及道路两侧高边坡和滑坡地段的垂直位移监测和水平监测。

在工程设计阶段，应对高速铁路变形测量的内容、方法、范围和监测频率进行规划和设计；变形监测工作实施前，应系统制订监测技术方案。变形监测工作应根据线下工程施工的开工时间、工程进度以及工程的需要适时开展。

4.4 路基沉降变形观测

4.4.1 观测断面及点的设置原则

（1）路基沉降观测应以路基面沉降和地基沉降观测为主。沉降变形观测断面应根据不同的地基条件，不同的结构部位等具体情况设置；测点的设置位置应满足设计要求，同时还应针对施工掌握的地质、地形等情况调整或增设。

（2）观测点应设在同一横断面上。

（3）路基面观测断面沿线路方向的间距一般不大于 50m；地势平坦、地基条件均匀良好的路堑、高度小于 5m 的路堤可放宽到 100m；地形、地质条件变化比较大地段应适当加密观测断面。

（4）一般路基填筑至路基基床表层顶面，加堆载预压的路堤填筑至基床底层表面后，在路基面设观测桩，进行路基面沉降观测，时间不少于 6 个月。

（5）测点及观测元器件的埋设位置应符合设计要求，且标设准确、埋设稳定。

4.4.2 观测断面及点的设置、元件布设

观测断面的设置及观测断面的观测内容、元件的布设，应根据地形、地质条件、地基压缩层厚度、路堤高度、地基处理方法、堆载预压等具体情况，结合沉降预测方法和工期要求具体确定。如在路堤堤高＜3m，且地基压缩层厚＜5m 地段，可参考表 4-1 执行。

观测断面、元件和间距的选择　　表 4-1

序号	观 测 内 容	观测元件	观测点数量	断面间距	附　　注
1	路基面沉降观测	观测桩	3 个/断面	50m	地势平坦、地基条件良好地段可 100m
2	基底沉降观测	沉降板	1 个/断面	200m	根据工点工期等具体情况适当增设

土质路堑（含基岩全风化层）一般地段只设路基面沉降观测桩 2～3 个/断面，断面间距 50m，地势平坦、地基条件良好地段间距 100m；当地基底层为红黏土、膨胀土时，同时在换填底面埋设单点沉降计观测地基沉降或隆起情况。

4.4.3 观测元件的埋设

观测元件除沉降观测桩外，均应在地基加固完成后路堤填筑施工前埋设。

（1）沉降观测桩（点）。在一般路基填筑至基床表层顶面，加载预压路堤填筑到基床底层顶面后，埋设沉降观测桩（点）。路基面两侧观测桩一般设在距左右线路中心 3.2m 处。埋设规格按规定要求，观测点钢筋头为半球形，高出埋设表面 5mm，表面作好防锈处理。

（2）沉降板。由钢底板、金属测杆及保护套管组成，钢底板尺寸为 50cm×50cm，厚 1cm，具体按设计图样焊接组装。

沉降板应埋入褥垫层顶部嵌入 10cm，采用中粗砂回填密实，再套上保护套管，保护套管略

低于沉降板测杆，上口加盖封口，并在周围填筑相应填料稳定保护套管，完成沉降板的埋设工作。采用水准仪按国家一等精密水准测量方法测量埋设就位的沉降板测杆标准高作为初始读数，随着路基填筑施工逐渐接高沉降板测杆和保护套管，每次接长高度以1m为宜。

(3)单点沉降计。单点沉降计是一种埋入式电感调频类智能型位移传感器，由电测位移传感器、测杆、锚头、锚板及金属软管和塑料波纹管等组成。采用钻孔埋设，钻孔孔径108mm或127mm，钻孔垂直，孔深达到硬质稳定层(最好为基岩)，孔口应平整密实。观测路堑换填基底沉降沉降计埋设在换填底面，表面应平整密实；观测路基本体变形按设计断面图埋设。

(4)剖面沉降管。采用专用塑料硬管，其抗弯刚度应适应被测土体的竖向位移要求，管端接口密合。剖面沉降测量时将剖面沉降仪探头预埋在剖面沉降管槽内，按一定时间间距测读一次读数。起始端管口高程采用水平仪按国家一等精密水准测量方法进行测量，经过数据处理计算求出不同位置处地基的沉降量。剖面沉降管在褥垫层顶面开槽埋设，槽底中粗砂找平，表面回填5cm中粗砂并与褥垫层齐平，两端部应进行有效保护。

每个工点观测断面及观测点的数量，埋设观测元件的种类、数量，根据设计要求和相关规范规定执行，原则上由设计、施工、监理方在现场核查确定，并填写《工点沉降观测断面、点布置表》，见附注“沉降观测—01表”。

4.4.4 路基沉降观测精度要求

沉降变形的水准测量精度为1mm，读数取位至0.1mm；剖面沉降管的测量精度为8mm/30m；单点沉降计观测精度为测量值的1%，灵敏度为0.01mm。

4.4.5 路基沉降观测的频次

变形监测频率应根据监测目的、变形量大小和变形速率等因素进行设计。变形监测频率既要系统地反映变形过程，不遗漏变形的变化时刻，又要科学拟定以降低监测的工作量。

路基沉降观测的频次不低于表4-2的规定(供参考)。当环境条件发生变化或数据异常时应即时观测。

路基沉降观测的频次 表4-2

观测阶段	观测频次	
填筑或堆载	一般	一次/天
	沉降量突变	2～3次/天
	两次填筑间隔时间较长	1次/3天
堆载预压或路基施工完毕	第一个月	1次/周
	第2、3个月	1次/10天
	3个月以后	1次/2周
	6个月以后	1次/月
无砟轨道铺设后	第一个月	1次/2周
	第2、3个月	1次/月
	3～12个月	1次/3月

4.5 桥涵沉降变形观测

4.5.1 桥梁变形观测一般要求

(1)桥梁变形观测应以墩台基础的沉降和预应力混凝土梁的徐变变形为主,涵洞除应进行自身的沉降观测外,尚应进行洞顶填土的沉降观测。

(2)桥梁变形观测。岩石地基、嵌岩桩基础的桥涵可选择典型墩、涵进行观测,观测数量不少于墩台数量的50%;对原材料变化不大、预制工艺稳定、批量生产的预应力混凝土预制梁,徐变变形观测可每30孔选择1孔进行(不足30按30算);其余桥梁变形观测应逐跨、逐墩(台)布置测点,涵洞应逐个布置。

(3)桥涵主体工程(包括架梁)完工后,沉降观测期一般不少于6个月;岩石地基等良好地质区段的桥梁,沉降观测期应不少于60天。观测数据不足或工后沉降评估不能满足设计要求时,应适当延长观测期。

4.5.2 观测点的布置

(1)墩台沉降观测点可在墩顶、墩身或承台上布置,每个墩、台的测点总数不应少于4个。一般布置在墩、台或承台四个角处。

(2)预应力混凝土梁徐变上拱变形观测点设置在箱梁四个支点和跨中截面两侧腹板梁顶处,每孔梁的测点数应不少于6个。

(3)涵洞沉降观测点设在涵洞边墙两侧冒石顶上,每个涵洞测点数4个。

(4)桥涵变形观测点可参考图埋设,观测点钢筋头为半球形,高出埋设表面3mm,表面作好防锈处理。

4.5.3 观测精度

桥涵基础沉降和梁体徐变变形的观测精度为±1mm,读数取位至0.1mm。

4.5.4 观测频次

墩台观测频次、预应力混凝土徐变上拱观测频次、涵洞观测频次分别按相关规范的具体要求执行。

4.6 隧道基础沉降观测

4.6.1 一般要求

(1)隧道主体工程完工后,变形观测期间一般不应少于3个月。观测数据不足或工后沉降评估不能满足设计要求时,应适当延长观测期。

(2)隧道内一般地段沉降观测断面的布设根据地质围岩级别确定,不良、复杂地质区段适当加密布设。

4.6.2 观测断面的布设

(1)一般情况下,III级围岩每400m、IV级围岩每300m、V级围岩每200m布设一个观测断面。地应力较大、断层破碎带、膨胀土等不良和复杂地质区段适当加密布设。

(2)隧道口至分界里程范围内应至少布设一个观测断面。

(3)隧底工程完成后,每个观测断面在相应两侧边墙处设一对沉降观测点。

4.6.3 隧道基础沉降观测频次

隧道基础沉降观测的频次不低于表4-3的规定,沉降稳定后可不再进行观测。

隧道基础沉降观测的频次　表4-3

观测阶段	观测频次		
	观测期限		观测周期
随地工程完成后	3个月		1次/周
无碴轨道铺设后	3个月	0~1个月	1次/周
		1~3个月	1次/2周

4.7 过渡段沉降观测

4.7.1 一般规定

(1)过渡段沉降观测应以路基面沉降和不均匀沉降观测为主,沉降观测期与路基相同,不少于6个月。

(2)分别在路桥、路涵、路隧过渡段的结构物起点、距结构物起点5~10m处、15~25m处、50m处各设一个观测断面,沿涵洞轴线设路基面观测断面,每个观测断面设3个观测桩。

(3)路堤和路堑过渡段在分界处设路基面观测断面,每个观测断面设3个测桩。

4.7.2 精度要求

沉降观测水准的测量精度不低于1mm,读数取位至0.1mm。

4.7.3 沉降观测的频次

沉降观测的频次按相关规定执行。当环境条件发生变化或数据异常时应即时观测。

4.8 沉降变形测量

前面叙述了各类工程沉降观测的基本思路和相关要求,现就沉降变形测量的整体方案设计和技术要求进行介绍。

4.8.1 一般要求

(1)沉降变形观测根据《客运专线铁路无砟轨道铺设条件评估技术指南》、《高速铁路工程测量规范》的要求执行。

(2)建立沉降变形观测网,布设基准点、工作基点和变形观测点。变形监测网(水平位移监测网、垂直位移监测网)可采用独立坐标和高程系统,按工程需要的精度等级建立,并与施工控制网联测，一次完成布网工作。

(3)所使用的仪器和设备应进行定期检查并做出详细记录；每次测量采用同一仪器，固定观测人员，采用相同的网形或观测路线和观测方法，在基本相同的环境和观测条件下作业。

(4)各原始测量记录应真实、可靠，并有可追溯性。计算成果和图表清晰、签署齐全，并妥善保存。

(5)参与观测的人员必须经过培训才能上岗。

4.8.2 基准点、工作基点和变形观测点的布设

基准点、工作基点的建立主要是为沉降变形观测提供高程控制点的，因此，布点要求既要稳定可靠，又要远近适中，有利于实施观测。

(1)基准点的布设。基准点应设在变形区以外的便于长期保存的岩石或原状土层上，宜选用 CPI、CPII 控制点以及线路水准基点，亦可利用稳固的建筑物、构筑物设立。当需要增设基准点时，按照线路水准基点的埋设要求增设基准点。使用时应作稳定性检查与检验，并应以稳定或相对稳定的点作为测定变形的参考点。每个独立的观测网应设置不少于 3 个稳固可靠的基准点。

(2)工作基点的布设。为满足沉降变形观测精度要求，在两水准基点之间沿线路方向按间距不大于 200m、距路基中心距离小于 100m 布设工作基点。工作基点应选在比较稳的位置，以便长期保存和使用。对观测条件较好或观测项目较少的工程，可不设立工作基点，在基准点上直接设测量变形观测点。工作基点一般采用直径 20mm 长 60cm 顶端圆滑的钢筋打入土中，桩周上部 30cm 用混凝土浇筑固定并编号。

(3)变形观测点的布设。变形观测点选择的合理性，直接影响变形观测的准确性。故应设立在变形体上能反映变形特征的位置，并与建筑物稳固地连接在一起。变形观测点的布设一般应注意四点：一是为有利于看护，集中观测，统一观测频率和各观测项目数据的综合分析，各部位观测点需设在同一横断面上；二是一般路堤地段观测断面包括沉降观测桩和沉降板，沉降观测桩每断面设置 3 个，布置于双线路基中心及左右线中心两侧各 2m 处；沉降板每断面设置 1 个，布置于双线路基中心；三是路堑地段观测断面分别于路基中心左右中心线以外 2m 的路基面处各设 1 根沉降观测桩，观测路基面的沉降；四是软土、松软土路堤地段观测断面一般包括剖面沉降管、沉降观测桩、沉降板和位移观测桩。具体布设见图 4-1 松软土地段观测断面布置图。

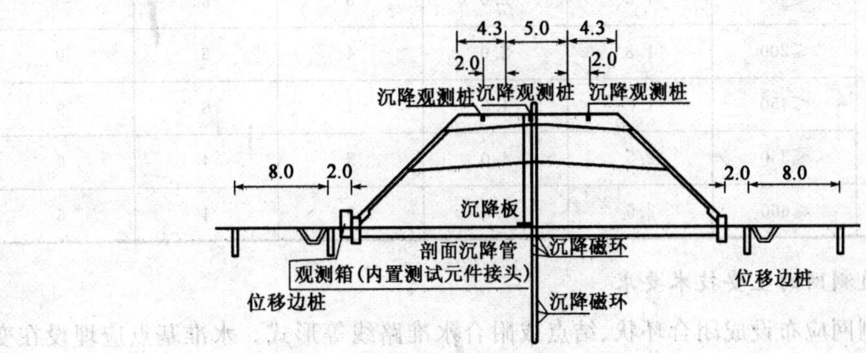

图 4-1　松软土地段观测断面布置图(尺寸单位:m)

项目4 沉降变形观测

观测网中，工作基点应定期与基准点进行校核。当对沉降观测成果发生怀疑时，应随时进行复测校核。

4.8.3 沉降变形观测主要技术要求

1）变形测量的等级确定

高速铁路变形监测的精度应按监测量的中误差小于允许变形值的1/10～1/20的原则进行设计。由于地区和地质条件的不同，变形测量的等级选择可按照表4-4中相应标准来具体确定。

变形测量等级划分和精度要求

表4-4

<table>
<tr><th rowspan="2">变形测量等级</th><th colspan="2">垂直位移量</th><th>水平位移量</th></tr>
<tr><th>变形观测点的高程中误差(mm)</th><th>相邻变形观测点的高差中误差(mm)</th><th>变形观测点的点位中误差(mm)</th></tr>
<tr><td>一等</td><td>0.3</td><td>0.1</td><td>1.5</td></tr>
<tr><td>二等</td><td>0.5</td><td>0.3</td><td>3.0</td></tr>
<tr><td>三等</td><td>1.0</td><td>0.5</td><td>6.0</td></tr>
<tr><td>四等</td><td>2.0</td><td>1.0</td><td>12.0</td></tr>
</table>

2）水平位移监测网的技术要求

水平位移监测网可采用独立坐标系统一次布设，控制点应采用有强制归心装置的观测墩，照准标志宜采用有强制归心装置的觇牌或红外测距反射片。在设计水平位移监测网时，应进行精度预估，进而选用最优方案。水平位移监测网的主要技术要求应符合表4-5的规定。

水平位移监测网的主要技术要求

表4-5

<table>
<tr><th rowspan="2">等级</th><th rowspan="2">相邻基准点的点位中误差(mm)</th><th rowspan="2">平均边长(m)</th><th rowspan="2">测角中误差(″)</th><th rowspan="2">测边中误差(mm)</th><th colspan="3">水平角观测测回数</th></tr>
<tr><th>0.5″级仪器</th><th>1″级仪器</th><th>2″级仪器</th></tr>
<tr><td rowspan="2">一等</td><td rowspan="2">1.5</td><td>≤300</td><td>0.7</td><td>1.0</td><td>9</td><td>12</td><td>—</td></tr>
<tr><td>≤200</td><td>1.0</td><td>1.0</td><td>6</td><td>9</td><td>—</td></tr>
<tr><td rowspan="2">二等</td><td rowspan="2">3.0</td><td>≤400</td><td>1.0</td><td>2.0</td><td>6</td><td>9</td><td>—</td></tr>
<tr><td>≤200</td><td>1.8</td><td>2.0</td><td>4</td><td>6</td><td>9</td></tr>
<tr><td rowspan="2">三等</td><td rowspan="2">6.0</td><td>≤450</td><td>1.8</td><td>4.0</td><td>4</td><td>6</td><td>9</td></tr>
<tr><td>≤350</td><td>2.5</td><td>4.0</td><td>3</td><td>4</td><td>6</td></tr>
<tr><td>四等</td><td>12.0</td><td>≤600</td><td>2.5</td><td>7.0</td><td>3</td><td>4</td><td>6</td></tr>
</table>

3）垂直位移监测网的主要技术要求

垂直位移监测网应布设成闭合环状、结点或附合水准路线等形式。水准基点应埋设在变形区以外的基岩或原状土层上，也可利用稳固的建筑物、构筑物设立墙上水准点。垂直位移监测网的选择，应符合表4-6之规定。

垂直位移监测网的主要技术要求　　表 4-6

等级	相邻基准点高差中误差(mm)	每站高差中误差(mm)	往返较差、附合或环线闭合差(mm)	检测已测高差较差(mm)	使用仪器、观测方法及要求
一等	0.3	0.07	$0.15\sqrt{n}$	$0.2\sqrt{n}$	DS05 型仪器,视线长度<15m,前后视距差≤0.3m,视距累计差≤1.5m,宜按国家一等水准测量技术要求施测
二等	0.5	0.15	$0.3\sqrt{n}$	$0.4\sqrt{n}$	DS05 型仪器,宜按国家一等水准测量技术要求施测
三等	1.0	0.30	$0.6\sqrt{n}$	$0.8\sqrt{n}$	DS05 或 DS1 型仪器,宜按本规范二等水准测量技术要求施测
四等	2.0	0.70	$1.4\sqrt{n}$	$2.0\sqrt{n}$	DS1 或 DS3 型仪器,宜按本规范三等水准测量技术要求施测

注:n 为测站数。

4.8.4 测量观测资料整理及提交资料

变形观测资料是分析、判断建筑物变形的依据,对于确定变形阶段、决定后续工程是否开始意义十分重大。由于变形测量数据、分析图表多,需要认真对待。

1)一般要求

观测资料应齐全、详细、规范,符合设计及细则要求;人工测试数据,必须在观测当天及时输入计算机,核对无误后在计算机内备份;自动采集测试数据应即时在计算机内备份。沉降观测资料及时输入沉降观测管理信息系统,以保证各相关单位在观测过程中实时监控。观测中有沉降异常情况应及时通知有关各方及时处理;按照提交资料要求及时整理、汇总、分析,按有关规定整编成册。

2)沉降观测资料的分类整理(见附件)

(1)工点沉降观测断面、点布置表;

(2)沉降板观测资料汇总表;

(3)路基面沉降观测资料汇总表;

(4)单点沉降计测试资料汇总表;

(5)剖面沉降管测试资料汇总表;

(6)绘制路堤施工过程和完成后的填土高—时间—沉降曲线;

(7)绘制路基面沉降时间—沉降曲线;

(8)桥梁墩台沉降观测资料汇总表;

(9)隧道沉降观测资料汇总表;

(10)预应力混凝土梁徐变上拱资料汇总表;

(11)涵洞沉降观测资料汇总表。

注:对于预压地段,在路基沉降观测资料表的表头中可增加有关预压土情况(预压高度、预压时间等)。

3)其他资料部分

(1)观测点的平面、纵断面和横断面布置图及控制点(水准基点、基准点、工作基点)与观测点布置图;

(2)标石、标志规格及埋设图；

(3)仪器检测及校正资料；

(4)观测记录本；

(5)平差计算、测量成果质量评定资料。

4)资料的提交

变形观测资料除及时整理、分析和归档外，应按照时效性原则和有关规定，及时向监理单位、设计单位等报送，以便及时、准确分析和评估工程质量，对后续工程进行决策。

思考题

1.什么是工后沉降？为何要重视工后沉降？

2.无砟轨道施工中变形沉降观测涉及哪些方面的具体内容？

3.如何看待沉降变形观测的周期？

4.沉降变形测量中，观测点的选择为何至关重要？以过渡段为例说明。

附件

沉降观测使用表(供学习参考)

观测断面与观测点工程属性信息表

附表 1

测点编号	测量编号	工程类型	测点类型	冠号	里程	测点位置	距线路中心(m)	填挖高度(m)	基底处理类型	压缩层厚度(m)	处理深度(m)	墩高(m)	涵顶填土高度(m)	围岩类别	工程名称	备注

测量负责人：　　　　复核：　　　　监理：　　　　年　　月　　日

电子水准测量记录手簿

附表 2

测站	视准点	视距读数		标尺读数		读数差(mm)	高差(m)	高程(m)	备注
	后视	后距 1	后距 2	后尺读数 1	后尺读数 2				
	前视	前距 1	前距 2	前尺读数 1	前尺读数 2				
	中视	视距差(m)	累积差(m)	高差(m)	高差(m)				
测段计算	起点								
	终点			高差		m			
	前距		km						
	后距		km	距离		km			

测量负责人：　　　　复核：　　　　监理：　　　　年　　月　　日

路基沉降观测记录表(沉降观测桩)

附表 3

工程名称：　　　　　　　　　　测量单位：　　　　　　　　　　测点编号：

观测期次	观测日期	两次观测间隔	累计天数(d)	本次高程(m)	本次沉降(mm)	累计沉降(mm)	沉降速率(mm/d)	施工阶段	备　注

测量负责人：　　　　　　复核：　　　　　　监理：　　　　　年　　月　　日

路基沉降观测记录表(沉降板)

附表 4

工程名称：　　　　　　　　　　　　　测量单位：　　　　　　　　　　　　　测点编号：

观测期次	观测日期	两次观测间隔	累计天数(d)	填土高度(m)	本次高程(m)	接管长度	本次沉降(mm)	累计沉降(mm)	沉降速率(mm/d)	施工阶段	备注

测量负责人：　　　　　　　复核：　　　　　　　监理：　　　　　　　年　　月　　日

路基沉降观测记录表(剖面管)

附表 5

工程名称：　　　　　　　　　　　　　　　　　　　　测量单位：

观测点里程						观测次数		上次观测时间		
填土高度(m)						基准点高程(m)				
测量位置(m)	观测时间(yy-mm-dd)	正向读数(mm)	反向读数(mm)	平均值(mm)	上次高程(m)	本次高程(m)	本次沉降(mm)	累计沉降(mm)	沉降速率(mm/d)	备注
1										
2										
3										
4										
5										
6										
7										
8										
9										
10										
11										
12										

测量负责人：　　　　　　　　复核：　　　　　　　　监理：　　　　　　　　年　　月　　日

路基沉降观测记录表(分层沉降观测) 附表6

里程段落： 观测日期： 第 页 共 页

断面里程	测点编号	测点埋深	原始磁环高程(m)	上次磁环高程(m)	测试读数(m)		平均值(m)	本次磁环高程(m)	本次沉降(mm)	累计总沉降(mm)	本次分层沉降(mm)
路堤填筑高度及其他情况											
水位深度				水位高程(mm)				管口高程(mm)			

注：1.每次磁环测量和沉降管管口高程测量均应对准管口固定位置。

2.每次磁环测量均需重复测量两次，并以磁环下部响声为准。

测量负责人： 复核： 监理： 年 月 日

沉降观测记录表(分层沉降汇总)

附表 7

断面里程：　　　　　　　　　　　　　　　　　　　　　　　　　　　　第　　页　共　　页

观测日期	累计天数(d)	路堤填高(m)	本次分层沉降(mm)														地面总沉降(mm)	备注
			1	2	3	4	5	6	7	8	9	10	11	12	13	14		

测量负责人：　　　　　　　　复核：　　　　　　　　　　　监理：　　　　　　　　　　年　　月　　日

附表 8

路基沉降观测记录表(边桩位移)

里程段落：　　　　　　　　　　观测日期：　　　　　　　　　　第　页共　页

断面里程	边桩编号	边桩位置	原始高程（m）	上次高程（m）	本次高程（m）	本次沉降（mm）	沉降速率（mm/d）	累计总沉降（mm）	上次总水平位移（mm）	本次水平位移（mm）	本次总水平位移（mm）	位移速率（mm/d）	备注

测量负责人：　　　　　　　复核：　　　　　　　监理：　　　　　　年　　月　　日

路基沉降观测记录表（边桩位移汇总） 附表9

断面里程： 第 页 共 页

观测日期	累计天数（d）	两次观测时间间隔（d）	路基左侧边桩（编号： ）							路基右侧边桩（编号： ）							备注
			填土高度（m）	本次沉降（mm）	总沉降（mm）	沉降速率（mm/d）	本次水平位移（mm）	本次总水平位移（mm）	位移速率（mm/d）	填土高度（m）	本次沉降（mm）	总沉降（mm）	沉降速率（mm/d）	本次水平位移（mm）	本次总水平位移（mm）	位移速率（mm/d）	

测量负责人： 复核： 监理： 年 月 日

桥梁承台沉降观测记录表

附表10

工程名称： 测量单位： 测点编号：

观测期次	观测日期	两次观测间隔	累计天数（d）	本次高程（m）	本次沉降（mm）	累计沉降（mm）	沉降速率（mm/d）	施工阶段	备注

测量负责人： 复核： 监理： 年 月 日

桥梁墩(台)沉降观测记录表

附表 11

工程名称：　　　　　　　　　　　测量单位：　　　　　　　　　测点编号：

观测期次	观测日期	两次观测间隔	累计天数(d)	本次高程(m)	本次沉降(mm)	累计沉降(mm)	沉降速率(mm/d)	施工阶段	备　注

测量负责人：　　　　　　　复核：　　　　　　　监理：　　　　　　年　　月　　日

涵洞沉降观测记录表 附表 12

工程名称： 测量单位： 测点编号：

观测期次	观测日期	两次观测间隔	累计天数（d）	本次高程（m）	本次沉降（mm）	累计沉降（mm）	沉降速率（mm/d）	施工阶段	备注

测量负责人： 复核： 监理： 年 月 日

隧道沉降观测记录表 附表13

工程名称： 测量单位： 测点编号：

观测期次	观测日期	两次观测间隔	累计天数（d）	本次高程（m）	本次沉降（mm）	累计沉降（mm）	沉降速率（mm/d）	施工阶段	备注

测量负责人： 复核： 监理： 年 月 日

桥梁梁部徐变观测数据录入表

附表 14

施工标段：					施工单位：					
桥梁名称：					所在孔跨：					
桥梁跨度：					跨中里程：					
测点备注信息：										
观测期号	1					2				
观测日期										
距左距离	天气温度	荷载情况	高程（m）	徐变上拱量（mm）	累计徐变量（mm）	天气温度	荷载情况	高程（m）	徐变上拱量（mm）	累计徐变量（mm）
北京端左 1										
北京端右 2										
差值(左 3—左 1)										
差值(右 4—右 2)										
平均值										
梁中左 3										
梁中右 4										
差值(左 3—左 5)										
差值(右 4—右 6)										
平均值										
上海端左 5										
上海端右 6										
平均徐变量										

测量负责人：　　　　复核：　　　　监理：　　　　年　　月　　日

沉降设计值表

附表 15

序号	冠　号	里　程	设计总沉降量（mm）	修正设计总沉降量（mm）

单位：　　　　　　　　　　　　　　填表：　　　　　　　　　　年　　月　　日

断 链 表

附表16

单位：　　　　　　　　　　　　　　　　　　　　里程范围：

序　号	断链前冠号	断链前里程	断链后冠号	断链后里程

填表：　　　　　复核：　　　　　　监理：　　　　　　年　　月　　日

工程沉降变形观测准备工作检查记录表 附表 17

单位工程名称			开工日期	
建设单位			现场项目负责人	
设计单位			现场项目负责人	
监理单位			总监理工程师	
施工单位		项目负责人		项目技术负责人	

序号	项　　目	内　　容
1	沉降变形观测设计交底	
2	沉降变形观测方案	
3	各种监测仪器和设备情况	
4	专业观测人员情况	
5	施工图现场核对情况	
6	地质勘测资料	
7	开工报告	
8		
9		
10		

附件材料　1.
　　　　　2.

检查结论：

监理组长：
总监理工程师：
年　　月　　日

注：本表一式 4 份，施工、设计、监理和建设单位各 1 份。

工程沉降变形观测结果验收记录表 附表 18

<table>
<tr><td colspan="2">标段名称</td><td colspan="2"></td><td>单位(项)工程名称</td><td></td></tr>
<tr><td colspan="2">工程部位</td><td colspan="2"></td><td>工程位置(里程)</td><td></td></tr>
<tr><td colspan="2">观测开工日期</td><td colspan="2"></td><td>观测完成日期</td><td></td></tr>
<tr><td colspan="2">施工单位</td><td colspan="4"></td></tr>
<tr><td colspan="2">项目负责人</td><td></td><td>项目技术负责人</td><td></td><td>项目质量负责人</td></tr>
<tr><td>序号</td><td>观测项目</td><td colspan="3">观测情况记录</td><td>观测结论</td></tr>
<tr><td>1</td><td></td><td colspan="3"></td><td></td></tr>
<tr><td>2</td><td></td><td colspan="3"></td><td></td></tr>
<tr><td>3</td><td></td><td colspan="3"></td><td></td></tr>
<tr><td colspan="6">附件材料 1.
2.</td></tr>
<tr><td rowspan="6">参加观测结果验收人员签字</td><td>施工单位</td><td colspan="4"></td></tr>
<tr><td>监理单位</td><td colspan="4"></td></tr>
<tr><td>设计单位</td><td colspan="4"></td></tr>
<tr><td>咨询单位</td><td colspan="4"></td></tr>
<tr><td>评估单位</td><td colspan="4"></td></tr>
<tr><td>建设单位</td><td colspan="4"></td></tr>
</table>

注:本表一式 6 份,施工、设计、监理、咨询、评估和建设单位各 1 份。

项目5　CP III 测量

5.1　概述

高速铁路无砟轨道施工建设需要布设高精度的轨道控制网(CP III)。布设 CP III 网的目的在于准确地测设铺轨控制基桩,确保无砟轨道施工满足线路平顺性要求。对于此类大型高精度施工控制网,不仅要采用高精度的测量仪器,还要有合理的测量方案以及正确可靠的数据处理和质量控制方法。

5.2　CP III 轨道控制网的设计

CP III 控制点宜成对设于线路外侧,距线路中线的距离应为 3～4m,控制点的间距宜为 150～200m。对线路特殊地段、曲线控制点、线路变坡点、竖曲线起终点及道岔区均应增设加密控制点,曲线地段加密控制点间距宜为 50～60m,它们相对于两端 CP III 控制点的纵、横向中误差应小于 1.5mm。

5.2.1　CP III 轨道控制网的建立

轨道控制网的布设如图 5-1 所示,沿线路方向两侧,每隔约 50～70m 设轨道控制点,每对轨道控制点的间距约为 15m,沿线路方向每隔 200m 左右在线路中间采用自由设站法观测设站点前后各 3 对轨道控制点。沿线路方向每隔 500m 左右,在线路旁边的转点上采用自由设站法,将离设站点最近的 2～3 个轨道控制点与事先布设的上一级精密控制点进行联测。注意在测量过程中,尽可能地在精密控制点上安置全站仪观测其他的精密控制点,以便得到方位约束条件。自由站点不需要设置标志,只需整平全站仪进行观测,轨道控制点只能安置棱镜,且强制对中。

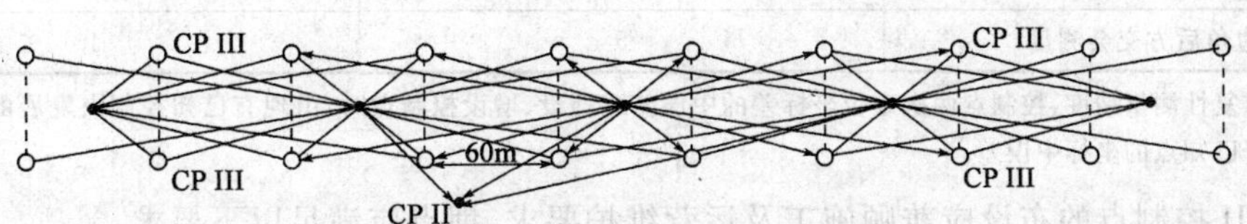

图 5-1　标准的 CP III 网网形与联测方法

德国博格公司规定这级网的精度指标为:平面网相邻点相对点位中误差≤±1mm;高程网相邻点高差中误差≤±1mm。我国颁布的《高速铁路工程测量规范》规定相邻 CP III 点高差中误差不应大于±0.5mm。这些指标被认为是:(1)控制网平差的点位中误差和相对中误差;(2)布设或增设控制点时,由就近已知控制网点作为起算数据的,新控制点的点位中误差和相对于已知点相对中误差。这样理解,更符合我国工程测量控制网的常规精度指标习惯。

5.2.2 CP III 轨道控制网网形设计

CP III 网的网形可采用两种布设方式:一种是采用导线网的形式,控制基桩的间距为 150～200m,布设方法参见图 5-1;另一种可采用德国的方法建立 PS4(等同于《高速铁路工程测量规范》中每 60m 布设一对控制点基桩的布网要求)的方式(图 5-2 和表 5-1)。

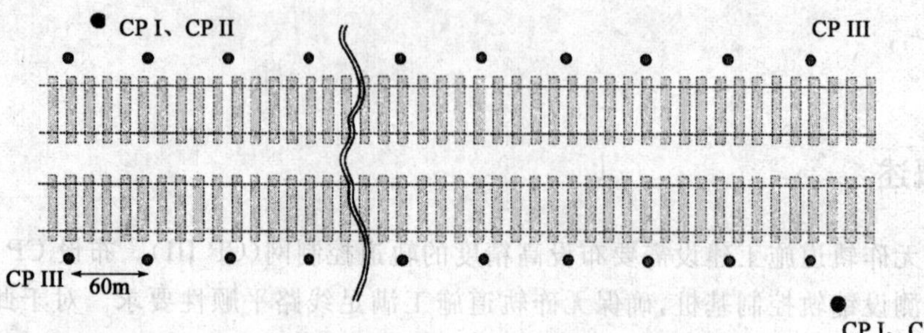

图 5-2 CP III 控制点布设平面示意图

CP III 控制网布网要求 表 5-1

控制网级别	测 量 方 法	纵向网点间距	备 注
CP III	自由测站边角交会	50～70m 一对	横向点间距 10～20m

5.3 CP III 轨道控制网测量技术要求

在 CP II 网的基础上进行轨道控制网(CP III)测量,可采用导线测量或边角后方交会法施测。导线测量的具体技术要求如表 5-2、表 5-3 所示。

导线测量主要技术要求 表 5-2

附合长度(km)	边长(m)	测距中误差(mm)	测角中误差(″)	相邻点位坐标中误差(mm)	导线全长相对闭合差限差	方位角闭合差限差(″)	对应导线等级
≤1	150～200	3	4	5	1/20000	$\pm 8\sqrt{n}$	五等

轨道控制点(CP III)的定位精度要求 表 5-3

	可重复性精度(mm)	相对点位精度(mm)
导线测量	6	5
边角后方交会测量	5	1

注:可重复性测量精度:控制点两次定位坐标差的中误差或补设、增设控制点时,由现有已知控制点发展的新控制点相对于已知点的坐标中误差。

CP III 控制点的布设应兼顾施工及运营维护要求,埋点应满足以下要求:

(1)CP III 控制点应设置在稳固、可靠、不易破坏和便于测量的地方,并应防冻、防沉降和抗移动,控制点标识清晰、齐全,便于准确识别和使用。

(2)CP III 控制点有条件时宜埋设混凝土强制对中标,其标志规格和埋设深度应符合高速铁路工程测量规范附录 A(见附录)的规定。

(3)CP III 控制点采用导线法测量时,直线部分宜设于线路一侧,曲线部分宜设于线路外侧;采用后方交会法测量时,应设于线路两侧。在一条线路上控制点的外移距离宜相等,如遇障碍物，外移距离可适当减小，但增减值应相等。

5.4 CP III 轨道控制网测量

由于 CP III 轨道控制网的精度直接影响到无砟轨道高平顺性的标准，而 CP III 轨道控制网的精度受 CP I 或 CP II 精度的影响，因此在 CP III 轨道控制网建网前应对精测网进行全面复测，并且联测 CP0 和基岩点，进行整体平差，确保基础平面控制网的准确性。为了高效、准确地建立 CP III 轨道控制网的联测，还需对 CP II 线路控制网进行加密。

5.4.1 CP II 平面控制网加密

1)CP II 加密点的布设

(1)根据既有 CP II 平面控制网的现状，一般按照“线路两侧 200m 范围内 CP II 点具有 500～700m 的点间距”要求进行 CP II 点的加密。亦可按相关《规范》指标要求进行。

(2)桥梁段 CP II 加密点可以布设在桥上，点位应稳定可靠，可选择布设在墩台顶部桥梁固定支座端上方。

(3)加密的 CP II 点应至少有一个方向与相邻的 CP II 点或 CP I 点通视。

(4)CP II 加密点点位的选取应便于与 CP III 控制网的联测。

(5)加密测量前应检查联测标石的完好性，对丢失和破损较为严重的标石应按原测标准用同精度扩展方法恢复或增补，CP II 加密测量时观测 2 个时段，每个时段不少于 2 个 CP II 点，且加密点位于联测 CP I/CP II 点构成的网形中部。

(6)CP II 加密点位宜选在铁路用地界内、不易被破坏的范围内；点位应便于安置 GPS 接收机和全站仪，周围视野开阔，便于 GPS 卫星信号的接收。

(7)CP II 加密点离大功率无线电发射源(电视台、微波站)的距离不小于 200m，离高压输电线距离不得小于 50m，附近不应有强烈干扰卫星信号接收的物体，尽量避开大面积水域。

2)CP II 加密点的测量

CP II 加密点的测量应在满足项目三中各项规定、精度指标及 GPS 测量作业的技术要求等前提下进行。CP II 加密点测量的具体步骤如下：

(1)CP II 加密点采用 GPS 测量方法施测，起闭于既有精测网复测合格的 CP I、CP II 点，测量等级和精度要求应满足项目 3 表 3-5 内 C 级 GPS 测量的要求。

(2)CP II 加密点采用双频 GPS 接收机观测，仪器的标称精度不低于 5mm+1ppm。

(3)CP II 加密点测量采用边联结方式构网，形成由三角形或大地四边形组成的带状网。每一个 CP II 加密点要与前后各 2 个既有 CP I 或 CP II 点联测构成附合网。

(4)全部仪器、光学对中基座作业前都必须按要求进行检校合格后才能投入使用。观测时天线整平对中误差不得大于 1mm，每时段观测前后各量取天线高一次，两次互差小于 3mm，并取其平均值作为最后结果。

3)GPS 加密点的数据处理

(1)GPS 基线解算。GPS 基线采用静态相对定位模式进行解算，采用精密星历或广播星历为起算数据。用于解算基线的起算点在 WGS-84 坐标系中的绝对坐标精度不低于 10m。采用 GPS 的随机软件进行解算，计算同一时段观测值的剔除率应小于 10%。解算后按表 5-4

的要求进行基线质量检核和分析。

基线质量检验限差表　表 5-4

检验项目	限差要求			
	X 坐标分量闭合差	Y 坐标分量闭合差	Z 坐标分量闭合差	环线全长闭合差
同步环	$w_x \leqslant \frac{\sqrt{n}}{5}\sigma$	$w_y \leqslant \frac{\sqrt{n}}{5}\sigma$	$w_z \leqslant \frac{\sqrt{n}}{5}\sigma$	$w \leqslant \frac{\sqrt{3n}}{5}\sigma$
独立环(附合路线)	$W_x \leqslant 3\sqrt{n}\sigma$	$W_y \leqslant 2\sqrt{n}\sigma$	$W_z \leqslant 2\sqrt{n}\sigma$	$W \leqslant 2\sqrt{3n}\sigma$
重复观测基线较差	$d_s \leqslant 2\sqrt{2}\sigma$			

注：$\sigma=\sqrt{a^2+(b\cdot d)^2}$，本项目 $a=5$mm，$b=1$ppm。

(2)GPS 网平差及坐标转换。CP II 加密点 GPS 网应采用鉴定合格的商业软件进行平差计算。

①采用 GPS 基线的双差固定解进行 GPS 基线网平差，按规范和相关技术要求检核 GPS 网的精度；

②在 WGS-84 坐标系中进行三维无约束平差，求出各控制点 WGS-84 坐标系下的地心坐标和大地坐标、各基线的改正数及其精度信息；

③CP II 加密点网平差可分区段进行，采用一个区段内所有联测的原精测网 CP I、CP II 点作为已知点进行二维约束平差，以保证 CP II 加密点与既有精测网点的相对精度；平差前需检核已知点间的兼容性，对兼容性不好的已知点进一步分析原因，必要时进行重新测量。

4)导线加密 CP II 网

CP II 控制点采用测角精度不低于 1″，测距精度不低于 1mm＋2ppm 的全站仪施测。加密导线点的埋设要求同 CP II 点埋设要求。

(1)点间距宜不大于 500m。

(2)导线测量水平观测技术要求见表 3-5 所示。导线边长测量，读数至 0.1mm。距离和竖直角往返各观测 3 或 4 测回，竖角指标差≤15″，外业采用竖直角计算平距，各项限差应满足表 3-6 的要求。

(3)导线测量数据使用电子手簿记录，导线边应离开障碍物 1m 以上，数据微机传输整理。

(4)距离经高程和高斯投影改化后进行平差计算。起算数据为 CP I 或 CP II 点，平差采用通过铁道部鉴定的专业平差软件或商业软件。计算测角中误差≤±1.8″，导线全长相对闭合差≤1/50000，方位角闭合差≤±4mm。CP II 控制点的绝对精度应满足点位误差 m_x、m_y≤±10mm，相对点位精度≤±10mm。

5.4.2 CP III 控制点的埋设

1)CP III 控制点的标志类型

CP III 控制点标志采用精加工元器件，用不易生锈及腐蚀的不锈钢材料制作，全线应统一 CP III 控制点标志。CP III 控制点标志重复安置精度和互换安装精度 X、Y、Z 三方向应分别小于 0.3mm。

CP III 控制网建网测量标志主要包括预埋件、棱镜杆、高程杆和棱镜，其相应说明如下所述。

(1)预埋件。CP III 控制网在建网测量前首先需要按照相应规范埋设如图 5-3(右)所示的预埋件，用于连接棱镜杆或高程杆，进行后续平面或高程测量工作；图 5-3（左）为预埋件保护盖，用于保持预埋件内部清洁。

（2）棱镜杆。CP III 平面控制网测量时，与 Leica 精密棱镜、型号为“GPR121”配套使用的棱镜杆，如图 5-4 所示；与德国 Sinning 公司棱镜配套使用的棱镜杆，如图 5-5 所示。

（3）高程杆。CP III 高程控制网测量时使用的高程杆，如图 5-6 所示。

图 5-3　保护盖（左）与预埋件（右）

图 5-4　Leica GPR121 棱镜配套使用的棱镜杆

图 5-5　Sinning 公司棱镜配套使用的棱镜杆

图 5-6　高程杆

（4）棱镜。由于 CP III 控制网测量要求精度较高，全线尽量统一采用 Leica 精密棱镜，型号为“GPR121”，如图 5-7 所示；也可以采用 Sinning 公司棱镜，如图 5-8 所示。

图 5-7　Leica GPR121 型精密棱镜

图 5-8　Sinning 公司棱镜

2）CP III 控制点标志的埋设

CP III 控制点应设置在稳固、可靠、不易破坏和便于测量的地方，并应防冻、防沉降、防振动和抗移动。

CP III 控制点标志横向埋设时，在选定点位处水平或略为上倾钻孔；竖向埋设时，在选定点位处竖直钻孔。之后插入标志预埋件，并用化学凝固剂固定。

CP III 控制点编号全线统一采用大小为 4cm 的正楷字体标绘于点位下部，用白色油漆抹底，红色油漆填写编号。

下面分别以路基、桥梁、隧道部分进行说明。

（1）路基部分。CP III 基座设置于接触网杆基础内侧，每 50m 左右设置一对，CP III 标志埋设于基座靠近线路一侧，距设计轨道面上方 30cm 处，预埋件中心线与水平方向偏上 5°，如图 5-9 所示。

在做 CP III 基座时，要在基座相应位置预留直径为 5cm、深 10cm 的孔，以便安装 CP III 预埋件。CP III 基础最下端用 20mm×20mm 的钢筋与接触网内部钢筋连接牢固，成桩后基座直径为 25cm（图 5-10）。

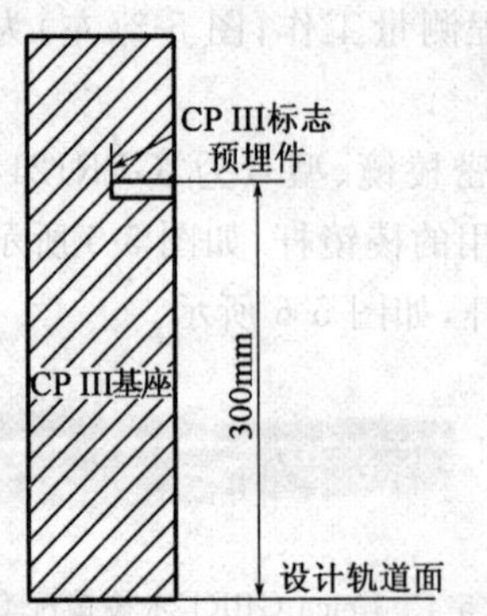

图 5-9　路基部分 CP III 标志埋设　　图 5-10　路基段 CP III 控制点桩

(2)桥梁部分。CP III 标志一般埋设于梁固定支座上方、防撞墙的顶部中间，线路方向与左右方向偏差均不大于±10mm，预埋件的中心线与竖直方向的夹角不大于5°，然后隔一孔梁(约65m 处)埋设于相同的位置，如图 5-11 所示。

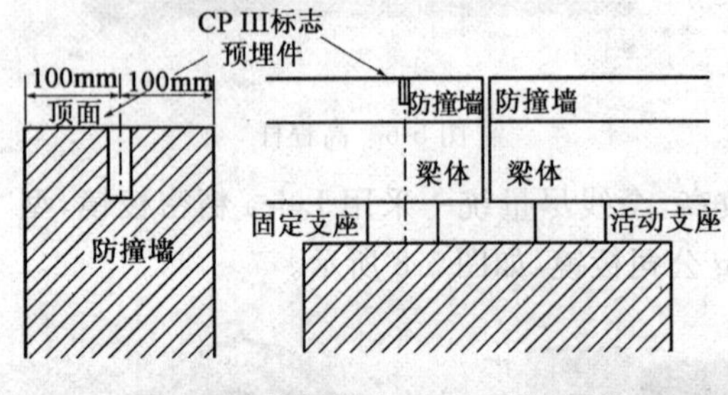

图 5-11　桥梁部分 CP III 标志埋设

非标梁和连续梁每 50～70m 处埋设一对 CP III 标志，尽量不要设置在梁的中间部位；施工单位应在相应的防撞墙顶部预留直径 5cm、深 10cm 的孔，以便安装 CP III 预埋件或者在浇筑防撞墙时待混凝土未凝固之前直接安装预埋件，如图 5-12、图 5-13 所示。

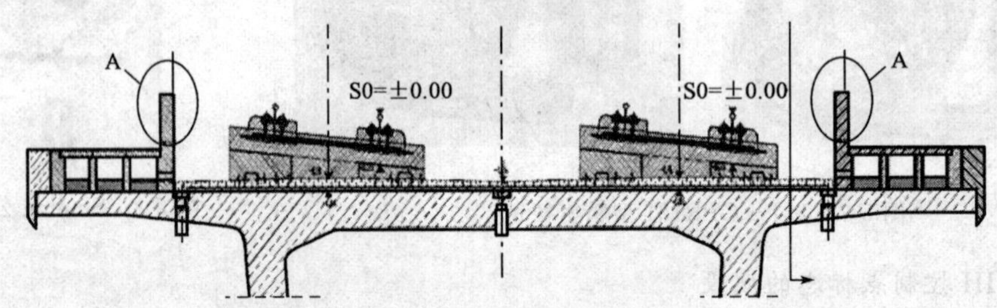

图 5-12　桥梁段 CP III 点的布设

(3)隧道部分。埋设于隧道边墙，距离电缆槽顶 85cm，预埋件中心线与水平方向偏上 5°。安装预埋件时打孔。CP III 测量标志安装要求如图 5-14、图 5-15 所示。

图 5-13　防撞墙上的 CP III 控制点

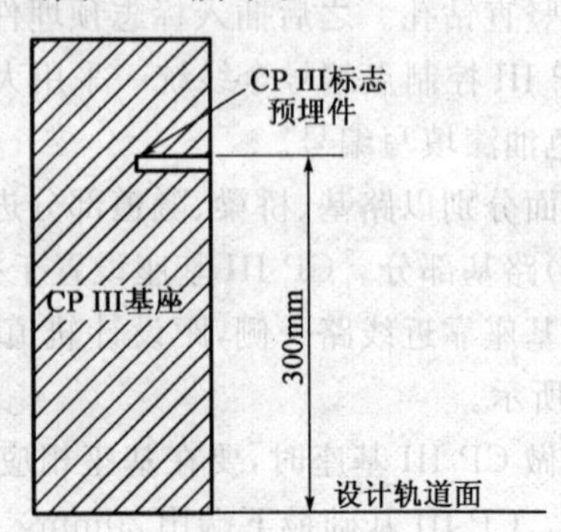

图 5-14　隧道部分 CP III 标志埋设

无论是 CP III 建网时或是全站仪通过 CP III 目标点进行自由设站，棱镜重复安装的实际位置的同一性和测量精度将直接影响 CP III 网的测量精度，决定轨道板的最终调整精度。为今后运营维护的方便，根据铁道部《CP III 测量管理办法》相关规定，京沪全线将采用同一种 CP III 测量标志，要求任何一个 CP III 控制点标志的几何尺寸加工误差不应大于 0.05mm，多次重复性安装误差和互换性安装误差应满足表 5-5 要求。

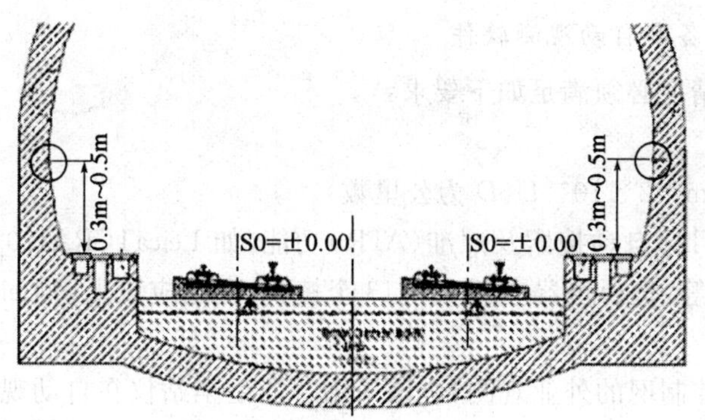

图 5-15　隧道段 CP III 点的布设

CP III 标志安装精度要求　　表 5-5

CP III 标志	重复性安装误差(mm)	互换性安装误差(mm)
X	±0.3	±0.3
Z	±0.3	±0.3
Y	±0.3	±0.3

3)CP III 控制点编号规则

CP III 控制点按照公里数递增进行编号，其编号反映里程数。所有线路里程增加方向轨道左侧编号为奇数，里程增加方向轨道右侧编号为偶数，在有长短链地段应注意编号不能重复。

CP III 编号统一为 6 位数，具体规则为：×××(里程整公里数)＋3(表示 CP III)＋××(该公里段序号)。例如 256301，其中“256”代表里程数，“3”代表 CP III，“01”代表 1 号点。具体编号说明如表 5-6 所示。

CP III 编号示例说明表　　表 5-6

点编号	含　义	数字代码	在里程内点的位置
256301	表示线路里程 DK256 范围内线路前进方向左侧的第 1 个 CP III 点，点名为 1 号，“3”代表“CP III”	256301	(轨道左侧)奇数 1、3、5、7、9、11 等
256302	表示线路里程 DK256 范围内线路前进方向右侧的第 1 个 CP III 点，点名为 2 号，“3”代表“CP III”	256302	(轨道右侧)偶数 2、4、6、8、10、12 等

5.4.3　CP III 轨道控制网平面测量

1)平面定位精度

CP III 平面控制网测量控制点的定位精度要求如表 5-7 所示。

控制点的定位精度要求 表 5-7

控 制 点	测 量 方 法	可重复性测量精度(mm)	相对点位精度(mm)
CP III	自由测站边角交会测量	±1.5	1

注:可重复性测量精度:控制点两次测量,其 X、Y 方向坐标差的中误差。

相对点位精度:相邻两点间相对点位误差椭圆长短轴平方和的开根号值。

2)采用的仪器设备和自动观测软件

(1)全站仪标称精度必须满足如下要求:

①测角精度:1″;

②测距精度:1mm$+2\times10^{-6}D$(D 为公里数)。

(2)全站仪应带目标自动搜索及照准(ATR)功能,如 LeicaTCRA1201、TCA1800、TCA2003 及 Trimble S6 和 S8 等,每台仪器应配 12~13 个棱镜,全线应该采用 Leica 的精密棱镜或 Sinning 公司棱镜。

(3)CP III 平面控制网的外业观测,应该采用智能型全站仪在自动观测软件的控制下进行自动观测。线路中 CP III 平面控制网的观测软件应该全线统一,并且自动观测软件应该通过铁道部有关部门的评审并在有效期内。

为了满足高速铁路施工测量中轨道控制网(CP III)的建网与测设的要求,减少测量人员的工作强度,提高测量的工作效率,全站仪机载软件应该具备以下特点:

(1)可以设置 CP III 控制网外业数据采集的各项限差,包括:半测回归零差、2C 差、指标差、2C 互差、指标互差、水平角互差、竖直角互差、距离互差等。

(2)按照 CP III 控制网外业数据采集数据的各项限差的规定,采集符合规范要求的质量合格的 CP III 控制网原始数据。

(3)采集过程中建立了严格的实时质量控制体系,实时检核各项限差,对不合格超限的数据要求重测。

(4)按照 CP III 控制网外业数据采集限差的要求,对采集数据进行筛选,最终将符合规范要求的质量合格的 CP III 控制网观测数据保存在规定的数据文件中。

(5)同时也自动保存观测过程中的所有原始观测数据,供事后溯源分析。

(6)观测数据文件导入数据后处理软件时,CP III 网数据处理系统软件还要按照相关的限差规定,对原始观测数据进行再次的检查和筛选,保证最终参与 CP III 平面控制网的平差计算的观测数据是满足各项限差规定的合格的数据。

3)作业方法

CP III 平面控制网应在线下工程竣工且沉降和变形评估通过后施测。施测前应对全线的 CP I、CP II 控制网进行复测和加密,施测时联测测区内所有复测合格的 CP I、CP II 点作为平差起算点。

(1)测量方法。CP III 平面控制网采用自由测站边角交会的方法测量,每个自由测站观测 12 个 CP III 点。自由测站间距一般约为 120m,观测 CP III 点的最远距离不大于 180m。每个 CP III 点至少应保证有 3 个自由测站上的方向和距离观测量,具体测量方法如图 5-16 所示。目前,我国的京津城际、武广、郑西等无砟轨道都采用这种方法进行 CP III 轨道控制网的测量。

受施工影响通视条件困难时,CP III 平面控制网的外业观测可采用图 5-16 所示的网形进行。此时观测距离控制在 90m 左右，自由测站间距约为 60m，每个测站应该观测 8 个 CP III 点，每个 CP III 点至少应保证有 4 个方向和 4 个距离的交会。具体测量方法如图 5-17 所示。

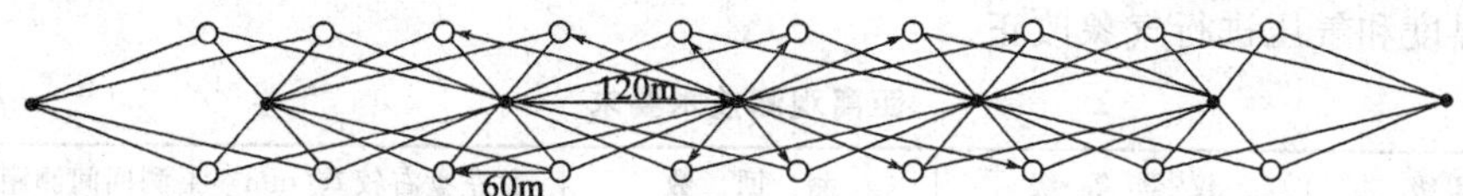

图 5-16　CP III 平面控制网观测网形示意图

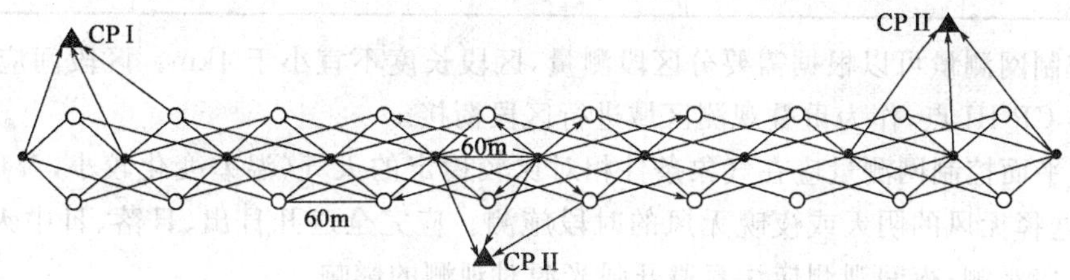

图 5-17　测站间距为 60m 的 CP III 平面网网形示意图

(2)精度指标控制。水平角观测精度各项限差要求不应超过表 5-8 的规定，观测最后结果按等权进行测站平差。

CP III 平面网方向测量法水平角测量精度表　　表 5-8

控制网名称	仪器等级	测回数	半测回归零差(″)	不同测回同一方向 2C 互差(″)	归零后方向值较差(″)	2C 值(″)
CP III 平面网	0.5″级	3	6	9	6	15
	1″级	4	9	9	6	15

距离的观测应与水平角观测同步进行，并由全站仪自动进行，满足表 5-9 精度要求。距离测量一测回是全站仪盘左、盘右各测量一次。

CP III 平面网距离观测技术要求　　表 5-9

控制网名称	测回数	半测回距离较差(mm)	测回间距离较差(mm)
CP III 平面网	3	±1	±1

平面测量可以根据测量需要分段测量，在其测量范围内的 CP I 及 CP II 点均应联测，主要技术指标见表 5-10。

CP III 平面网主要技术指标　　表 5-10

控制网名	测量方法	方向观测中误差(″)	距离观测中误差(mm)	相邻点相对点位中误差(mm)	同精度复测坐标较差(mm)
CP III 平面网	自由测站边角交会	±1.8	±1.0	±1	±3

CP III 平面控制网水平方向采用多测回全圆方向观测法进行观测。当观测方向较多时，可以采用分组全圆方向观测法。全圆方向观测应满足表 5-11 的相关规定。

导线测量水平角观测技术要求　　表 5-11

控制网等级	仪器等级	测回数	半测回归零差(″)	同一测回各方向 2C 互差(″)	同一方向归零后方向值较差(″)
CP III	1″级	2	6	9	6
	2″级	4	8	13	9

CP III 平面控制网距离测量采用多测回距离观测法，盘左和盘右分别对同一个 CP III 点进行测量。距离观测应满足表 5-12 的规定。每个测站的 CP III 距离测量，应该实时地在全站仪中输入温度和气压进行气象改正。

距离观测技术要求 表 5-12

控制网等级	仪器等级	测回数	盘左盘右较差(mm)	测回间测距较差(mm)
CP III	1mm+1ppm	2	1	1
	1mm+2ppm	3	1	1

平面控制网测量可以根据需要分区段测量，区段长度不宜小于 4km。区段间应重复观测不少于 6 对 CP III 点，作为重叠观测区域进行区段衔接。

CP III 平面控制网测量应在气象条件相对比较稳定的天气(温差变化较小，湿度较小)下进行，尽量选择无风的阴天或夜晚无风的时段施测。应完全避开日出、日落、日中天的前后 1 个小时的时段观测；夜间观测应注意避开强光源对观测的影响。

4)与 CP I、CP II 控制点的联测

根据《高速铁路工程测量规范》要求，轨道控制网(CP III)应尽可能保持高精度，同时为了整个线路的顺利贯通，则需要联测高等级的控制网(即 CP I 或 CP II)。

在约 500m 的间隔下，通过转点将精密控制点引测到轨道控制点。由于高速铁路以桥梁形式为主，自由站点位于梁面中间，而高级控制点位于地面，受外界通视条件的限制，很难在自由设站点同时观测 2 个地面控制点，一般情况下需要通过桥面边沿设置临时转点联测。具体联测方法有以下几种(图 5-18)：

(1)临时转点观测 2 个地面控制点，同时在地面控制点上对向观测临时转点。

(2)临时转点只能观测一个地面控制点，在被观测的地面控制点上设站，观测另一个地面控制点和临时转点，提供方位条件。

(3)只在临时转点上观测 2 个地面控制点。

(4)只能在临时转点上观测到一个控制点。

《高速铁路工程测量规范》规定 CP II 控制点的间距为 800～1000m，所以实际测量中联测方案是比较普遍的，见图 5-18d)。

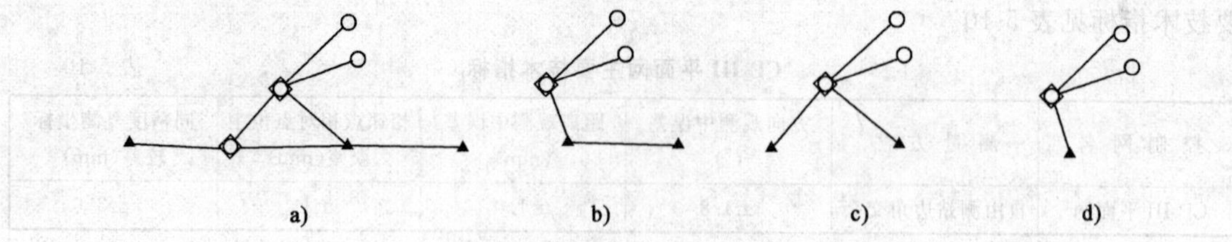

图 5-18 轨道控制网与高级控制点联测方式

注：◇临时转点；○轨道控制网点；▲精密控制点

下面介绍轨道控制点(CP III)与 CP I、CP II 联测方法。

(1)CP III 控制网应每隔 600m 左右(500～700m)联测一个 CP I 或 CP II 控制点。与上一级 CP I、CP II 控制点联测时，应至少通过两个或两个以上自由测站进行联测，如图 5-19 所示。联测 CP I、CP II 控制点时观测视距不应大于 300m。

(2)若从自由测站上到 CP I 或 CP II 不能直接观测，可通过加密的自由测站 JM001 和

JM002，使 CP III 网点和 CP II 点间接发生关系。加密的自由测站点 JM001 和 JM002 在地面上可以没有任何测量标志，此时联测示意图如图 5-20 所示。加密的自由测站应尽可能多地观测控制网中的 CP III 网点，至少应联测 3 个以上的 CP III 网点，观测视距不应大于 300m。

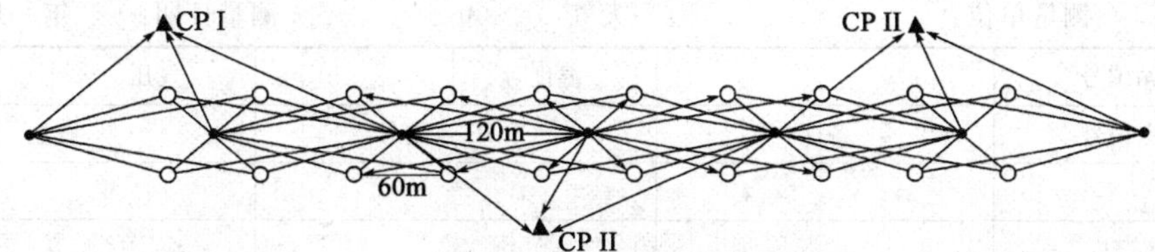

图 5-19　与 CP I、CP II 控制点联测示意图

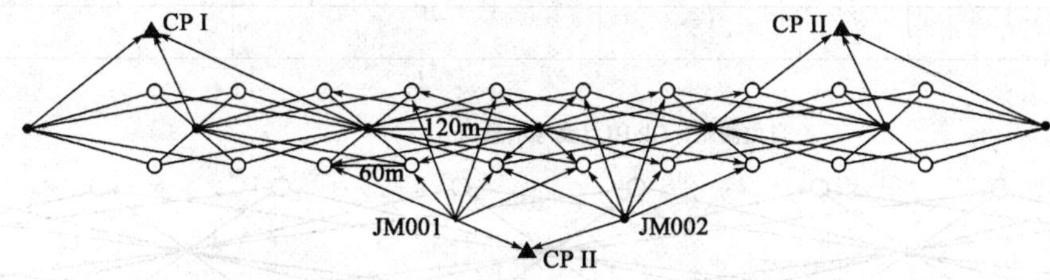

图 5-20　与 CP I、CP II 控制点通过自由测站的间接联测示意图

(3)联测 CP I、CP II 控制点时也可采取如图 5 21 所示的测量网形，即在 CP I 或者 CP II 点上设站，尽可能多地观测控制网中的 CP III 点，至少应联测 3 个以上的 CP III 网点，观测视距不应大于 300m。

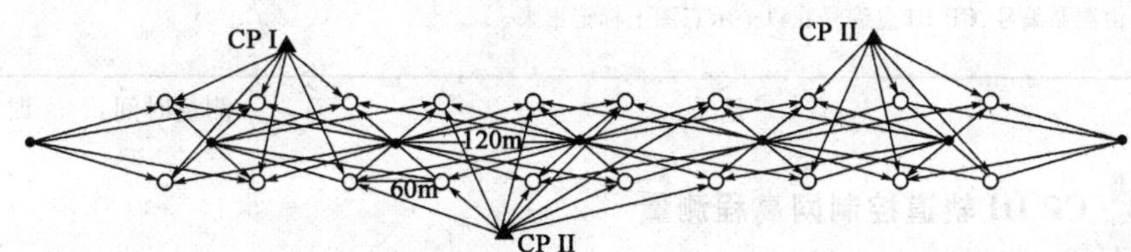

图 5-21　CP I 或者 CP II 点上设站联测的 CP III 测量网形示意图

5)CP III 网分段与测段衔接

(1)CP III 网相邻测段的衔接测量。CP III 网可以根据施工需要分段测量，分段测量的测段长度不宜小于 4km。测段间应重复观测不少于 6 对 CP III 点作为分段重叠观测区域，以便进行测段衔接。重复观测的点对应该按照 CP III 测量技术要求进行，保证每个点至少被观测 3 次。施工时，CP III 网两端宜分别预留 6 对 CP III 点，作为后续 CP III 控制网的连接区域。

测段之间衔接时，前后测段独立平差重叠点坐标差值应满足≤±3mm 的要求。满足该条件后，后一测段 CP III 网平差应采用本测段联测的 CP I/CP II 控制点及重叠段前测段 CP III 点的坐标进行约束平差。再次平差后，其他未约束的公共点在两个区段分别平差后的坐标差值应不大于 1mm。完成全部平差后，公共点的坐标应采用前一区段 CP III 网的平差结果。

(2)CP III 网不同投影带的衔接测量。坐标换带处 CP III 平面网的计算，应分别采用相邻两个投影带的 CP I、CP II 坐标进行约束平差，并分别提交相邻投影带两套 CP III 平面网的坐标成果。两套坐标成果都应该满足上面的精度要求。提供两套坐标的 CP III 测段长度不应小于 800m。

6)现场记录

每次测量开始应填写自由测站记录表，记录每个测站的温度、气压以及测量点等。自由测站记录格式如表5-13所示。

CP III 平面控制测量自由测站测量记录表 表5-13

______线______段 第 页共 页

测量单位： 天气： 测量日期： 年 月 日

自由测站编号		温度		气压	
CP III 点编号	备注	CP III 点编号		备注	

自由测站、CP III点编号示意图

说明：将自由测站编号、CP III 点编号在以上示意图上标记出来。

司镜： 记录： 测量时间： 时 分

5.4.4 CP III 轨道控制网高程测量

CP III 高程控制网的首次测量与平差计算，应该独立地进行两次。所谓"独立地进行两次"是指两次测量和平差计算应该在完全不同的两个时间段内进行。

1)主要技术要求

(1)CP III 控制网高程精度指标。CP III 控制点主要限差为可重复性测量高差限差和相邻点高差限差。高程限差具体要求见表5-14所列。

高程控制点限差要求(mm) 表5-14

控制点类型	可重复性测量的高差限差	相邻点高差限差	水准测量等级
CP III 控制点	$8\sqrt{L}$	$8\sqrt{L}$	精密水准测量

注：L 为往返测段、附合或环线的水准路线长度，单位 km。

(2)精密水准测量水准路线的精度要求如表5-15所示。

精密水准测量水准路线的精度要求(mm) 表5-15

水准测量等级	每千米水准测量偶然中误差 M_{Δ}	每千米水准测量全中误差 M_W	限差			
			检测已测段高差之差	往返测不符值	附合路线或环线闭合差	左右路线高差不符值
精密水准	≤2.0	≤4.0	$12\sqrt{L}$	$8\sqrt{L}$	$8\sqrt{L}$	$4\sqrt{L}$

注：L 为往返测段、附合或环线的水准路线长度，单位 km。

(3)精密水准测量的技术标准如表 5-16 所示。

精密水准测量的技术标准 表 5-16

等　级	路线长度(km)	水准仪等级	水　准　尺	观 测 次 数
精密水准	2	DS_1	铟瓦	单程(CP III 点间),往返(联测水准基点)

(4)精密水准观测测站的技术要求如表 5-17 所示。

精密水准观测主要技术要求 表 5-17

等　级	水准尺类型	水准仪等级	视距(m)	前后视距差(m)	测段的前后视距累积差(m)	视线高度(m)
精密水准	铟瓦	DS_1	≤60	≤2.0	≤4.0	下丝读数≥0.3
		DS_{05}	≤65			

2)采用的仪器设备

CP III 控制网高程测量应采用满足技术规范要求的电子水准仪及铟瓦尺进行测量,桥的高程联测可采用具有自动照准功能的全站仪进行不量仪器高和目标高的中间法三角高程测量。

高程测量采用的仪器设备应经过仪器检定并在检定有效期内,作业之前应对仪器进行必要的检验和校准。水准仪必须满足如下精度要求:

(1)仪器标称精度不低于 DS1 级;

(2)推荐使用徕卡 DNA03 及天宝 DINI03 系列电子水准仪,并配备相应的铟瓦尺。

3)作业方法

(1)CP III 高程控制网应在线下工程竣工且沉降和变形评估通过后施测。施测前应对全线的二等水准基点进行复测,构网联测测区内所有复测合格的水准基点。

(2)CP III 高程控制网采用单程精密水准测量的方法观测,与测区内二等水准基点的联测采用独立往返精密水准测量的方法进行,每两公里联测一个水准基点,每一区段应至少与 3 个水准基点进行联测,形成检核。

CP III 高程控制网水准路线采用如图 5-22 所示的矩形法水准路线形式,每相邻的两对 CP III 点之间都构成一个闭合环。

矩形法水准测量闭合环的情况如图 5-23 所示。

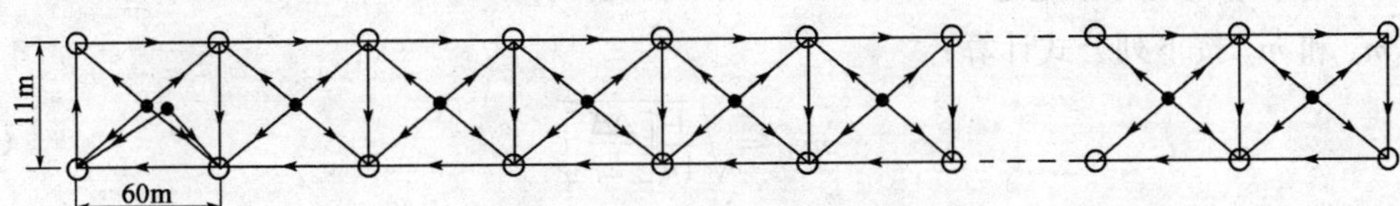

图 5-22　矩形法 CP III 高程网测量原理示意图

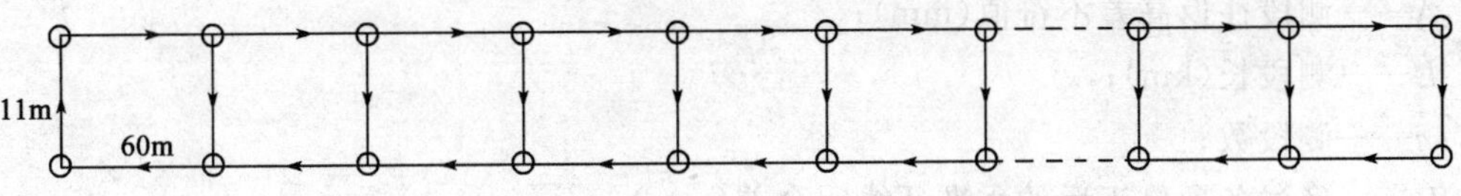

图 5-23　CP III 控制网闭合水准测量路线示意图

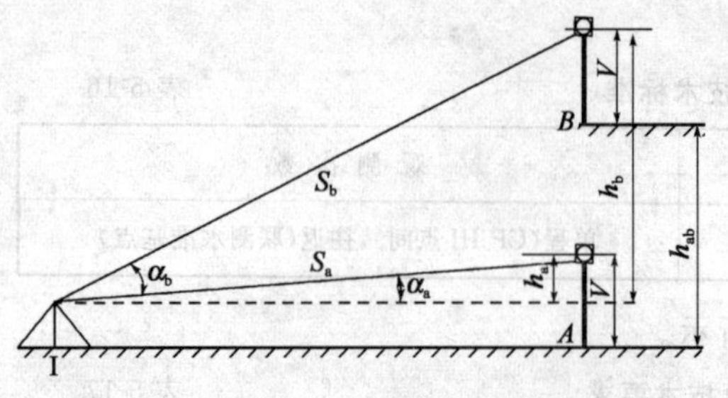

图 5-24　中间法三角高程方法施测示意图

(3)当桥面与地面间高差大于 3m 时，应选择桥面与地面间高差较小的地方进行 CP III 点高程的传递测量。高程传递测量时，采用不量仪器高和棱镜高的中间法三角高程方法施测，测量原理如图 5-24 所示。

中间法三角高程测量作业实施时，前后视所用的棱镜必须是同一个，且观测时棱镜高不变。仪器到棱镜的距离一般应小于 100m，最大不应超过 150m。仪器到前视棱镜和后视棱镜的距离应尽量相等，一般差值不宜超过 5m。观测时，要准确测量温度、气压值，以便进行边长改正。中间法三角高程测量作业主要技术要求见表 5-18。

不量仪器高和棱镜高的三角高程测量技术要求　　表 5-18

垂直角测量				距 离 测 量			
测回数	两次读数差(″)	测回间指标差互差(″)	测回差(″)	测回数	每测回读数次数	四次读数差(mm)	测回差(mm)
4	≤±4.0	≤±5.0	≤±5.0	4	4	≤±3.0	≤±5.0

中间法三角高程测量实施时，可选择在桥下桥墩侧面和桥上挡墙外侧各埋设一个水准转点，转点标志和埋设方法与 CP III 点相同。

4)CP III 高程区段接边处理

CP III 高程测量分段方式与 CP III 平面测量分段方式一致，每段长度不宜小于 4km，前后段接边时应联测另外一段 2 对 CP III 点。区段之间衔接时，前后区段独立平差重叠点高程差值应≤±3mm。满足该条件后，后一区段 CP III 网平差应采用本区段联测的线路水准基点及重叠段前一区段连续 1～2 对 CP III 点高程成果进行约束平差。

5)数据平差计算

水准测量野外作业结束后，对所有的观测数据进行平差前的检查，对于观测遗漏或观测错误的数据应该及时补测或者重测。严格计算并符合以下精度指标：

(1)首先按精密水准测量要求计算往返较差或闭合差；

(2)每条水准路线按测段往返测高差不符值计算偶然中误差 m_Δ；

(3)当水准网的环数超过 20 个时，按环线闭合差计算 m_w。

m_Δ 和 m_w 按下列公式计算：

$$m_\Delta = \sqrt{\frac{1}{4n}\left[\frac{\Delta\Delta}{L}\right]} \tag{5-1}$$

$$m_W = \sqrt{\frac{1}{N}\left[\frac{WW}{L}\right]} \tag{5-2}$$

式中：Δ——测段往返高差不符值(mm)；

L——测段长(km)；

n——测段数；

W——经过各项修正后的水准环线闭合差(mm)；

N——水准环数。

当往返测高差不符值和每公里偶然中误差满足要求后，采用严密平差方式计算，平差计算取位按表 5-19 精密水准测量的规定执行。

精密水准测量计算取位 表 5-19

等级	往(返)测距离总和(km)	往(返)测距离中数(km)	各测站高差(mm)	往(返)测高差总和(mm)	往(返)测高差中数(mm)	高程(mm)
精密水准	0.01	0.1	0.01	0.01	0.1	0.1

5.4.5 CP III 网的复测

CP III 控制网施测完毕到轨道板精调时有一段时间间隔，由于各种自然因素或人为因素，可能引起 CP III 控制点轻微的变形。因此，在轨道精调作业之前还应该对 CP III 控制网进行复测，复测的技术要求和作业方法均按照建网测量时的标准进行。

1)CP III 平面控制网复测

CP III 平面网复测时，采用与原测完全一致的测量方法进行观测，每一站测量 3 组完整的测回。应记录每个测站温度(T)、气压以及 CP I、CP II 点上目标点的棱镜高，并将温度、气压改正输入每个测站上。

平面控制网复测应符合以下要求：

(1)平面控制网复测构网方式与建网测量时保持一致。

(2)约束平差的区段应与原测相同。

(3)相同区段的观测应尽量采用同一台仪器、使用相同的观测方法进行测量。

(4)联测上一级控制点 CP I、CP II 的方法和数量应该与原测网相同。

(5)相邻测段衔接测量时，重复观测的 CP III 点对应与原测相同，数据处理方法上同原测相同。

(6)检测控制点间夹角时，方向观测应不少于两测回；距离往返观测各两测回；控制点间的距离允许偏差为 1/20000；直线段控制点间夹角与 180°较差应小于 8″；曲线段控制点间夹角与设计值较差计算出的线路横向偏差应小于 1.5mm；弦长测量值与设计值较差应小于 2mm。

(7)不同投影带处的衔接测量，重复观测的 CP III 点对应及联测的 CP I、CP II 控制点应与原测相同。坐标系统换带处 CP III 平面网计算时，应分别采用相邻两个投影带的 CP I、CP II坐标进行约束平差，并分别提供相邻两个投影带两套 CP III 网平面坐标成果。两套坐标成果都应该满足 CP III 测量精度要求。提供两套坐标的 CP III 测段长度不小于 800m。

(8)CP III 点复测精度应满足表 5-20 的要求。复测坐标与原测坐标之差满足≤±3mm 时，采用复测坐标与原测坐标的平均值作为最后的成果；若复测坐标与原测坐标之差超过±3mm时，则须对复测数据进行补测或者重测，确认原测坐标有误或者发生位移的，采用复测坐标作为最后的成果。

CP III 平面网复测坐标比较表 表 5-20

控制网名	测量方法	相邻点相对点位中误差(mm)	同精度复测坐标较差(mm)
CP III 平面网	自由测站边角交会	±1	±3

2)CP III 高程控制网复测

CP III 高程控制网复测应在平面网复测完成后进行。高程网复测按精密水准测量方法和技术指标进行，且应符合以下条件：

(1)高程控制网复测水准路线与建网测量时保持一致。

(2)考虑约束平差的区段应与原测相同，并采用与原测相同的平差软件和方法。

(3)相同区段的观测应尽量采用同一台仪器、基本固定的观测人员并使用相同的观测方法进行测量。

(4)联测上一级水准点的方法和数量应该与原测网相同。

(5)相邻测段衔接测量时，重复观测的 CP III 点对应与原测相同，数据处理方法上亦应与原测相同。

(6)外业观测限差在仪器里设置，观测超限时自动提示，并进行重测。

CP III 高程控制网观测完毕，应对外业数据作质量检核，主要包括往返测高差不符值、水准路线环闭合差、每公里水准测量偶然中误差和每公里全中误差的检验，限差满足表 5-21 要求。

精密水准测量精度要求(mm) 表 5-21

水准测量等级	每千米水准测量偶然中误差 m_{Δ}	每千米水准测量全中误差 m_W	限差			
			检测已测段高差之差	往返测不符值	附合路线或环线闭合差	左右路线高差不符值
精密水准	≤2.0	≤4.0	$12\sqrt{L}$	$8\sqrt{L}$	$8\sqrt{L}$	$4\sqrt{L}$

注：L 为往返测段、附合或环线的水准路线长度，单位 km。

在上述各种限差满足要求后，采用与原测相同的软件和方法进行严密平差，约束平差后两次测量的 CP III 点高程较差小于±3mm 时，采用原测成果与复测成果的平均值作为最后的成果；如果两次测量的 CP III 点高程较差超过±3mm，应对 CP III 高程网数据进行补测或者重测，当确认复测成果无误时，应使用复测成果作为最后的成果。

CP III 控制点高程测量应在全线测量贯通后进行严密平差，平差计算取位按表 5-22 中精密水准测量的规定执行。

水准测量计算取位 表 5-22

等 级	往(返)测距离总和(km)	往(返)测距离中数(km)	各测站高差(mm)	往(返)测高差总和(mm)	往(返)测高差中数(mm)	高程(mm)
二等、精密水准	0.01	0.1	0.01	0.01	0.1	0.1
三等、四等	0.01	0.1	0.1	0.1	0.1	1

5.4.6 CP III 网的维护

由于 CP III 网布设于桥梁防撞墙和路肩接触网基础上，受线下工程的稳定性等原因的影响，为确保 CP III 点的准确、可靠，在使用 CP III 点进行后续轨道安装测量时，每次都要与该点周围其他点进行校核，特别是要与地面上稳定的 CP I、CP II 点进行校核，以便及时发现和处理问题；同时应加强对永久 CP III 点的维护，为客运专线建成后的养护维修提供控制基准。

5.5 CP III 轨道控制网数据处理

5.5.1 CP III 网的坐标转换平差算法原理

CP III 网坐标转换平差算法原理是：先把 CP III 网中各网点连同其联测的 CP I 网点、

CP II网点或 CP II 加密网点一起进行自由网平差；自由网平差后，CP I、CP II 点或 CP II 加密网点就有两套坐标，一套是它们在自由网平差后得到的新坐标，另一套是它们在 CP I、CP II 网或 CP II 加密网建网时的旧坐标；当 CP III 网联测的 CP I 网点、CP II 网点或 CP II 加密网点数量超过两个时，就可以按照最小二乘原理，求解新旧两套坐标系统的坐标转换参数。常见的新旧两套平面坐标系的转换参数有 4 个，分别为两个平移参数、一个旋转参数和一个尺度缩放参数。下面介绍 CP III 网坐标转换平差算法涉及的数学模型。

1）四参数新旧两套平面坐标系坐标转换模型

新旧两套平面坐标系四参数坐标转换公式为：

$$\begin{bmatrix} x \\ y \end{bmatrix}_{新} = \begin{bmatrix} \Delta x \\ \Delta y \end{bmatrix} + (1+k)\begin{bmatrix} \cos\alpha & \sin\alpha \\ -\sin\alpha & \cos\alpha \end{bmatrix} \times \begin{bmatrix} x_0 \\ y_0 \end{bmatrix}_{旧} \tag{5-3}$$

式中：Δx、Δy——平移参数；

k——尺度参数；

α——旋转参数；

x_0、y_0——CP III 网自由网平差后的坐标；

x、y——CP III 网自由网平差后的坐标转换到 CP I 网坐标系统中的坐标。

将上式中的 4 个转换参数作为平差参数开列误差方程得：

$$v_x = \delta\Delta x + (x^0\cos\alpha^0 + y^0\sin\alpha^0)\delta k + [-x^0(1+k^0)sin\alpha^0 + y^0(1+k^0)\cos\alpha^0]\delta\alpha - l_x \tag{5-4}$$

$$v_y = \delta\Delta y + (-x^0\sin\alpha^0 + y^0\cos\alpha^0)\delta k + [-x^0(1+k^0)\cos\alpha^0 - y^0(1+k^0)\sin\alpha^0]\delta\alpha - l_y \tag{5-5}$$

上两式中：$l_x = x - [\Delta x^0 + (1+k^0)(x^0\cos\alpha^0 + y^0\sin\alpha^0)]$

$l_y = y - [\Delta y^0 + (1+k^0)(-x^0\sin\alpha^0 + y^0\cos\alpha^0)]$

其中：Δx^0、Δy^0、k^0、α^0——平差参数的概略值。

若 CP I、CP II 控制点的个数大于 2，则可根据最小二乘原理，满足 $V^{T}PV=\min$ 的原则进行参数估计，求得无偏最优的转换参数 Δx、Δy、k 和 α。

根据公共点求得的转换参数 Δx、Δy、k 和 α，利用四参数转换模型，即可将自由网平差的坐标成果转换为以 CP I、CP II 控制点为基准的坐标成果。

利用上述方法求得的转换参数 Δx、Δy、k 和 α 和四参数坐标转换模型式(5-3)，可以把 CP III网联测的 CP I、CP II 网或 CP II 加密网的坐标系统，与它们的原坐标进行比较，这种比较结果可反映 CP III 网与原 CP I 网、CP II 网或 CP II 加密网的精度匹配情况。

2）四参数转换坐标的协因素阵

四参数转换中新旧坐标的微分关系为：

$$\begin{bmatrix} \mathrm{d}x \\ \mathrm{d}y \end{bmatrix} = (1+k)\begin{bmatrix} \cos\alpha & \sin\alpha \\ -\sin\alpha & \cos\alpha \end{bmatrix} \times \begin{bmatrix} \mathrm{d}x_0 \\ \mathrm{d}y_0 \end{bmatrix} \tag{5-6}$$

记$[\mathrm{d}x \quad \mathrm{d}y]^{T} = D[\mathrm{d}x_0 \quad \mathrm{d}y_0]^{T}$，令 E 为分块矩阵，即

$$E = \begin{bmatrix} D_1 & & & \\ & D_2 & & \\ & & \ddots & \\ & & & D_n \end{bmatrix} \tag{5-7}$$

由协因素传播率可得四参数转换后坐标的协因素阵为：

$$Q_{xy} = EQ_{x_0 y_0}(E)^{\mathrm{T}} \tag{5-8}$$

5.5.2 CP III 网的置平平差算法原理

在 CP III 网及其自由网平差时，可以把 CP III 网视为一个二维的平面刚体，而作为 CP III 网沿线控制基准的 CP I、CP II 网或 CP II 加密网，也可视为一个二维的平面刚体，这两个二维的平面刚体如何匹配的最好，就是 CP III 网的置平平差算法需要解决的问题。该算法的实质就是在不改变 CP III 网网形刚体及其精度和不改变 CP I、CP II 网或 CP II 加密网网形刚体及其精度的前提下，通过坐标转换实现 CP III 自由网与 CP I、CP II 网或 CP II 加密网的最好匹配，因而置平算法的实质就是两坐标系间的三参数坐标转换算法。下面介绍 CP III 网置平算法涉及的数学模型。

1)三参数坐标转换原理

三参数坐标转换公式为：

$$\begin{bmatrix} x \\ y \end{bmatrix}_{新} = \begin{bmatrix} \Delta x \\ \Delta y \end{bmatrix} + \begin{bmatrix} \cos\alpha & \sin\alpha \\ -\sin\alpha & \cos\alpha \end{bmatrix} \times \begin{bmatrix} x_0 \\ y_0 \end{bmatrix}_{旧} \tag{5-9}$$

此式与式(5-3)相同，只是没有尺度参数。

将上式中的 3 个转换参数作为平差参数开列的误差方程为：

$$v_x = \delta\Delta x + (-x^0\sin\alpha^0 + y^0\cos\alpha^0)\delta\alpha - \{x - [\Delta x^0 + (x_0\cos\alpha^0 + y^0\sin\alpha^0)]\} \tag{5-10}$$

$$v_y = \delta\Delta y + (-x^0\cos\alpha^0 - y^0\sin\alpha^0)\delta\alpha - \{y - [\Delta y^0 + (x_0\sin\alpha^0 + y^0\cos\alpha^0)]\} \tag{5-11}$$

式中：Δx^0、Δy^0、α^0——平差参数的概略值。

同样若 CP I、CP II 控制点的个数大于 2，按满足 $V^{\mathrm{T}}PV=\min$ 的原则进行参数估计，可求得无偏最优的转换参数 Δx、Δy 和 α，利用三参数转换模型，即可将自由网平差的坐标成果转换为以 CP I、CP II 控制点为基准的坐标成果。

2)三参数转换坐标的协因数阵

三参数转换中新旧坐标的微分关系为：

$$\begin{bmatrix} \mathrm{d}x \\ \mathrm{d}y \end{bmatrix} = \begin{bmatrix} \cos\alpha & \sin\alpha \\ -\sin\alpha & \cos\alpha \end{bmatrix} \times \begin{bmatrix} \mathrm{d}x_0 \\ \mathrm{d}y_0 \end{bmatrix} \tag{5-12}$$

记$[\mathrm{d}x \quad \mathrm{d}y]^{\mathrm{T}} = F[\mathrm{d}x_0 \quad \mathrm{d}y_0]^{\mathrm{T}}$，令 G 为分块矩阵，即

$$G = \begin{bmatrix} F_1 & & & \\ & F_2 & & \\ & & \ddots & \\ & & & F_n \end{bmatrix} \tag{5-13}$$

由协因数传播律可得三参数转换后坐标的协因数阵为：

$$Q_{xy} = GQ_{x_0y_0}(G)^{\mathrm{T}} \tag{5-14}$$

5.5.3 CP III 高程网的观测方法及其平差计算原理

CP III 控制点是平面高程控制点，是无砟轨道铺轨施工的平面和高程基准，必须在 CP III 控制点平面测量完成后才能进行高程测量。下面介绍 CP III 控制网高程测量的方法及其平差计算原理。

1)高程控制网观测方法

由于 CP III 网是一个三维控制网，即 CP III 控制点的高程测量是 CP III 网建网测量工作的一部分。CP III 高程网的观测路线不同于传统水准网的观测模式，如图 5-25 所示。

从图中可以看出，任何一段 CP III 高程网均由两条附合路线组成，所有的附合路线均起于线路两侧的二等水准基点并闭于与之邻近的另一个二等水准基点，每一段至少需要与 3 个二等水准基点进行联测，形成必要的检核条件。进行 CP III 精密水准测量，往测时以轨道一侧的 CP III 水准点为主线贯通水准测量，另一侧的 CP III 水准点在进行贯通水准测量摆站时就近观测，往测示意图 5-25 所示。返测时以另一侧的 CP III 水准点为主线进行贯通水准测量，对侧的水准点在摆站时就近测量，返测示意图如图 5-26 所示。

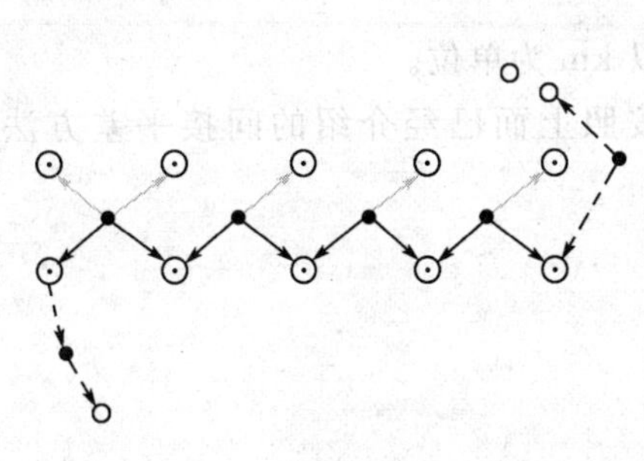

图 5-25　往测水准路线示意图

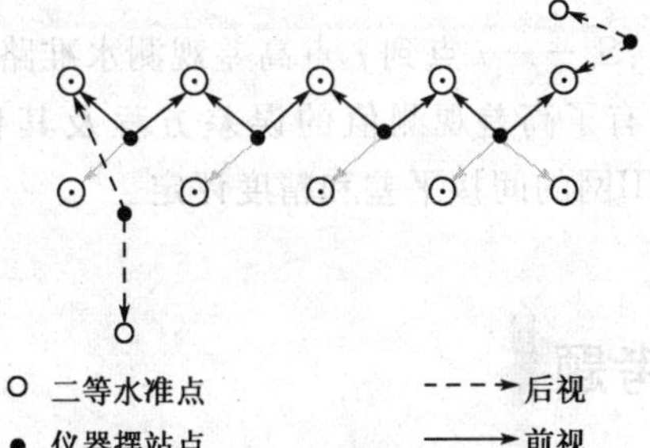

图 5-26　返测水准路线示意图

从图 5-25 与图 5-26 中所示的观测路线可以看出，无论是往测还是返测，都能够联测到线路中所有 CP III 水准测量等级，是介于国家二等与三等之间的精密水准测量，前后视距的限差需控制在 60m 以内，如图中的观测模式均能满足规范的要求。那么在联测时也不必来回搬动仪器，从而最大限度上提高了外业观测的效率。水准路线中所有的 CP III 点间的水准路线长度也基本相等，即水准网形中的所有 CP III 点的观测精度分布比较均匀。线路采用独立往返测的方式对水准线路进行检核，保证了 CP III 水准测量的正确性。

2)高程控制网平差计算方法及其精度评定

由于 CP III 高程网是一个多余观测量较多的规则水准网，根据《规范》的要求及实际观测网形的处理方法，CP III 高程网应在保证其高差相对精度的前提下，最好附合到铁路沿线的二等水准点上，并采用所联测的二等水准点的高程为固定数据进行严密平差计算。为了方便计算机编程的实现，CP III 高程控制网平差方法采用间接平差的方法进行，并采用联测铁路沿线的二等水准点对其进行约束平差。以下简要介绍 CP III 高程网的间接平差计算模型与精度评定公式。采用导线测量时，CP III 网测量数据采用间接平差处理方法，但精度评定需要考虑 CP I 网和 CP II 网的误差。

3)高程网的平差

按间接平差方法进行平差计算,第一步就是要列出观测值的误差方程。由于 CP III 高程网为精密水准网,即观测量中有 CP III 点间的高差值和观测水准路线的长度,要对其进行平差计算,首先应该对高差观测值开列误差方程。

假设 i 点和 j 点的高程为 H_i 和 H_j、近似高程为 H_i^0 和 H_j^0、改正数为 δ_{H_i} 和 δ_{H_j},高差观测值为 H_{ij},高差改正数为 $v_{H_{ij}}$,则有如下方程式:

$$H_{ij} + v_{H_{ij}} = H_j - H_i \tag{5-15}$$

对式(5-15)进行转换得高差误差方程式:

$$v_{H_{ij}} = \delta_{H_j} - \delta_{H_i} + (H_j^0 - H_i^0 - H_{ij}) \tag{5-16}$$

4)高差观测值权的确定

由于高程控制网中存在点间高差和点间水准路线长度两种观测量,要对其高差值进行平差,需建立所有点间高差观测值的权比关系。一般可按照经验定权法确定高差观测值的权比关系。具体定权方式如下。

以每公里高差观测值的中误差为单位权方差,那么各点间的高差观测值的权为:

$$P_{H_{ij}} = \frac{1}{S_{ij}} \tag{5-17}$$

式中:S_{ij}——i 点到 j 点高差观测水准路线的长度,以 km 为单位。

有了高差观测值的误差方程及其权,就可以按照上面已经介绍的间接平差方法进行 CP III网的间接平差和精度评定。

思考题

1. 何为 CP III 轨道控制网?建网的依据和形式有哪些要求?
2. 为何要定期对 CP III 网进行维护?
3. 哪些情况下要对 CP III 网进行复测?
4. 试述 CP III 网的主要作用。

项目 6 GRP 测量

6.1 概述

GRP 即轨道基准点。在进行轨道板安装时，首先要建立一个轨道板精调基础的基准网。该测量的任务是，为了满足对某段高速铁路的外部及内部几何位置的精度要求，建立一个具有极高相对精度的控制网。

GRP 点沿轨道轴线布设于每块轨道板的板缝之间，近似直线导线，点位密度大，有利于提高每块轨道板之间的相对铺设精度。在 CP III 网精测完成后，依据 CP III 点粗略放样 GRP，然后精确测定。GRP 点的相邻点位之间的相对精度平面为 0.2mm、高程为 0.1mm。

6.2 GRP 轨道基准网的设计

GRP 轨道基准网的布设与施测，充分考虑了全站仪在特定条件下测角具有极高的精度这一特点。基准点的坐标应事先算出，使其放样时处于承载层或承载板上轨道板之间的空隙中，并位于线路轴线上。这些轨道基准点坐标可由南方高铁专用软件或其他相应软件计算出来。

在轨道基准网 CP III 评估通过后，即可开始对轨道基准网 GRP 进行施测，其布设应满足轨道板精调需要，按每 5m(CRTS I 型轨道板长度)、6.5m(CRTS II 型轨道板长度)，左、右线分别测设。GRP 轨道基准网是为精调轨道板而测设，它需要满足轨道板外部及内部几何位置的高精度要求，是无砟轨道系统安装的基础。精确放样和施测轨道基准网 GRP 是保证轨道板精调系统质量的关键。图 6-1 是 II 型轨道板铺设锥放样图。

图 6-1 II 型板 GRP 铺设锥

6.2.1 GRP 轨道基准网设计坐标计算

GRP 埋设之前，首先需要利用相应铁路线路的设计参数和 GRP 的设计里程，计算直线段、圆曲线段和缓和曲线段上将要埋设的 GRP 的设计坐标，计算时要考虑圆曲线段和缓和曲线段超高对 GRP 设计位置的影响，以保证后续 GRP 放样和测量工作的顺利开展。GRP 设计坐标的计算应编制专用的软件进行。

6.2.2 GRP 轨道基准网网型的设计

GRP 轨道基准网是为了更精确地进行轨道板精调工作而建立的。它布设于 5.5m(I 型轨道板板长)或 6.5m(II 型轨道板板长)间隔的板缝之间，为轨道板精调提供依据。GRP 轨道基准网的密度、(相对)精度都很高,轨道板是以它为依据铺设的,相邻轨道板的搭接平顺度由此得到保证,使得今后轨道线路更加平顺(图 6-1)。

基准网的建立顺序如下:

基础网(CP I)→沿线路导线(CP II)→轨道控制网(CP III)→轨道基准网(GRP)

CP I:点距约 1000m,平面精度 10mm,高程精度 2mm;

CP II:点距约 150～250m,平面精度 5mm,高程精度 1.0mm;

CP III:点距约 60m 一对,平面精度 1.0mm,高程精度 0.5mm;

GRP:点间距为板缝距离(CRTS I 型板 5.5m,CRTS II 型板 6.5m),平面精度 0.2mm,高程精度 0.1mm。

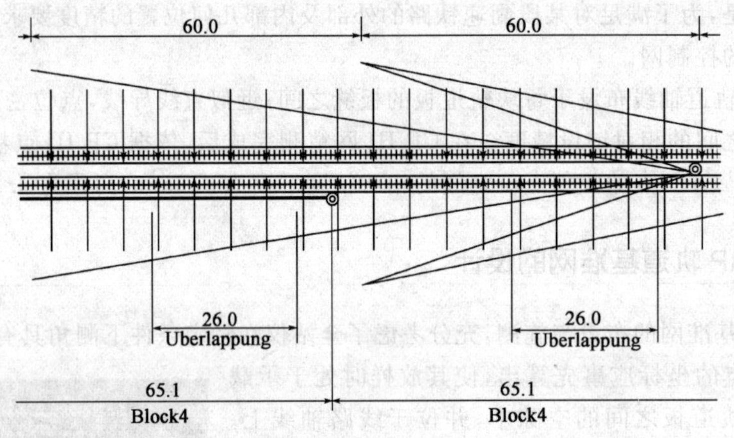

图 6-2 II 型轨道板 GRP 布设示意图(尺寸单位:m)

6.2.3 GRP 轨道基准网精度设计

GRP 轨道基准网的精度是指大部分测点可以达到的中误差(个别点不符合要求可将其去除)。

由于铁路工程中主要考虑的是线路平顺性,所有的精度要求是指相邻点间的测定精度,有时甚至是仅指在某个方向上的精度。它和上一级控制点没有关系,非指绝对精度。与常规误差理论相比较,该类定义则是不严谨,或说是不科学的,仅在施工中使用,见表 6-1。

相邻 GRP 间相对精度要求 表 6-1

平　面	0.2mm
高程	0.1mm

注:1.平面精度 0.2mm 的定义:在一站内测定 GRP 时,各 GRP 是相对于测站本身的离散支点,视其均值为真值。各次重复测量值与其均值之最大横向偏差规定为 0.3mm,即限差为 0.3mm。中误差取为 1/2 限差,即为 0.15mm。本测站内相邻点间中误差为$\sqrt{2}\times0.15=0.21$mm。各次重复测量值与其均值之最大纵向偏差规定为 0.4mm。

2.高程精度 0.1mm 的定义:在一站内,测量各水准点时,相邻基准点间高差的测量精度。各 GRP 在测量时是相对于测站本身的离散支点。目前大量使用的电子水准仪为 0.3mm/km 级,重复测量结果表明,相邻基准点间高差的测量精度可以达到 0.1mm,故规定 GRP 高程精度为 0.1mm。

表 6-2 列出了 GRP 放样及测量过程中各项精度要求。

自由设站测量完成和精度满足要求后,CP III 控制点的坐标不符值应满足表 6-3 的要求。

GRP 放样自由设站精度 表 6-2

X	≤2mm	H	≤2mm
Y	≤2mm	定向精度	≤3″

注:GRP 的放样理论上可以不考虑自由设站点 H 方向高程的精度,但为了下一步检核 CP III 控制点坐标的不符值,应该保留此精度指标。GRP 的放样理论上可以不考虑自由设站点 H 方向高程的精度。

CP III 控制点坐标不符值限差 表 6-3

X	≤2mm	H	≤2mm
Y	≤2mm		

在进行正式测量前,应通过本测站的 4 对 CP III 控制点进行自由设站,其精度应满足表 6-4、表 6-5、表 6-6 的要求。

GRP 测量自由设站精度 表 6-4

X	≤1mm	H	≤1mm
Y	≤1mm	定向精度	≤2″

GRP 平面测量外业限差要求 表 6-5

控制网等级	横向坐标最大值最小值较差	纵向坐标最大值最小值较差	备 注
轨道基准网	0.6mm	0.8mm	测回间

GRP 高程测量测站主要技术要求 表 6-6

水准网等级	前后视距差	视 线 高 度	测 量 模 式
轨道基准网	≤4m	≥0.3m	后前(BF)

6.3 GRP 轨道基准网测量技术要求

GRP 的测量工作必须在轨道控制网(CP III)评估通过后方可进行,且必须平面、高程分开测量。

6.3.1 GRP 平面测量技术要求

在进行 GRP 平面位置测量时,为保证相邻 GRP 间测量的相对精度,原则上一个测站只用一个精密基座进行,并在测量前对所使用的精密基座的气泡进行校正;若两个同型号精密基座的可重复性和互换性精度能达到≤0.1mm,则可用两个精密基座同时进行测量,以提高 GRP 的测量效率。但同一测站同一基座每次测量点位需要固定,尽量避免不同基座间的系统误差影响。

若 CP III 控制点坐标的不符值不满足精度要求时,在保证 CP III 控制点数量不少于 3 对的情况下,应将超限点剔除后再重新进行自由设站。

在自由设站精度和 CP III 精度满足要求的前提下,利用全站仪和 GRP 的设计坐标对本测站的 10 至 14 个 GRP 进行坐标放样。放样距离应根据天气情况确定,阴天无风时不宜大于 100m;高温、雨雾或晴天应适当控制测量距离。

6.3.2 GRP 高程测量技术要求

高程测量外业作业程序及应满足的要求如下:

(1)水准仪测站点应尽量位于相邻两个 CP III 控制点之间，测站要求如表 6-7 所示。

GRP 高程测量测站主要技术要求　　表 6-7

水准测量等级	前后视距差(m)	视线高度(m)	测量模式
轨道基准网	≤4	≥0.3	后前(BF)

(2)左右线 GRP 高程应分开测量。

(3)每 300m 左右应与线路同侧稳定的 CP III 控制点闭合一次。

(4)同一测段内左线(或右线)其余 CP III 控制点均作为转点，用于对高程测量成果进行检核，测段内所有 GRP 均作为中视点。

(5)同一测段不需重复测量 GRP。

(6)不同测段间重复观测的 GRP 不应少于 3 个。

6.4 GRP 轨道基准网测量

6.4.1 GRP 放样

GRP 应采用全站仪自由设站坐标法放样的方式进行，自由设站观测的 CP III 控制点不得少于 4 对。更换测站后，相邻测站 GRP 测量重复观测的 CP III 控制点不得少于 2 对。GRP 放样时，自由设站点的精度应满足表 6-2 的要求。

自由设站测量完成和精度满足要求后，CP III 控制点的坐标不符值应满足表 6-3 的要求。

若 CP III 控制点坐标不符值不满足表 6-3 的要求，在保证 CP III 制点数量不少于 3 对的情况下，应将超限点剔除后再重新进行自由设站。

在自由设站精度和 CP III 精度满足要求的前提下，利用全站仪和 GRP 的设计坐标对本次测站的 10 至 14 个 GRP 进行坐标放样。放样距离应根据天气情况确定，阴天无风时不宜大于 100m；高温、雨雾或晴天应适当控制测量距离。

6.4.2 GRP 埋设

在 GRP 放样后，应按要求对 GRP 进行埋设，考虑到轨道板精调的需要，按每块轨道板的长度布设一个，左、右线分别布设，埋设位置偏离放样点位置不应大于 5mm。标志的埋设分以下两种情况：

(1)对于底座板施工完成后随即进行凸形挡台施工的情况(如直线段)，可在 GRP 放样点的位置上钻孔，预埋如图 6-3 所示的 GRP 基标钉，并用粘合剂锚固。

(2)对于轨道板精调后施工凸形挡台的情况(如曲线段)，应在底座板施工时于放样点位置上预埋如图 6-4 所示的钢棒型 GRP 标志点，钢棒直径为 25～30mm。

直线地段建议采取上述第一种布设方案；但在曲线地段，考虑到超高对施工的影响，GRP 的埋设应采取上述第二种方案，即先预埋钢棒形 GRP 标志点，再进行凸形挡台的施工。

6.4.3 GRP 的编号

GRP 的编号分左右线分别进行，沿线路里程增加方向编号，统一为 7 位。具体规则为：*L*(左线)/*R*(右线)＋×××(里程整公里数)＋×××(该公里段 GRP 序号)。

图 6-3　南方高铁 GRP 基标钉

图 6-4　钢棒形 GRP 标志点

6.4.4　GRP 测量

GRP 三维坐标的测量，应采用平面坐标和高程分开施测的方法进行。详细测量方法如图 6-5所示。

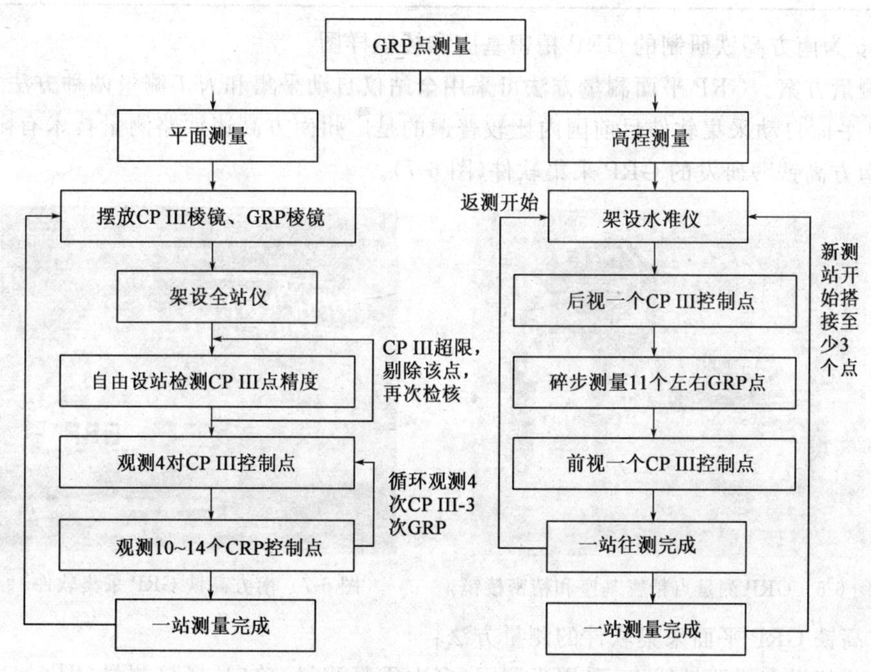

图 6-5　GRP 点三维坐标测量流程图

相邻 GRP 之间的平面和高程相对精度应满足表 6-8 要求。

相邻 GRP 间相对精度要求　　表 6-8

平　面	高　程
0.2mm	0.1mm

1)GRP 平面测量

(1)平面测量仪器设备。GRP 平面测量采用智能型全站仪，配合 CP III 精密棱镜和 GRP 精密基座进行，每个测量组配置一台全站仪，其精度要求如表 6-9 所示。

GRP 平面测量全站仪精度要求　　表 6-9

仪器类型	方向标称精度	测距仪标称精度	备　注
全站仪	≤1″	≤1mm+2×$10^{-6}L$	应能自动搜索目标

每个测量组还需要配备表 6-10 所列设备。

GRP 平面测量设备精度要求　　表 6-10

设备类型	精度指标	精度要求
棱镜组件	重复性和各标志点间互换性安装误差	≤0.3mm
温度计	温度测量误差	≤0.5℃
气压计	气压测量误差	≤50Pa
精密棱镜	至少 9 个	
CP III 棱镜杆	至少 8 根	
精密基座	至少 1 个	
脚架	木质脚架	

图 6-6 为南方高铁研制的 GRP 精密基座和棱镜样图。

(2)测量方案。GRP 平面测量方法可采用全站仪自动采集和人工测量两种方法进行。

GRP 平面自动采集软件目前国内比较普遍的是广州南方高速铁路测量技术有限公司(以下简称“南方高铁”)研发的 GRP 采集软件(图 6-7)。

图 6-6　GRP 测量点精密基座和精密棱镜

图 6-7　南方高铁 GRP 采集软件

南方高铁 GRP 平面采集软件的测量方法：

全站仪架设在线路轴线上，采用半测回、多次重复测量、单向、搭接测量(图 6-8)。外业观测如下：

(1)全站仪设站点尽量靠近 GRP 的连线方向。

(2)左、右线 GRP 的测量，分别设站观测，每一测站实时在全站仪中输入温度和气压进行气象改正。

(3)同一测站观测的 CP III 控制点 4 对，观测的 GRP 宜为 10～14 个，其中包括与上一个测站搭接的 5 个 GRP。

(4)在进行正式测量前，通过本测站的 4 对 CP III 控制点进行自由设站，检查 CP III 控制点的精度：三维坐标(X、Y、H)精度不大于 1mm，定向精度不大于 2″；CP III 控制点的坐标(X、Y、H)不符值限差不大于 1.5mm。若 CP III 控制点坐标不符值不满要求，在保证 CP III 控制点数量不少于 2 对的情况下，将超限点剔除后再重新进行自由设站。在自由设站精度和

CP III精度满足要求后,方可继续进行 GRP 平面测量工作。

(5)同一测站的 CP III 控制点和 GRP 测量,采用全站仪正镜位进行多个半测回的观测,CP III 控制点采用相应控制软件进行自动观测,GRP 采用一个精密基座依次挪动进行人工观测。具体观测顺序为:先观测所有 CP III 点,再由远及近观测所有 GRP。GRP 的观测 3 个测回,CP III 点的观测 4 个测回。

(6)同一测站每个测回 GRP 观测都由远及近依次进行观测。

(7)每一测站重复观测上一测站的 CP III 控制点不应少于 2 对,重复观测上一测站观测的 GRP 不应少于 5 个。

(8)对各组内的点进行测量时,全站仪不用倒镜,视距方向总与测量人员运动方向相反。

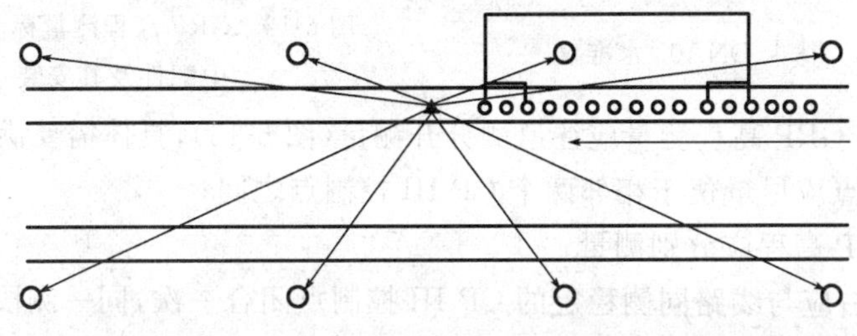

图 6-8　GRP 平面测量示意图

测量注意事项:

(1)为使全站仪在测量过程中更加稳固,可将仪器架于凸形挡台上并尽量降低仪器的高度,或使用特殊的三角架,如南方高铁研发的强制对中三角架,如图 6-12 所示。

(2)光线太强或下雨天不宜测量,光线太强或雨水都会对仪器反射信号有较大影响,平差计算时不易通过。

(3)由于温度变化对梁体影响较大,所以隔天测量的搭接点最好选在同一片梁上,这样有利于搭接点平差计算。

2)GRP 高程测量

(1)仪器选择。对于精密水准测量,应使用数字水准仪和条形码铟瓦水准尺。适用的水准仪之一是徕卡 DNA03(每公里往返测距误差在 0.3mm 之内)。索佳 SDL30M、天宝 DINI03 也满足无砟轨道施工测量的精度要求。图 6-9～图 6-12 为部分精密仪器和附件。

图 6-9　索佳 SDL30M 水准仪

图 6-10 天宝 DINI03 水准仪

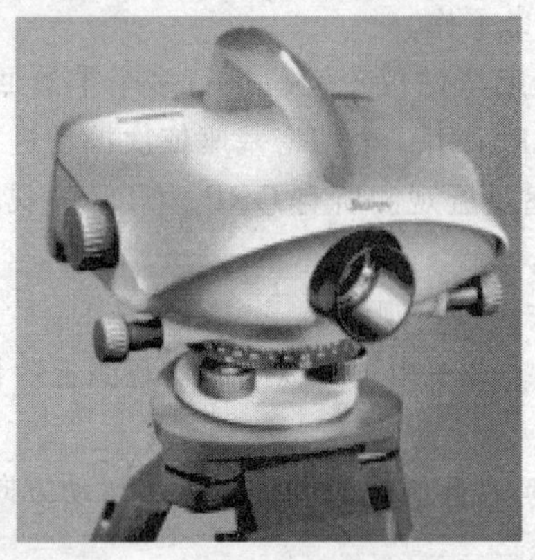

图 6-11　徕卡 DNA03 水准仪

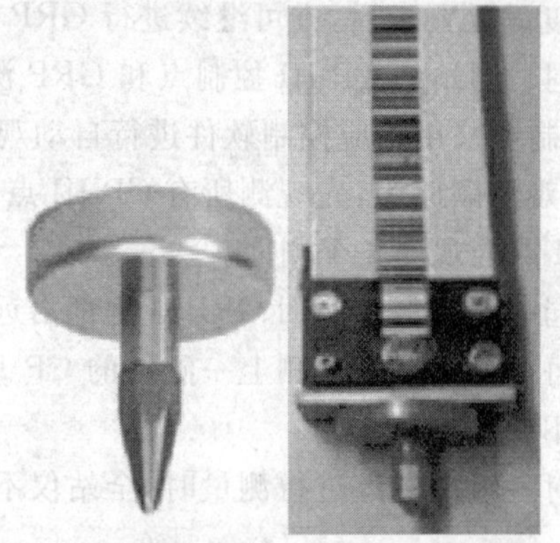

图 6-12　GRP 高程测量标志底部对中配件及其安装示意图

(2)测量方案。GRP 高程测量应往返测分开测量(图 6-13),具体需要满足如下条件：

①水准仪设站点应尽量位于相邻两个 CP III 控制点之间；

②左、右线 GRP 高程应分别测量；

③每 300m 左右应与线路同侧稳定的 CP III 控制点闭合一次,同一测段应进行往返测；

④同一测段内左线(或右线)其余 CP III 控制点均作为转点,用于对高程测量成果进行检核,测段内所有 GRP 均作为中视点；

⑤同一测段不需重复测量 GRP；

⑥不同测段间重复观测的 GRP 不应少于 3 个。

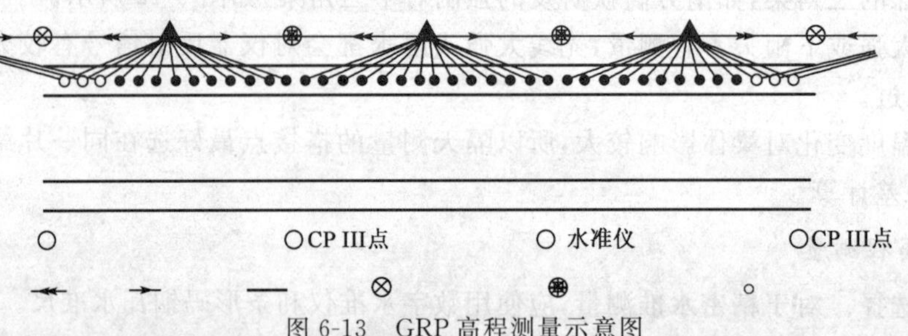

图 6-13　GRP 高程测量示意图

高程测量时的几点注意事项：

①为了减少大气折光对测量的影响,原则上只在大气条件好或者技术上适合测量的条件下进行测量；

②在承载板上测量时,应注意温度的影响,日照可使承载板有扭曲变形,故测量时应选择合适的时段进行；

③要考虑上部荷载的因素,故高程测量可以甚至应该在摆放轨道板后进行；

④轨道板铺设后,对基准点进行高程测量时,需要使用校准过的、可伸至对中中心的延长杆。

6.5　GRP 轨道基准网数据处理

6.5.1　平面和高程数据处理

1)平面数据处理

GRP 平面测量的数据处理,采取约束联测的 CP III 点坐标与上一测站第一个搭接 GRP

合格坐标的方法进行平差计算。

采用本站联测的 CP III 控制点和各 GRP 坐标的均值作为观测值，利用本站联测的 CP III 控制点的已知坐标和上一测站搭接的第一个 GRP 坐标作为起始值，采用平差的方法求解 CP III控制点两套坐标（线路独立坐标系和测站站心坐标系）的转换参数，再根据得到的转换参数对各 GRP 的坐标均值进行转换。

利用平差后得到的转换参数，对各 CP III 点的坐标均值进行坐标转换，若转换后 CP III 点的坐标与原 CP III 坐标值差在 2mm 以内，则所求的转换参数合格，否则应重新测量和重新平差。坐标转换后，本站剩余两个重复 GRP 测量的坐标与上一站测量的同名 GRP 点的坐标较差 X、Y 方向均应小于 0.4mm。

站间重复观测的 GRP 可采用取均值的方法进行平顺处理，确保重叠区内 GRP 平面位置允许偏差：横向不应大于 0.3mm，纵向不应大于 0.4mm。

2）高程数据处理

GRP 高程数据处理应往、返测分开进行。

往测水准路线闭合差满足要求后，先对作为转点的 CP III 控制点进行平差计算，得到各转点处 CP III 控制点的高程，再据此计算各中视 GRP 的往测高程。

返测水准路线闭合差满足要求后，也是先对作为转点的 CP III 控制点进行平差计算，得到各转点处 CP III 控制点的高程，再据此计算各中视 GRP 的返测高程。

最后取所有 GRP 的往返测高程的均值作为本测站 GRP 的采用高程。各 GRP 往返测高程值与其平均值间较差不应大于 0.3mm；重叠区内 GRP 高程较差不应大于 0.3mm。

6.5.2 自由设站点边角后方交会间接平差模型

如图 6-14 所示，左、右中线上的 GRP 点间距为 5m（CRTS I 型轨道板长）。为精确测量 GRP 的平面坐标，分别在左、右中线上的自由设站点 SL_1/SR_1，SL_2/SR_2……安置全站仪，通过观测 4 对 CP III 点 2 测回的方向值与距离，最后采用边角后方交会的间接平差法计算测站点的坐标及点位误差。其中 L_i、R_i 为 CP III 点。

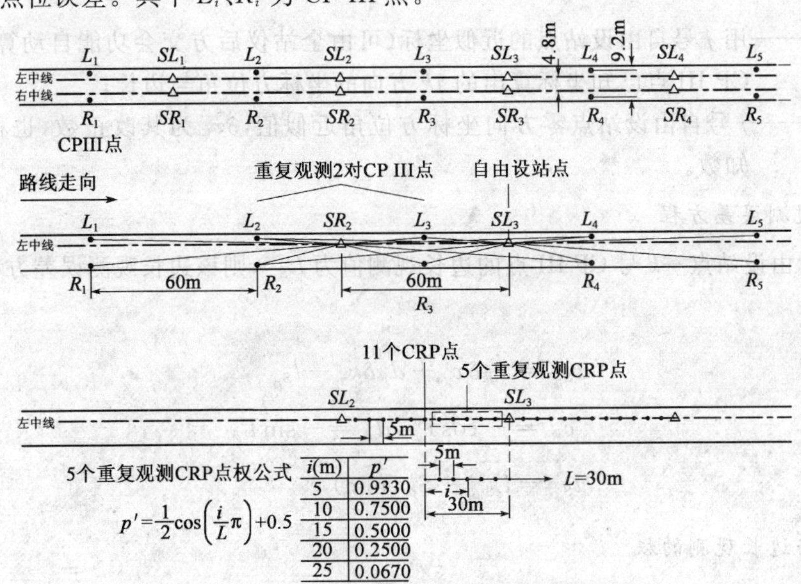

图 6-14　沪宁城际铁路左线 GRP 点平面坐标测量方案

以图 6-14 中的自由设站点 SL_3 为例，通过观测 $L_2/R_2 \sim L_5/R_5$ 四对 CP III 点的方向观测值与边长，求出 SL_3 点的平面坐标后，再用盘左分别观测 SL_3 后的 5 个 GRP(桩号＜站点桩号)及 SL_3 前的 11 个 GRP 点(桩号＞站点桩号)三次取平均值，求出 16 个 GRP 点的平面坐标。由于 SL_3 后的 5 个 GRP 点在 SL_2 点也设站观测过，并已求出这 5 个 GRP 点的平面坐标，称这 5 个 GRP 点为相邻设站点的重复 GRP 点。

重复 GRP 点的平面坐标应取两次坐标的加权平均值，在 SL_2 点观测的重复 GRP 点权公式为：

$$p' = \frac{1}{2}\cos\left(\frac{i}{L}\pi\right) + 0.5 \tag{6-1}$$

其中 $L=30\text{m}$；$i=5,10,15,20,25$；权值 p' 的计算结果见图 6-14 所示。则在 SL_3 点观测的对应的重复 GRP 点权公式为 $p''=1-p'$，重复 GRP 点的加权平面坐标为：

$$\begin{cases} \overline{x} = p'x' + (1-p')x'' \\ \overline{y} = p'y' + (1-p')y'' \end{cases} \tag{6-2}$$

由于 $\cos\left(\frac{i}{L}\pi\right)$ 的取值位于(0,1)之间，因此，p' 的值也位于(0,1)之间，$1-p'$ 的值还是位于(0,1)之间。

1)方向观测误差方程

设 j 号自由设站点→k 号 CP III 点的方向观测值为 L_{jk}，则该方向观测误差方程的一般形式为：

$$v_{jk} = -\delta\hat{z}_j + a_{jk}\delta\hat{x}_j + b_{jk}\delta\hat{y}_j - l_{jk} \tag{6-3}$$

$$a_{jk} = \rho''\frac{\sin T_{jk}^0}{S_{jk}^0}(\text{s/mm}), b_{jk} = -\rho''\frac{\cos T_{jk}^0}{S_{jk}^0}(\text{s/mm}) \tag{6-4}$$

$$l_{jk} = L_{jk} + z_j^0 - T_{jk}^0(\text{s}) \tag{6-5}$$

式中：T_{jk}^0、S_{jk}^0——用 j 号自由设站点的近似坐标(可由全站仪后方交会功能自动算出)与 k 号 CP III 点已知坐标算出的 jk 方向的坐标方位角与边长；

z_j^0——j 号自由设站点零方向坐标方位角近似值，$\delta\hat{z}_j$ 为其改正数，也称定向角未知数。

2)边长观测误差方程

设 j 号自由设站点→k 号 CP III 点的边长观测值为 $L_{S_{jk}}$，则该边长观测误差方程的一般形式为：

$$v_{S_{jk}} = c_{jk}\delta\hat{x}_j + d_{jk}\delta\hat{y}_j - l_{S_{jk}} \tag{6-6}$$

$$c_{jk} = -\cos T_{jk}^0, d_{jk} = -\sin T_{jk}^0 \tag{6-7}$$

$$l_{S_{jk}} = L_{S_{jk}} - S_{jk}^0(\text{mm}) \tag{6-8}$$

3)方向与边长观测的权

采用徕卡 TCA2003 进行自由设站观测时，TCA2003 一测回的方向观测标称中误差为

±0.5″,测距误差为 1mm+1ppm。在图 5-14 的两种观测方案中,由自由设站点分别观测 8 个 CP III 点的最短距离约为 30m,最长距离约为 90m,因此,可以忽略测距误差中的比例误差的影响,即认为由自由设站点分别观测 8 个 CP III 点的边长误差均为±1mm。

如设方向观测为单位权,则边长观测的权为:

$$P_S = \frac{0.5^2}{1^2} = 0.25(s^2/mm^2) \tag{6-9}$$

4)间接平差公式

综上所述,j 号自由设站点的误差方程式如下:

$$\begin{pmatrix} v_{j1} \\ v_{j2} \\ \vdots \\ v_{j8} \\ v_{S_{j1}} \\ v_{S_{j2}} \\ \vdots \\ v_{S_{j0}} \end{pmatrix} = \begin{pmatrix} -1 & a_{j1} & b_{j1} \\ -1 & a_{j2} & b_{j2} \\ \vdots & \vdots & \vdots \\ -1 & a_{j8} & b_{j8} \\ 0 & -c_{j1} & -d_{j1} \\ 0 & -c_{j2} & -d_{j2} \\ \vdots & \vdots & \vdots \\ 0 & -c_{j8} & -d_{j8} \end{pmatrix} \begin{pmatrix} \delta\hat{z}_j \\ \delta\hat{x}_j \\ \delta\hat{y}_j \end{pmatrix} - \begin{pmatrix} l_{j1} \\ l_{j2} \\ \vdots \\ l_{j8} \\ l_{S_{j1}} \\ l_{S_{j2}} \\ \vdots \\ l_{S_{j8}} \end{pmatrix} \tag{6-10}$$

式(6-10)的矩阵形式为:

$$\underset{16\times1}{V_j} = \underset{16\times3}{B_j}\ \underset{3\times1}{\hat{X}_j} - \underset{16\times1}{l_j} \tag{6-11}$$

权矩阵为:

$$\underset{16\times16}{P_j} = \text{diag}(1,1,1,1,1,1,1,1,0.25,0.25,0.25,0.25,0.25,0.25,0.25,0.25) \tag{6-12}$$

误差方程式(5-11)的最小二乘解为:

$$\hat{X}_j = (B_j^{\mathrm{T}}P_jB_j)^{-1}(B_j^{\mathrm{T}}P_jl_j) = N_j^{-1}B_j^{\mathrm{T}}P_jl_j \tag{6-13}$$

验后单位权中误差为:

$$\hat{\sigma}_{0j} = \sqrt{\frac{V_j^{\mathrm{T}}P_jV_j}{n-t}} \tag{6-14}$$

其中:$n=16$,$t=3$,$n-t=13$。

第 j 号自由设站 3 个未知参数 $\hat{X}$ 的协因数矩阵为:

$$Q_{\hat{X}_j} = N_j^{-1} \tag{6-15}$$

6.5.3 坐标转换——赫尔默特转换

从一个大地坐标系转换到另一个大地坐标系(俗称为基准面转换)一般需要经过三个环节:大地坐标到地心坐标→地心坐标到地心坐标→地心坐标到大地坐标。

假设公共点在独立坐标系和 3°带高斯坐标系中的坐标分别为 X、Y 及 X'、Y',现要求把后者整体网合理地配合到前者网上,为此需对后者坐标系加以平移、旋转和尺度因子的改正,而保持后者形状不变,变换方程为:

$$\begin{cases} x = a + x'm\cos\Delta\alpha - y'm\sin\Delta\alpha \\ y = b + y'm\cos\Delta\alpha - x'm\sin\Delta\alpha \end{cases} \tag{6-16}$$

设 $c=m\cos\Delta\alpha$,$d=m\sin\Delta\alpha$,则上式的线性形式为:

$$\begin{cases} x = a + x'c - y'd \\ y = b + y'c - x'd \end{cases} \tag{6-17}$$

设由测量误差影响而引起新、旧坐标 x、y 及 x'、y' 之差异分别为 v_x、v_y 及 $v_{x'}$、$v_{y'}$，于是上式可写为：

$$\begin{cases} x + v_x = a + (x' + v_{x'})c - (y' + v_{y'})d \\ y + v_y = b + (y' + v_{y'})c - (x' + v_{x'})d \end{cases} \tag{6-18}$$

若设

$$\begin{cases} n_x = - v_x + cv_{x'} - dv_{y'} \\ n_y = - v_y + dv_{x'} - cv_{y'} \end{cases} \tag{6-19}$$

则有式

$$\begin{cases} x = a + x'c - y'd + n_x \\ y = b + y'c - x'd + n_y \end{cases} \tag{6-20}$$

若独立坐标、3°带高斯平面坐标网共 r 个公共点，我们可组成 r 对方程，这样所得的 $2r$ 个方程的矩阵表达式可简写为：

$$x = AX + n \tag{6-21}$$

或

$$n = - AX + x$$

式中：

$$x = \begin{pmatrix} x_1 \\ y_1 \\ x_2 \\ y_2 \\ \vdots \\ x_r \\ y_r \end{pmatrix};\quad A = \begin{pmatrix} 1 & 0 & x'_1 & -y'_1 \\ 0 & 1 & y'_1 & x'_1 \\ 1 & 0 & x'_2 & -y'_2 \\ 0 & 1 & y'_2 & x'_2 \\ \vdots & \vdots & \vdots & \vdots \\ 1 & 0 & x'_r & -y'_r \\ 0 & 1 & y'_r & x'_r \end{pmatrix};\quad n = \begin{pmatrix} n_{x1} \\ n_{y1} \\ n_{x2} \\ n_{y2} \\ \vdots \\ n_{xr} \\ n_{yr} \end{pmatrix};\quad X = \begin{pmatrix} a \\ b \\ c \\ d \end{pmatrix} \tag{6-22}$$

其中，x 表示观测值向量，n 表示改正数向量，X 表示位置参数。

利用间接平差方法解算参数值。由上面公式知 $n = - AX + x$，得：

$$X = (A^{\mathrm{T}}PA)^{-1}A^{\mathrm{T}}Px \tag{6-23}$$

其中，P 为独立坐标系内联测控制点 x、y 的权阵，同一测区中观测元素可近似地看成等精度测量值，故 $P = E$(单位矩阵)，于是：

$$X = (A^{\mathrm{T}}A)^{-1}A^{\mathrm{T}}X \tag{6-24}$$

其中的中间环节，地心坐标到地心坐标，通常又成为 7 参数赫尔默特(Helmert)转换。将转换公式用 7 参数矩阵表示，即得到著名的布尔莎—沃尔夫(Bursa-Wolf)公式：

$$\begin{bmatrix} X_{\mathrm{T}} \\ Y_{\mathrm{T}} \\ Z_{\mathrm{T}} \end{bmatrix} = M \times \begin{bmatrix} 1 & -R_Z & +R_Y \\ +R_Z & 1 & -R_X \\ -R_Y & +R_X & 1 \end{bmatrix} \times \begin{bmatrix} X_{\mathrm{S}} \\ Y_{\mathrm{S}} \\ Z_{\mathrm{S}} \end{bmatrix} + \begin{bmatrix} \mathrm{d}X \\ \mathrm{d}Y \\ \mathrm{d}Z \end{bmatrix} \tag{6-25}$$

式中 X_{S}、Y_{S}、Z_{S} 为原坐标系中的坐标，X_{T}、Y_{T}、Z_{T} 为新坐标系中的点坐标。

转换参数的定义如下：

$\mathrm{d}X$、$\mathrm{d}Y$、$\mathrm{d}Z$——两坐标系的原点平移矢量(平移参数)，原坐标系中的点位置矢量加上原点平移矢量即得到该点在新坐标系中的位置矢量；平移参数也就是原坐标系的原点在新坐标系中的坐标值；

R_X、R_Y、R_Z——位置矢量的旋转角(旋转参数)；参数符号约定如下：从直角坐标系原点，沿轴正向看，位置矢量绕轴顺时针旋转为正；从原坐标系转换到新坐标系，如果绕 Z 轴的旋转角度为正，那么转换后坐标点的精度将增大（公式中的角度单位为 rad）；

M——位置矢量的比例因子（尺度比参数），位置矢量从原坐标系转换到新坐标系的尺度伸缩量，$M=(1+\mathrm{d}S\times10^{-6})$，其中 $\mathrm{d}S$ 为尺度校正量，以百万分之一（ppm）计。

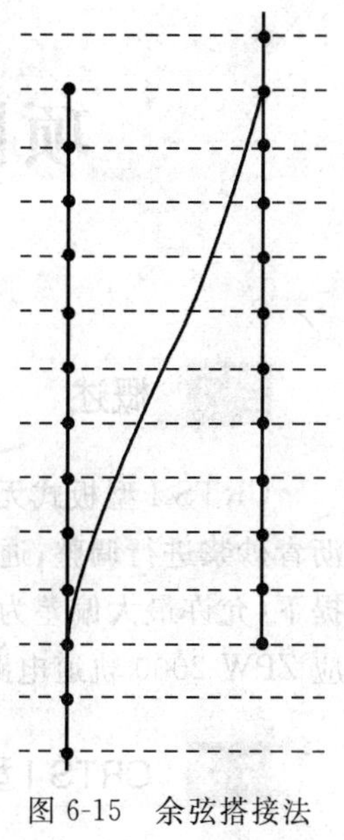
图 6-15　余弦搭接法

6.5.4　平顺性搭接处理

板式无砟轨道 GRP 的测量最终目的是达到轨道的高平顺性，因此，在 GRP 坐标数据处理时需要对搭接点处的 GRP 坐标数据进行平顺处理。

平顺性处理的方法有余弦搭接法和取平均值法。余弦搭接法就是利用余弦曲线连接搭接处的点从起点匀滑地过渡到终点处，如图 6-15所示。调整的范围应是重复测量的点。设重合长度 L 为所有坐标计算出来的从搭接起点到搭接终点之间的距离。

思考题

1. 何谓 GRP 点？作用是什么？
2. GRP 点测设的原理是什么？
3. 如何理解 GRP 点的精度应优于 CP III 网点的点位精度？

项目 7　CRTS Ⅰ型轨道板测量

7.1　概述

CRTS Ⅰ型板式无砟轨道是在现浇的钢筋混凝土底座上铺装预制轨道板，通过水泥乳化沥青砂浆进行调整，通过凸形挡台进行限位，在保证轨道板的铺设精度能够满足设计要求的前提下（允许最大偏差为 2mm），一般通过扣件的调整来达到最终钢轨几何状态满足要求，并适应 ZPW-2000 轨道电路的无砟轨道结构形式。

7.2　CRTS Ⅰ型无砟轨道结构形式及组成

CRTS Ⅰ型无砟轨道系统主要由钢轨、扣件系统、轨道板、CA 砂浆层、混凝土底座、凸形挡台等部分组成。在路、桥、隧道等不同线下基础上，CRTS Ⅰ型板式无砟轨道组成相同，如图7-1所示。

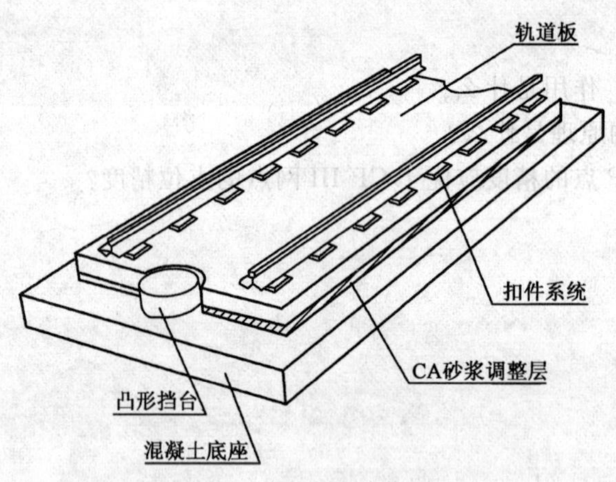

图 7-1　CRTS Ⅰ型轨道板轨道结构组成图

7.3　CRTS Ⅰ型轨道板检测

轨道板出厂前应对每块轨道板的质量进行检测，并出具《轨道板制造技术证明书》。每批次生产的轨道板应进行全面检测，检测的主要内容为轨道板的平整度和螺栓孔的相对位置等。

7.3.1　轨道板规格尺寸

CRTS Ⅰ型无砟轨道分为 RF3685、RF4856、RF4856A 和 RF4962 四种类型，目前在高速铁路建设过程使用中较多的板型为 RF4962。

RF4962 型轨道板长 4962mm，宽 2400mm，厚 190mm，两相邻螺栓孔之间距离为 629mm，

每块板布置 8 对扣件节点。RF4962 型轨道板的具体尺寸如图 7-2 所示。

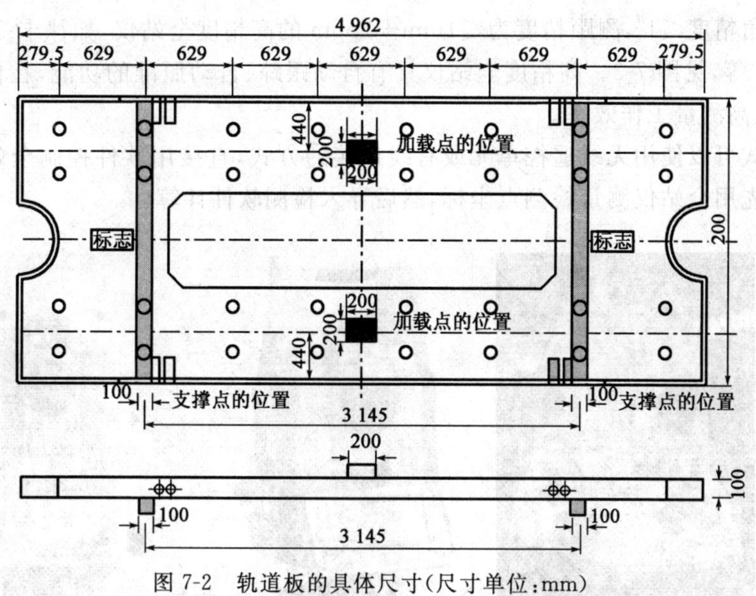

图 7-2　轨道板的具体尺寸(尺寸单位:mm)

7.3.2　CRTS Ⅰ型轨道板几何尺寸精度指标

前面讲过,出厂的轨道板需要全面检测,检测的主要指标应符合表 7-1 的规定。

轨道板几何尺寸允许偏差　表 7-1

序　　号	检 查 项 目		允许偏差(mm)
1	长度		±3
2	宽度		±3
3	厚度		+3/0
4	保持轨距的两螺栓孔中心距		±1.5
5	螺栓孔的中心距板中心线		±1
6	保持同一铁垫板位置的两相邻螺栓孔中心距		±1
7	半圆缺口部位的直径		±3
8	平整度	四角承轨面水平	±1
		单侧中央翘曲量	≤3
9	预埋套管	位置	±1
		垂直度	≤1°

7.3.3　轨道板检测设备

轨道板厂的模具安装后,其精度的检测、实验板的线性度测量与分析等是轨道板厂测量工作的核心任务,也是必不可少的步骤。

测量所需设备包括:高精度全站仪、专用附件、检测软件等。

项目7　CRTS Ⅰ型轨道板测量

1)高精度全站仪

采用测角精度≤1″,测距精度为≤1mm+2ppm的高精度全站仪,如徕卡TCA2003、1201,索佳NET05等,见图7-3。高精度全站仪具有自动跟踪、自动照准的功能,在保证精度的前提下,极大地提高测量工作效率。

测量方式可以使用无线遥控单元或有线连接的方式,直接用软件控制全站仪进行测量和计算。也可先用全站仪测量检测点坐标,然后导入检测软件计算。

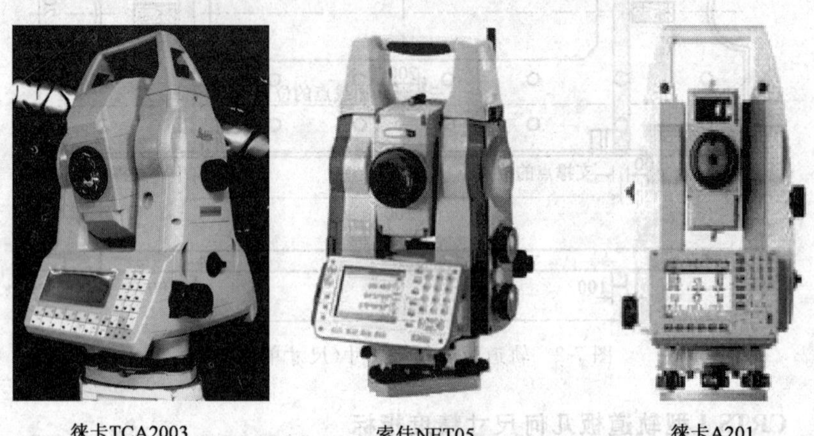

图7-3 检测所需全站仪

值得注意的是在实际测量模具和轨道板检测过程中,应尽量减少和避免振动对仪器的影响。

2)高精度水准仪

在轨道板模具和轨道板厚度的检测中,采用日本索佳公司的SDL30M电子水准仪或瑞士徕卡公司的DNA03电子水准仪进行高程数据采集,如图7-4所示。上述设备每公里往返测高程精度分别为±0.4mm和±0.3mm,可以自动采集数据,并通过软件及时、快速、高效地处理数据,极大地提高了工作效率。

图7-4 检测所需水准仪

3)检测所需专用附件

采用球型棱镜配合专用的螺栓孔插入机构——螺栓孔检测棱镜,可以保证棱镜位于螺栓孔的圆心,并保证测量的高程面是轨道板的平整面,避免了螺栓孔凸出和凹陷的问题,如图7-5

所示。

采用小棱镜配合专用高精度工装，可以保证棱镜中心与轨道板圆弧内侧在一条直线上，并保证测量的半圆是轨道板半圆缺口的实际直径，如图 7-6 所示。

图 7-5　螺栓孔检测棱镜

图 7-6　检测轨道板半圆缺口工装

图 7-7 的工装可以对轨道板的长度和宽度进行测量，此种方法已经在沪宁线广泛应用。

以上工装在各板厂使用所总结的经验是：一定要保持螺栓孔周围和螺栓孔的清洁、无毛刺；轨道板与各工装的接触面也要清洁。

精密强磁尺垫与电子水准仪的铟钢条码尺配合使用，以消除条码尺摆放误差。图 7-8 是常用的强磁尺垫和铟钢条码尺。

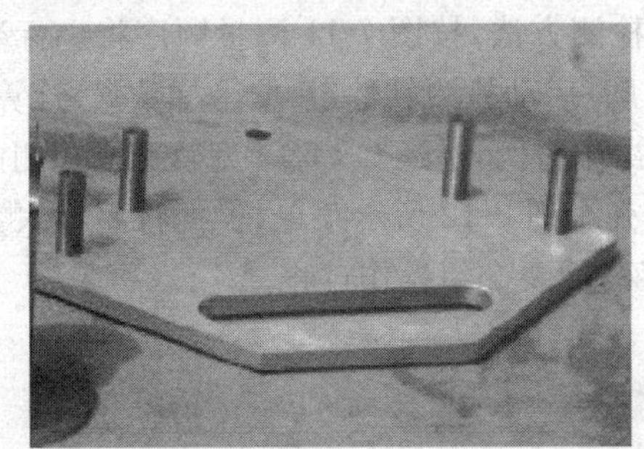

图 7-7　CRTS I 型轨道板检测工装

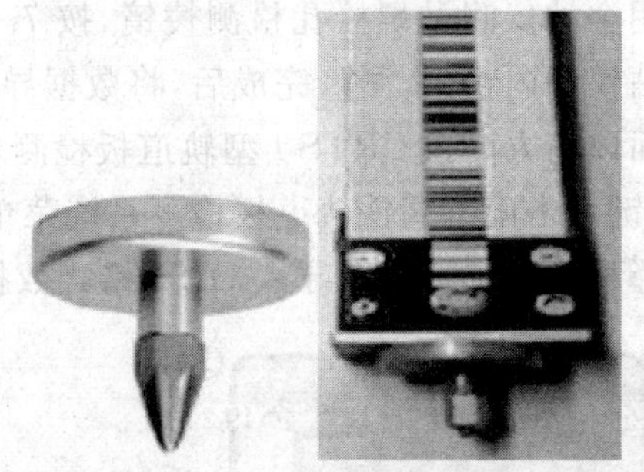

图 7-8　强磁尺垫和铟钢条码尺

4）检测软件

检测软件采用自动跟踪测量、坐标增量测量两种模式，运用线性、平面最小二乘拟合算法，分析测量各螺栓孔中心的三维坐标，得出最优的拟合线形和拟合平面，然后计算各测量点位相对于拟合线形和拟合平面的偏差。图 7-9 是南方高铁轨道板检测系统软件启动界面，图 7-10 是检测软件的应用界面局部示意图。

7.3.4　检测方法

我们设计的快速有效检测办法是：采用高精度全站仪，测量放置在轨道板上的 4 列螺栓孔上的专用棱镜，得其三维坐标，利用软件分析轨道板的线性度与平整度，来检测轨道板的线性度和平整度是否合格。

同时采用高精度加工的工装对轨道板的半圆形缺口直径、轨道板的长和宽进行测量。

图 7-9 南方高铁轨道板检测系统软件启动界面

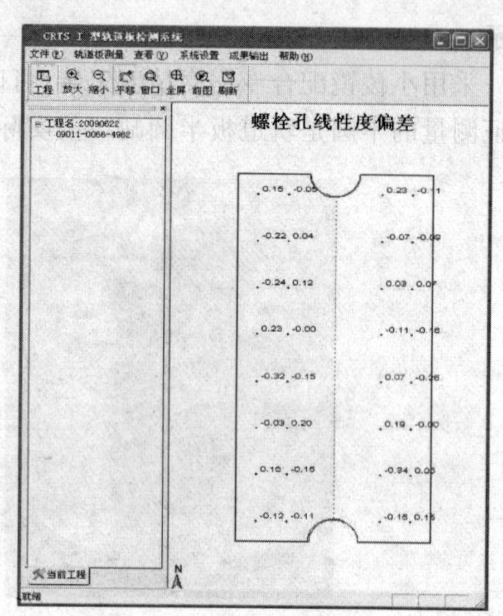

图 7-10 检测软件应用

7.3.5 测量方式

测量方式有两种:先测后算;边测边算。

1)先测后算

利用全站仪测量螺栓孔检测棱镜,按 7.3.4 检测方法,按图 7-11 测量顺序将坐标数据保存在全站仪的内存中,测量完成后,将数据导入电脑,启动检测软件,读取坐标数据,计算偏差。

下面以南方高铁 CRTS I 型轨道板检测软件操作为例,讲述 CRTS I 型轨道板检测的操作过程:左键点击南方高铁轨道板检测系统菜单项,弹出图 7-12 所示菜单,根据将要导入数据的格式选择相应的选项。以导入 DAT 格式数据为例,简要介绍操作过程。

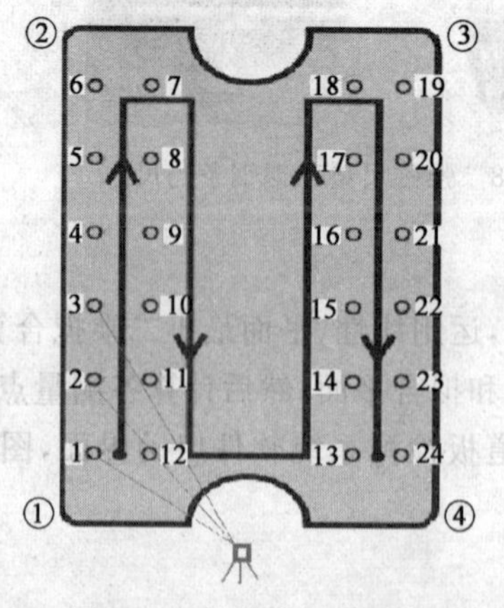

图 7-11 螺栓孔测量顺序

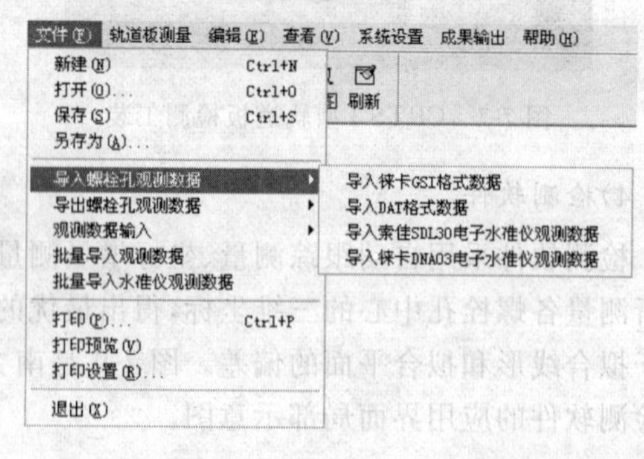

图 7-12 轨道板检测数据导入

左键点击“DAT 格式数据”,此时在屏幕正中央位置会弹出一个名叫“CRTS I 型轨道板检测系统”的对话框,如图 7-13 所示。系统提示:“DAT 格式数据导入只能读取单块轨道板观测数据,如果文件中的观测数据是多块轨道板,请分解后分别读取。”确定本数据为单块轨道板观测数据后,点击“确定”按钮。

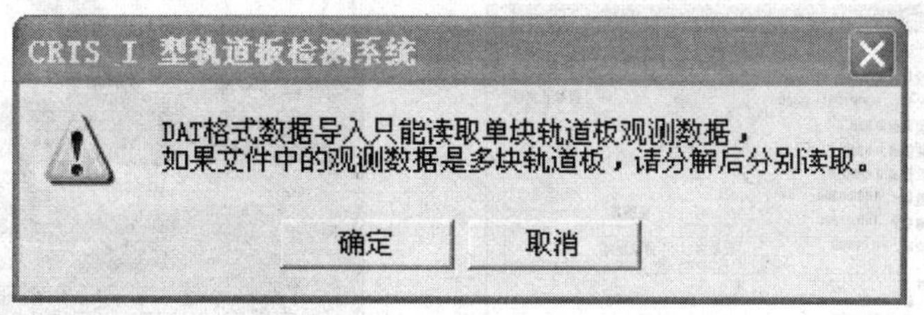

图 7-13　数据导入提示

此时弹出一个对话框，如图 7-14 所示。在文件名一栏中输入要打开的文件名，然后点击“打开”按钮即可。

此时弹出一个名叫“新建轨道板”的对话框，见图 7-15，在这里可以设置检测的基本方式。说明书将在下一节“轨道板测量”中给出。

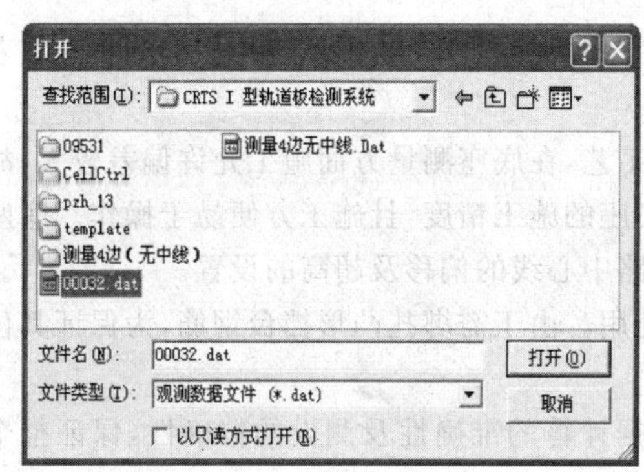

图 7-14　数据的打开

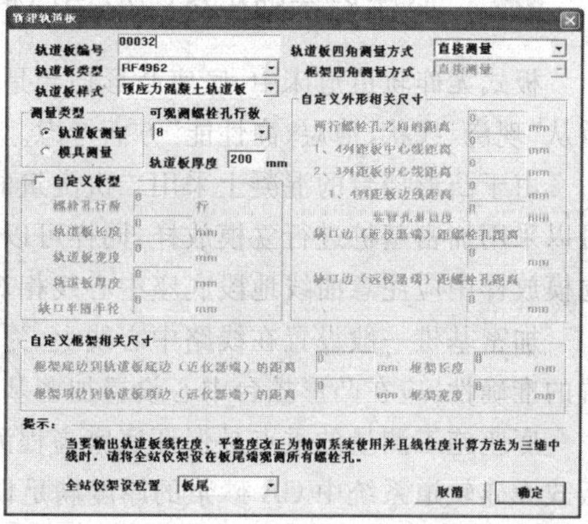

图 7-15　新建轨道板

设置完成新建轨道板设置，即可根据导入的测量观测数据进行偏差计算，见图 7-16、图7-17。

2)边测边算

采用软件直接控制全站仪(遥控或线控)，软件依据规则自动跟踪螺栓孔检测棱镜，当测量完毕后，软件可立刻计算偏差值，判定轨道板是否合格，图 7-18、图 7-19。

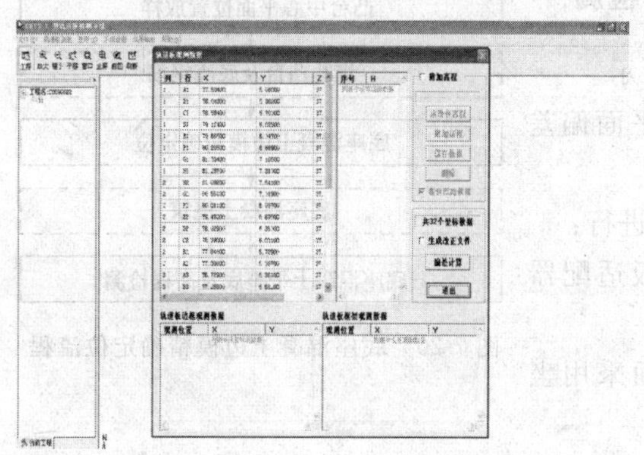

图 7-16　导入数据计算偏差

图 7-17　全站仪检测现场操作图

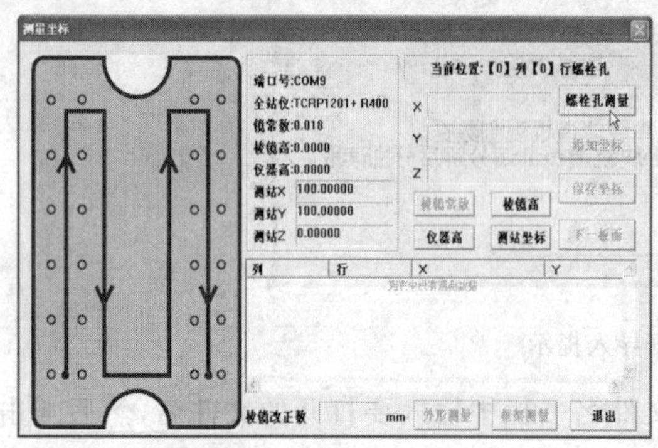

图 7-18　连接全站仪检测轨道板

图 7-19　遥控检测现场操作图

7.4 底座边模确定及凸形挡台精确定位

板式无砟轨道道床中，底座凸形挡台是唯一的现浇混凝土结构，因此该结构的施工方案着重从“现浇、线状、薄层、高性能”方面考虑。

由于凸形挡台的混凝土采用二次浇筑的施工工艺，在底座测量方面施工允许偏差较大，故可以采用加密基桩进行立模放样，同样可以保证底座的施工精度，且施工方便易于操作。底座立模放样中应注意曲线地段底座中心线相对于线路中心线的偏移及超高的设置。

加密基桩一般设置在线路中心线上，为一次使用。由于需绑扎凸形挡台钢筋，为保证其位置的准确性，应在凸形挡台中心设置加密基桩。

底座施工测量的重点是保证底座高程测量数据计算的准确性及测设的精确性，保证整个板式无砟轨道系统中 CA 砂浆的厚度满足设计要求。

凸形挡台施工前应复核底座高程，保证 CA 砂浆厚度，并利用 CP III 进行凸形挡台的立模放样，且应按加密基桩要求直接采用极坐标法测设凸形挡台的中心和高程。

凸形挡台施工完成后，直接在凸形挡台上测设加密基桩。加密基桩应位于轨道板的铺设中心线上（沿线路方向可适当移动，但不应超过 5mm），直线地段与线路中心线重合，曲线地段应注意线路的偏移量。

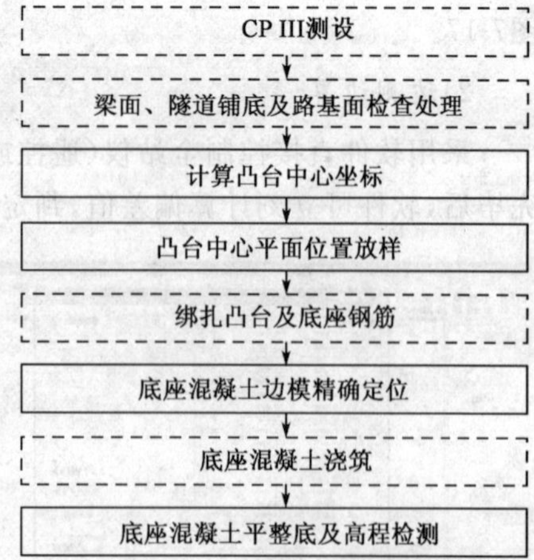

图 7-20　底座混凝土边模精确定位流程

7.4.1 底座混凝土边模精确定位及外形检测

底座混凝土边模精确定位流程如图 7-20 所示。

凸台中心点平面放样坐标可由计算得到，平面偏差不应大于±5mm。

底座混凝土边模精确定位可采用以下方法进行：

（1）利用 CP III 控制点、底座混凝土钢模板适配器和棱镜进行立模放样，作业流程如图7-21示。

（2）利用 CP III 控制点进行立模放样，平面采用坐标法，高程采用水准测量法，作业流程如图 7-22。

钢模板适配器法立模放样的主要设备见表 7-2；平面坐标和水准高程法立模放样的主要设备见表 7-3。

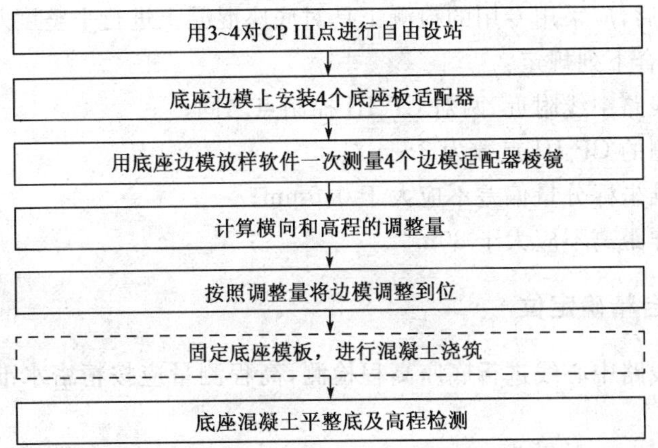

图 7-21　采用底座混凝土钢模板适配器进行立模放样的作业流程图

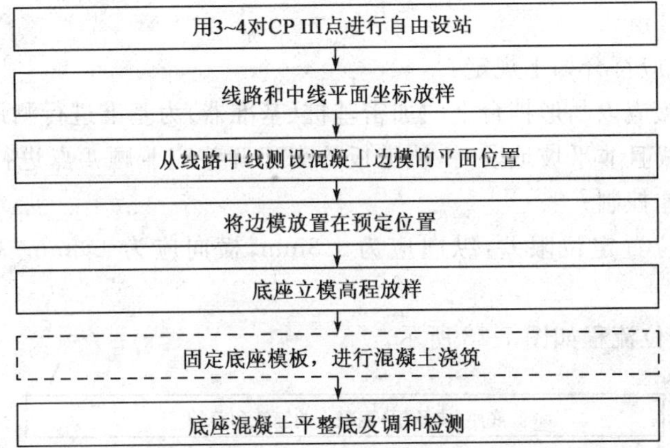

图 7-22　采用平面坐标和水准高程立模放样的作业流程图

钢模板适配器法立模放样的主要设备表　　表 7-2

序　号	设　备	数　量	用　途
1	边模适配器	4个	与边模定位板相互连接,放置底座边模放样的棱镜
2	棱镜	4只	置于边模板适配器上,用于放样点坐标测设
3	全站仪	1台	用于测量边模板的横向位置和高程
4	无线信息显示器	4台	显示各个调整工位的横向和高程调整量
5	气象量测仪器	1套	用于测距时温度、气压改正
6	CP III 目标棱镜	8个	全站仪自由设站边角交会的目标
7	底座混凝土找平尺	1把	用于浇筑后底座混凝土断面的检测
8	混凝土底座边模精调软件	1套	能够实时计算出混凝土底座边模的横向和高程的调整量

平面坐标和水准高程法立模放样的主要设备表　　表 7-3

序　号	设　备	数　量	用　途
1	棱镜三角座	1个	用于放样中线点坐标测设棱镜
2	全站仪	1台	测设线路中桩点平面坐标
3	电子水准仪和条码铟瓦水准尺	1套	测量边模高程
4	CP III 目标棱镜	8个	全站仪自由设站边角交会的目标
5	底座混凝土找平尺	1把	用于浇筑后底座混凝土断面的检测

底座混凝土浇筑后，应采用专用的检测工具对底座混凝土进行平整度及高程检测。

全站仪设站应符合下列规定：

(1)测站宜设在线路中线附近、两对 CP III 控制点之间；

(2)每一测站观测的 CP III 点数为 3～4 对；

(3)设站点的三维坐标分量偏差不应大于 0.5mm；

(4)每次设站放样距离不应大于 80m。

7.4.2 凸形挡台精确定位

(1)施工前应沿线路中心线进行底座高程检测，高程测量应按精密水准要求往返观测，闭合于 CP III 控制点；

(2)凸形挡台立模放样和加密基桩(基准器)测设应利用 CP III 控制点进行；

(3)凸形挡台模板平面位置定位限差：相邻挡台中心间距应为±3mm，横向应为±2mm；高程定位限差应为±2mm。

轨道板定位测量应符合如下规定：

(1)轨道板的位置应以凸形挡台上的加密基桩(基准器)为基准进行测设；

(2)线路位于曲线且非平坡地段时，轨道板的高程调整应兼顾 4 点进行，最高点按负偏差控制，最低点按正偏差控制；

(3)轨道板平面位置定位限差：纵向应为±3mm，横向应为±2mm；高程定位限差应为±1mm。

凸形挡台精确定位流程如图 7-23 所示。

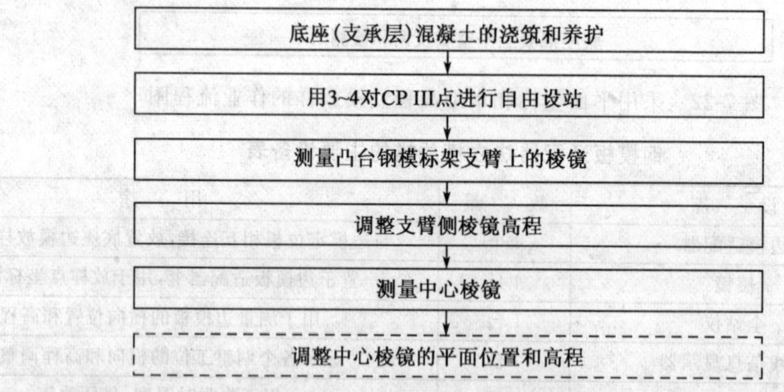

图 7-23 凸形挡台精确定位流程图

凸形挡台钢模板精确定位的主要设备见表 7-4。

凸形挡台钢模板精确定位的主要设备 表 7-4

序号	设备	数量	用途
1	凸形挡台钢模标架	1个	与凸台钢模适配的测量标架
2	棱镜	2只	放置在凸台钢模标架上，测量凸台中心和边缘位置
3	全站仪	1台	用于凸台平面位置、高程和水平(超高)坐标测设
4	CP III 目标棱镜	8个	全站仪自由设站边角交会的目标
5	凸台钢模精调软件	1套	进行凸台平面位置、高程和水平(超高)放样

凸形挡台钢模板精确定位应遵循以下步骤：

(1)全站仪在线路一侧设站，安放凸形挡台钢模标架和棱镜；

(2)测量钢模标架支臂上的棱镜获取凸台超高调整量，调整凸台钢模；

(3)测量标架中心棱镜，获取凸台中心的平面和高程调整量，调整凸台钢模；

(4)重复(2)、(3)步骤直至凸台钢模允许偏差符合要求。

7.5 CRTS Ⅰ型轨道板精调

根据已有的无砟轨道施工经验，我国已经摸索出一套完整的高速铁路施工控制网建立与测设的方法，无论理论还是实践都已经走向成熟。

日本已建和在建的 CRTS Ⅰ型板式无砟轨道，采用基准器和三角规进行Ⅰ型轨道板的精调工作，调板精度无法量化，没有最终的测量结果数据，无法进行数据追溯，不能落实质量责任到具体人员和工序，调板的精度较低，直接影响到钢轨铺设的精度及调板与调板后期的工作量。

我国从 2008 年开始研究以 CP Ⅲ 为定向基准的轨道板精调方案，并进行了一些实验分析。实验结果显示，该方案受 CP Ⅲ 的测量精度制约较大，而且全站仪在 CP Ⅲ 自由设站换站时，站与站之间的误差较人，导致铺设的轨道板的短波平顺性很难达到高合格率。

而利用 GRP 进行强制对中设站方案是参考了博格板的测量调板方案，根据在京津城际博格板精调的实践，改进其测量硬件和软件，从而适应Ⅰ型板的测量。此方案利用全站仪在 GRP 点(由 CP Ⅲ 网加密获得)上进行强制对中设站，测量安置在精调标架上的棱镜，然后通过软件计算偏差值，对轨道板进行调整，直至合格。图 7-24 为轨道板精调系统配置和作业顺序示意图。

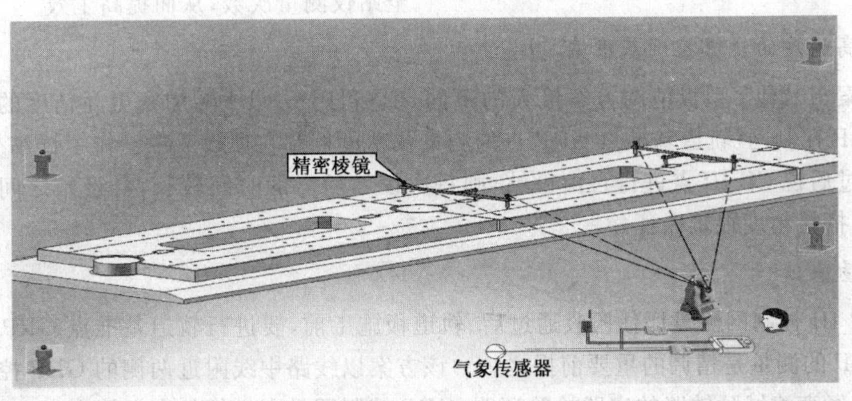

图 7-24　轨道板精调示意图

7.5.1　方案实施的重要前提

1)高精度轨道板的制造

该方案实施的重要前提是精度。利用轨道板厂的专用检测设备和软件，对每一套轨道板模具和每一块轨道板进行精度检测，计算轨道板每个螺栓孔位置相对于板中心线的线性度和平整度偏差，确保轨道板螺栓孔线性精度和平整度均≤0.5mm。图 7-25 为轨道板检测软件及现场示意图。

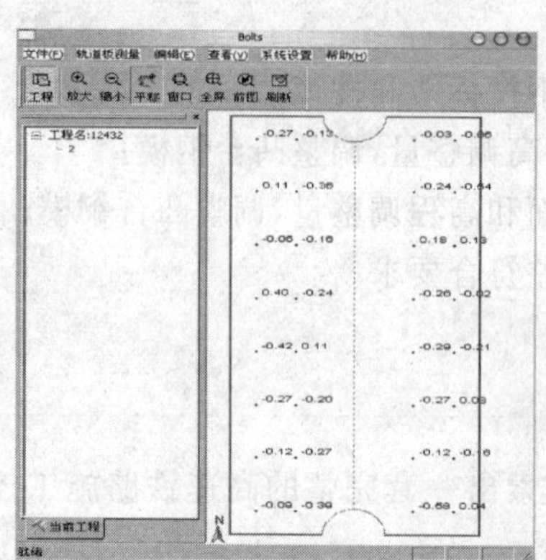

图 7-25　轨道板检测软件及现场

2)高精度螺栓孔标架的制造

螺栓孔精调标架是采用螺栓孔作为定位基准的一种标架,标架上安置了两个测量棱镜和一个倾角传感器。考虑到螺栓孔在制作过程中和 CRTS I 型板的平面位置高度可能不一,在设计螺栓孔插入结构时,做成环形接触,确保高程控制以轨道板的钢轨扣件底面为基准。图 7-26 为螺栓孔标架结构示意图。

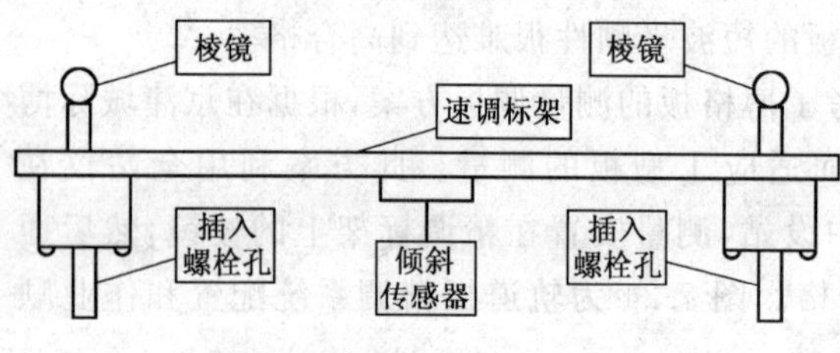

图 7-26　螺栓孔标架

该方案利用轨道板上的螺栓孔固定精调标架,高程控制以轨道板的钢轨扣件底面为基准。精调标架上安置倾斜传感器,以减少全站仪测量次数,从而提高工效。

3)更高精度的轨道控制基准网

该方案与其他 I 型板精调方案最大的不同点是利用 CP III 网加密更高精度的轨道基准网——GRP 控制网(轨道基准点 GRP 点的测量及精度控制在项目 5 中已作了详细介绍)。若全站仪通过后视 CP III 点进行自由设站,则每次设站所需的时间较长,且设站之间的精度误差也较大,搭接精度很难保证。

4)测量基础

在 CP III 控制网测量评估验收通过后、轨道板施工前,要进行轨道基准点 GRP 点的测量工作。GRP 的测量是精调的重要前提之一。该方案以线路中线附近两侧的 GRP 控制网作为测量基础,经京津城际铁路的实践检验证明,GRP 控制网具有良好的点间精度。

在 CP III 控制网内相邻两个 CP III 点的精度可达到平面 1mm、高程 0.5mm。在此精度的 CP III 控制网前提下进行 GRP 点的测量工作,能够确保相邻两个 GRP 点精度达到水平 0.2mm,高程 0.1mm,相比传统的导线网有着不可比拟的优势。

7.5.2　精调设备

仍以南方高铁为例,根据铁道部对高速铁路技术引进、消化、再创新的精神,并结合日本新干线的测量调板方案,南方高铁提出了螺栓孔精调标架法进行 CRTS I 型轨道板的精调工作,并在沪宁城际铁路工程中进行了实践,取得了良好的效果。

CRTS I 型轨道板的精调是利用轨道基准点 GRP 点进行轨道板的精调。CRTS I 型轨道板的精调工作是整个线上工程的核心任务，也是必不可少的步骤。

利用GRP点进行轨道板精调工作所需要的设备包括：高精度测量仪器、专业的精调软件以及专用附件。具体配置如下：

1）工控机/军用笔记本电脑

采用坚固的专用工控机或用坚固性的笔记本电脑作为外业控制器，如图7-27所示。

a)工控机

b)松下军用笔记本电脑

图7-27　工控机和军用笔记本

2）数传电台

主要用于全站仪数据与工控机的数据交换。

3）显示器

显示器共有6个，通过显示分频器和主机连接，显示器被放置在测量标架对应的棱镜处，提供实时的偏差数据，方便调节CRTS Ⅰ型轨道板的调板工作，如图7-28所示。

4）倾斜传感器

倾斜传感器用于快速获得一个定态下的倾斜角度，安装在标架上可以快速获得同一标架另一端棱镜的偏差数据。3个传感器分别安装在标架Ⅰ，标架Ⅱ，标架Ⅲ的底部（参考图7-24），通过电台和工控机通信。倾斜传感器式样如图7-29所示。

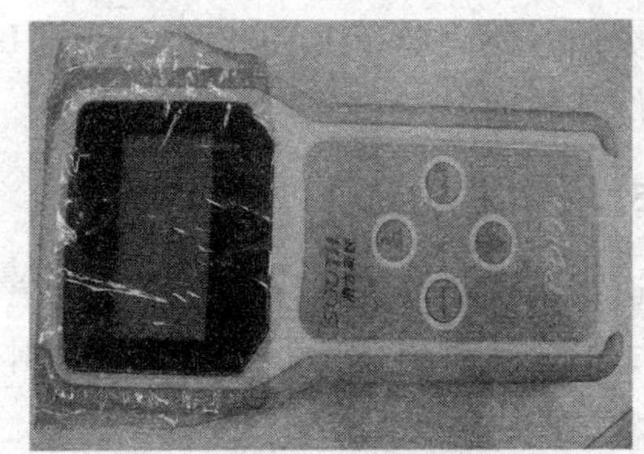

图7-28　显示器

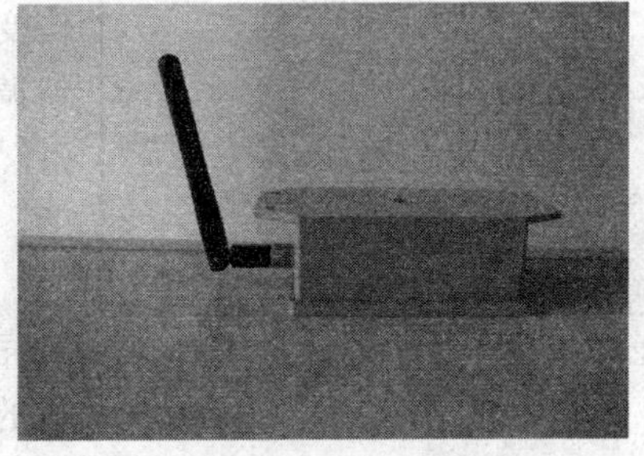

图7-29　倾斜传感器

5）测量标架部分

测量标架是本轨道板精调系统的重要组成部分。一套工作标架总共4副。螺栓孔标架如图7-30所示。

图7-30　螺栓孔标架

项目7　CRTS Ⅰ型轨道板测量

6)全站仪

全站仪是数据测量的主要实施者，为了确保 CRTS Ⅰ型板的调板精度，要求全站仪达到以下精度。

测角：1″

测距：$1mm+2\times10^{-6}D$

因此，推荐选择以下几种型号的全站仪：徕卡 TCA2003、TCA1800、TCRP1201 索佳 NET05、NET1、天宝 S8。几款全站仪外形见图 7-31。

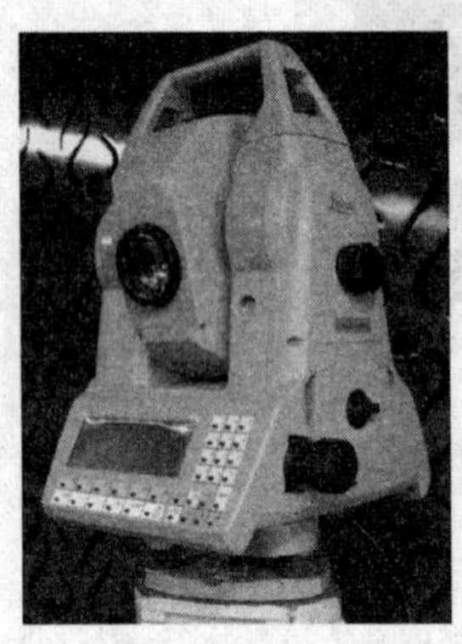
徕卡TCA2003

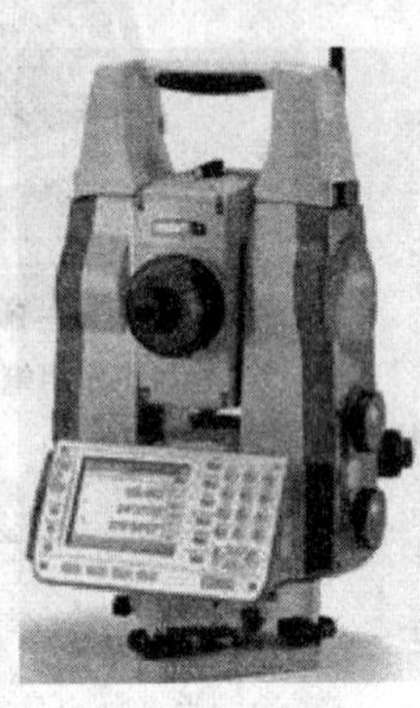
索佳NET2005

徕卡1201

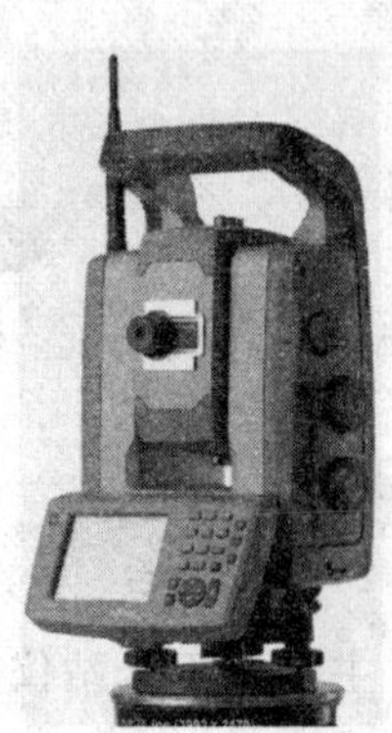
天宝S8

图 7-31　可选用的全站仪

图 7-32　CRTS Ⅰ型轨道板精调软件

7)精调软件

该系统的主要优点为：铺设软件采用 Windows 操作系统，全中文界面，改变了以往采用 DOS 操作系统开发的英文界面带来的操作不方便，使软件操作变得更加方便简单。图 7-32 为 CRTS Ⅰ型轨道板精调软件某界面。

7.5.3　精调方法

轨道板精调工作是在 GRP 精密轨道控制网测量完成、轨道粗铺到位、轨道板精调数据完成后进行的。

CRTS Ⅰ型板式无砟轨道施工精调作业流程如图 7-33 所示。注意：图中实框为精调作业工序，虚框为其他施工工序。由此作业流程可以充分看出两点：一是精度指标必须保证；二是轨道板精调是诸工序联合作业，相互影响。

作业前输入线路数据文件，检查标架、棱镜、传感器。将军用笔记本与超级蓝牙通信等连接，测量标架按规定摆放，并按规定摆放显示器，确定轨道板铺设方向和增量，检查棱镜设置(棱镜高、间距、偏差值)，检校测量标架(标准标架需要掉头)。

1)精调工作注意事项

精调工作必须在定向完成后进行。一般来说，精调速度快慢与轨道板粗放工作是否到位及调板工人的熟练程度有很大关系。两相邻板之间搭接数据需要严格平差，全站仪设站误差必须满足规范要求，精调标架的校核必须精确到位，相邻两站设站误差要平差计算，确保线路的整体平顺性。精调作业后的轨道板应禁止扰动踩踏。

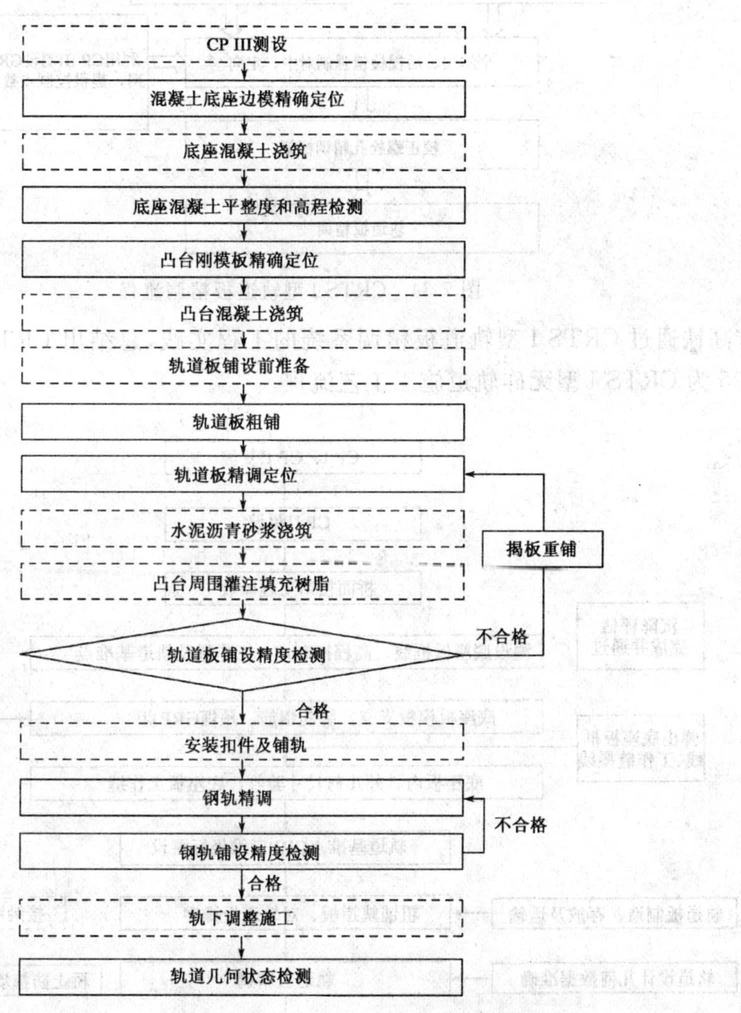

图 7-33　CRTS Ⅰ型板式无砟轨道施工精调作业流程

2)精调流程

精调实施是在线路两侧 GRP 控制点基础上进行的。

在每块轨道板上选择 2 号、7 号两对扣件 4 个螺栓孔上安放 2 个测量标架和 4 个棱镜。全站仪在 GRP 控制网内设站和定向，计算出测站点的理论三维坐标值和所在的里程；当全站仪测量放置在 CRTS Ⅰ型板上螺栓孔精调标架上的棱镜后，可以测量出该棱镜所处位置的实测三维坐标，根据坐标可以确定它在线路中的里程，经过软件的里程推算，得出该处的理论三维坐标，软件计算实测和理论坐标的偏差，并考虑轨道板自身的制作误差，将偏差值显示在显示器上，根据偏差对 CRTS Ⅰ型板进行调整。为了保证测量精度，该方案中左右线应分开进行调整。

根据实际环境来选择，每次设站可调整 1～3 块板。全站仪搬站必须搭接一块板以消除错台误差。调板机具上的操作人员，可以通过显示器，看到待调的轨道板的偏差，进而进行调整。直到轨道板达到：板内 4 承轨点平面及高程误差≤0.4mm，板与板间相邻承轨点平面及高程误差≤0.5mm。具体流程见图 7-34。

系统连接，软件系统参数配置
轨道板精调软件输入线路设计参数
全站仪、后视棱镜强制对中、定向
利用CP III测设GRP网，提供控制点数据
校正螺栓孔精调标架
轨道板精调

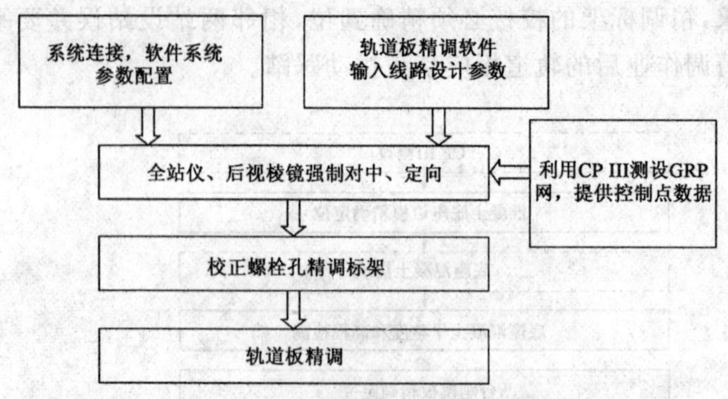

图 7-34　CRTS I 型轨道板精调流程

南方高铁通过 CRTS I 型轨道板精调系统的工程实践，总结出 CRTS I 型轨道板精调过程，图 7-35 为 CRTS I 型无砟轨道施工工艺流程。

CP I、CP II复测
CP II测设
桥面接口工程验收
调查梁长、梁缝，逐孔确定布板方案
沉降评估完成并通过
测设底座板框线、高程控制点、工作缝及轨道基准点
底座板模板支立、绑扎钢筋、预埋GRP点
桥梁伸缩缝预埋件设置
弹出底座板框线、工作缝墨线
底座板内、外几何尺寸验收，底座板工作缝
轨道基准点GRP三维坐标测设
轨道板制造、存放及运输
粗铺轨道板、对轨道板排序
接触网立柱安装
轨道设计几何数据准确
轨道板精调
桥上防撞墙及电缆槽安装
轨道板下铺设CA砂浆浇筑
CA砂浆拟灌注段轨道板精调成果线形
轨道板下CA砂浆浇筑、灌注袋封口
凸形挡台立模、混凝土浇筑
树脂砂浆制备
凸形挡台树脂灌注施工
轨道测量仪
补安装WJ—7B型扣件
接触网挂线施工
铺设钢轨及焊连锁定
轨道几何状态调整(紧跟铺轨后，与焊连锁定基本同步完成)
全线联调联试

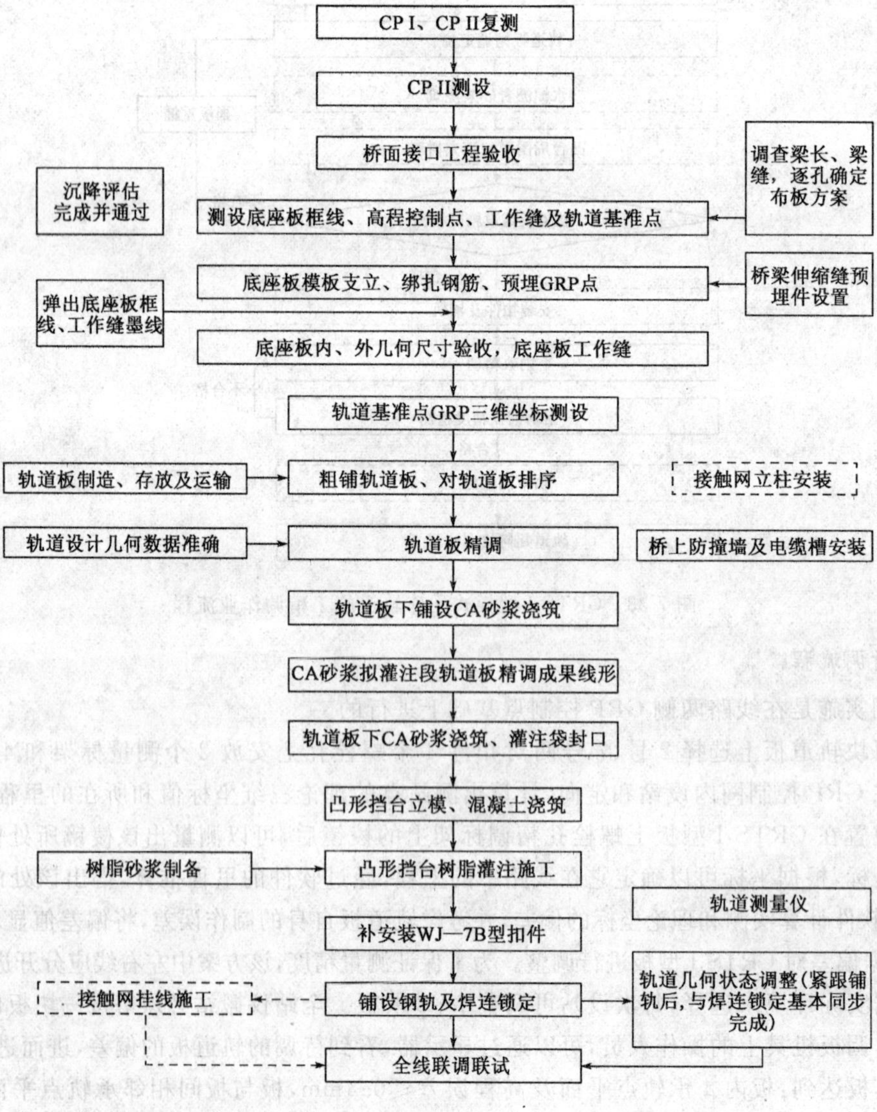

图 7-35　CRTS I 型无砟轨道施工工艺流程

思考题

1. CRTSI 型无砟轨道的结构形式及组成是什么？

2. CRTSI 型无砟轨道精调的基本原理是什么？

3. 何谓施工工艺流程？施工中为何要严格执行施工工艺流程？

项目 8　CRTS II 型轨道板测量

8.1　概述

CRTS II 型板式无砟轨道是通过水泥乳化沥青砂浆调整层，将预制轨道板铺设在现场摊铺的混凝土支承层或现场浇筑具有滑动层的钢筋混凝土底座上，并适应 ZPW-2000 轨道电路要求的纵联板式无砟轨道结构形式。

CRTS II 型板式无砟轨道采用 CRTS II 型轨道板，配有单向（横向）预应力钢筋和纵向精轧螺纹钢筋，铺设在线路上，板与板之间通过精轧螺纹钢筋并浇筑混凝土实现沿线路方向的纵向连接，故又称为纵连板。板式无砟轨道在轨道板和混凝土基础层之间采用水泥乳化沥青砂浆填充。

博格板式无砟轨道系统是我国引进的第一条无砟轨道结构形式，经过消化、吸收、再创新，形成中国特色的板式轨道，成为 CRTS II 型板式无砟轨道技术，已应用于京津城际轨道和京沪高速铁路等工程中。图 8-1 为 CRTS II 型轨道板（有挡肩）结构示意图，图 8-2 为铺设成型的京津城际铁路轨道板局部图。

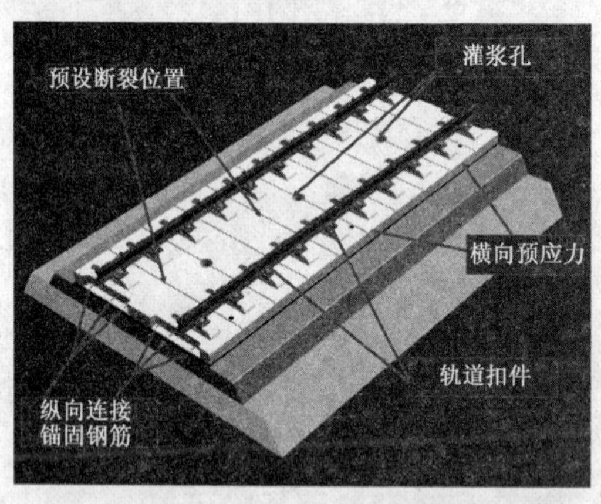

图 8-1　CRTS II 型轨道板（有挡肩）结构示意图

图 8-2　铺设好的京津城际铁路轨道板式

图 8-3　铺设中的武广客运专线无砟板式轨道

武广客运专线无砟板式轨道（图 8-3）部分路段采用 CRTS II 型轨道板（无挡肩）。其与京津城际轨道交通工程所用轨道板的主要区别在于：

（1）轨道板配套采用无挡肩弹性分开式扣件，取消打磨、布板等复杂工艺，提高了轨道板制作工效，降低了制造成本。

（2）实现了轨道板的通用性，轨道板备料及更换相对简便。

（3）采用弹性分开式扣件，实现了轨距和高低的无极调整，解决了钢轨、扣件组装误差问题，且扣件备品备件少、养护维修方便。

(4)采用符合我国标准的普通水泥和普通钢筋，在保证制造工艺要求和结构耐久性的同时，最大限度地降低了工程造价。

(5)绝大部分钢筋采用环氧树脂涂层进行绝缘处理，简化施工工艺，减少对钢筋混凝土结构耐久性的影响。

CRTS Ⅱ型板式无砟轨道主要由钢轨、扣件系统、轨道板、水泥沥青砂浆层、混凝土支承层或钢筋混凝土底座、侧向挡块、滑动层(或隔离层)(桥上)等部分组成。在路基、隧道基础上的CRTSⅡ型板式无砟轨道的结构组成完全相同。路基地段轨道板连续铺设于混凝土支承层上，隧道内轨道板铺设于混凝土支承层上或隧底仰拱回填层上，轨道板间通过纵向预留钢筋和连接器进行纵向连接。

轨道板分标准板和异形板两种。标准版长 6.45m，宽 2.55m，厚 0.2m，为预应力混凝土结构。标准版纵向分 20 个承轨台，如图 8-1 所示，承轨台设计适应于有挡肩扣件(VOSSLOH 扣件)或无挡肩扣件，经过打磨后确定了其在线路上唯一位置属性，所以每一块板都有各自的顺序编号。异形板包括补偿板、特殊板、小曲线半径板，均是在标准板基础上发展变化而来，与标准版有着类似的结构特点，分别用于补偿调整线路长度、道岔前后过渡、曲线半径小于 1500m 地段。需要说明的是道岔板是单独为道岔区设计的。

8.2 CRTS Ⅱ型轨道板结构形式及结构特点

CRTS Ⅱ型板式无砟轨道可应用于路基、隧道及桥梁。如应用在路基上，应先铺设一层防冻层，以防止由冻胀引起的路基隆起。防冻层由级配碎石组成，具有防止毛细作用发生的功能。

系统各支承层的刚度自上而下递减。水硬性材料支承层(HGT)(低等级素混凝土，一般C15)同时也是预制轨道板的支撑面，应有较高的施工精度。在隧道、明洞里，用底板混凝土代替 HGT 层。在长桥上，则采用 C35 或 C45 钢筋混凝土。

预制轨道板在预制台座上生产，生产时对承轨台预留加工余量，待混凝土收缩徐变完成后对承轨台进行磨削加工，这样可达到极高的精度，大大减少了工地测量工作，也不必在钢轨下用不同厚度的垫片调整高度。另外，施工中板的安装也不需要过渡轨。

8.2.1 基本结构

CRTS Ⅱ型轨道板包括标准板、特殊板和补偿板。标准板长 6450mm、宽 2550mm、厚度 200mm，单元间沿线路方向间距 650mm；混凝土的设计强度为 C55，每块板混凝土用量 3.45m^3，板重约 8.6t，拌和物坍落度为 130～160mm，要求在不超过 50℃ 干热养护条件下 16h 以内达到 48MPa 的放张脱模强度，同时弹性模量要达到设计要求，抗冻性能满足 D300，电通量小于 1000C 及总碱含量等均要满足要求。特殊板和补偿板依据具体设计确定。

根据采用钢轨扣件的不同，CRTS Ⅱ型轨道板可分为有挡肩和无挡肩的轨道板。无挡肩轨道板内预埋有塑料套管，用来安装 10 对即 20 个钢轨扣件；有挡肩轨道板需在预制板上制作挡肩和承轨槽，供安装钢轨扣件(图 8-4)。

轨道板横向配置 60 根直径 10mm 预应力钢筋，纵向配置 6 根 20mm 精轧螺纹钢筋。为轨道板的纵向连接，在纵、横向钢筋的上、下层分别配置一层钢筋网片，钢筋网片由直径 8～

图 8-4 在室内生产出来的 CRTS II 型轨道板(有挡肩)图

16mm 等钢筋组成，上、下层钢筋网片分别在专用胎具上编制，纵、横向钢筋按设计要求进行绝缘处理，包括采用绝缘涂层钢筋。每组承轨台之间设有一道控制开裂的 V 形槽。

8.2.2 生产工艺

CRTS II 型轨道板在生产厂房内集中预制，实行工厂化管理。轨道板厂设计生产能力根据工程量和施工工期确定。半成品轨道板厂房设 3 条先张法长线台座生产线，每条生产线作业周期为 24h(其中养护时间约 16h)，采用三班作业制，每天生产半成品轨道板 8l 块。成品轨道板厂房内设一条磨削生产线，每天磨削成品轨道板约 81 块。

CRTS II 型轨道板生产工艺说明如下：

(1)钢筋骨架按要求长度下料后，在专用绑扎台上采用绝缘布、伸缩软管和环氧涂层等多种形式进行安装绑扎，相互之间要保证绝缘。

(2)预应力钢筋为 10×6ϕ10 的高强螺纹肋钢筋(f_{ptk}=1570MPa)。总张拉值 4437kN，即 $\sigma_{con}=0.6f_{ptk}$。采用两端整体(60 根钢筋同时)张拉，台座两端各有两对大行程千斤顶，预施预应力值采用双控，以测力传感器测出的张拉力为主，位移传感器测出的预应力筋伸长值作为校核。

(3)轨道板模型配件包括模型间钢隔板、尼龙套管、轨道板端头连接槽芯模(尼龙塑料)、轨道板堆码垫板(镀锌钢板)及接地件等。

(4)预应力筋每根采用夹具锚固，并锚定在整体张拉端梁上，油缸顶出时促使端梁移动，张拉钢筋。

(5)混凝土设计强度 C55，坍落度 130～160mm，混凝土泵车随台座轨道移动，依次对每块轨道板进行浇注。每个模型底部安装有两排共 8 台振动器，边浇注边对混凝土进行振动密实，振动时间 70s，由于坍落度大，振实比较容易。

(6)混凝土浇注振实完毕后，再对混凝土表面(轨道板底面)进行刮平、刷毛。

(7)混凝土放张强度要求达到 48MPa。根据生产需要，要求浇筑后 16h 内达到 48MPa。可自然养护(夏季)，也可干热养护。可采用超细水泥或掺加复合掺和料，也可采用模底安装暖气管干热养护，以加速混凝土凝固，尽快达到放张时间。热养护期间，板体混凝土芯部最高温度一般控制不超过 55℃。

(8)采用千斤顶放张，放张后用锯切小车将轨道板间预应力钢筋锯断。脱模是采用真空吸盘机将制品从模型内取出，先放在车间内生产线一侧的毛坯板存放台上，经 24h 后，再用运输车将制品运入毛坯板存放场，存放时间不小于 28d。

(9)打磨前应用翻转机(液压作用)将制品由底面朝上变为顶面朝上，并锯切露出的预应力钢筋头。打磨间内有专用的数控磨床将轨道板的 10 对共 20 个承轨槽进行打磨，使其承轨槽尺寸偏差在＋3、－2mm 内范围并满足铺板要求。

(10)打磨好的轨道板将 20 套扣件预安装在 20 个承机槽内，组装完毕后的成品运入成品板存放场进行堆放，随时准备装车外运。

(11)模型清理采用人工与大力吸尘机相结合。大力吸尘机及配套的抽气泵和收尘器等均放在移动的多功能车上。

(12)轨道板出厂前检验包括型式检验和出厂检验，应按技术条件规定，抽取一定数量产品或制作相应试件，对轨道板外形尺寸和外观质量、混凝土抗压强度和混凝土弹性模量、混凝土抗冻性、混凝土电通量、预埋套管抗拔力、轨道板绝缘和接地性能及轨道板力学性能(静载试验和疲劳试验)等进行相应项目的试验。

8.2.3 质量控制要点

根据技术转让资料及工程实践，轨道板生产的质量控制重点如下：

(1)混凝土入模时，模板的温度应在10～30℃。

(2)在浇筑混凝土之前，对于CRTS II型轨道板(有挡肩)钢筋网的绝缘性能必须满足绝缘阻值不小于2MΩ的要求。

(3)在浇筑混凝土之前，对于CRTS II型轨道板(无挡肩)钢筋网的绝缘性能必须满足绝缘阻值不小于$10^{10}\Omega$的要求。

(4)预应力筋的整体张拉力与设计张拉力、实际伸长值与设计伸长值的偏差都不得大于±5%。张拉时同端千斤顶活塞伸长值偏差不允许超过2mm，异端千斤顶活塞伸长值偏差不允许超过4mm。单根预应力钢筋的张拉力与设计值偏差不得大于±15%。

(5)无论何种气候条件，混凝土的入模温度应控制在5～30℃之间。

(6)当轨道板混凝土强度符合设计放张强度≥48MPa的要求时，预应力混凝土轨道板允许放张。

8.2.4 CRTS II型板式轨道的特点

(1)质量好。优质的预制构件。

(2)精度高。磨削工序由计算机控制。

(3)安装快。预制构件不需要很长的凝结硬化时间；砂浆垫层在浇筑5～6h后即硬化，可快速安装轨道；可施工性高，铺设安装快。

(4)可修复性。竣工后的小变形通过轨道扣件调整，较大的变形还可通过调整预制板的高程，加高或减低CA砂浆的厚度来重新恢复轨道结构的平顺。

(5)可靠性高。纵向连接抗移动阻力很大；车辆行驶舒适度高，且可长期保持。

(6)从投资和寿命周期综合考虑，经济性好。运营额外费用低、交通系统的磨损减少、乘客满意等因素会带来更高的经济效益。但板的加工精度也使造价有所提高。

(7)CRTS II型轨道板在长桥(25m以上)、路隧过渡段、路桥过渡段、桥隧过渡段、临近道岔等处需特殊尺寸(最小0.6m，最大6.5m)的轨道板，不如现场浇筑类灵活。

8.3 CRTS II型轨道板检测

用于CRTS II型无砟轨道系统的轨道板称为CRTS II型轨道板。轨道板生产(预制及打磨)、精确测量和沥青水泥砂浆的搅拌和浇筑是CRTS II型板系统的三大核心技术。

通过消化、吸收博格公司转让技术，对II型板的制造工艺进行了系统的试验和研究，通过试制试验板、小批量试生产及大批量正式生产三个阶段的摸索和总结，全面实现了II型板制造工艺的国产化。同时，经过大量的试验、研制、选购等工作和科技攻关活动，基本实现了工装设备的国产化，逐步形成完整的制造工艺及生产组织管理体系。

南方高铁与中国中铁六局合作，在中国中铁六局丰台桥梁工厂平谷轨道板厂的建设过程中，参与了轨道板厂的模具安装与检测，实验板的线性测量与分析，专用设备的研发等工作，并进行了测量技术培训服务等工作。双方合作良好，共同消化吸收了博格技术并很好地应用在京津城际轨道交通工程项目中。

8.3.1 CRTS II 型轨道轨道板尺寸

CRTS II 型轨道板在工厂预制，标准尺寸为 6450mm×2550mm×200mm，为部分预应力混凝土板结构。CRTS II 型板式轨道板的外形见图 8-5。

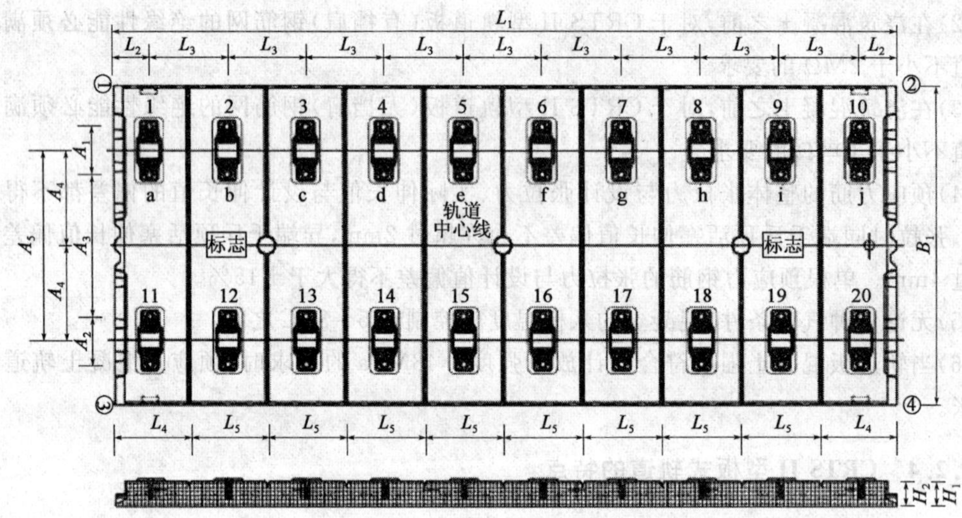

图 8-5 CRTS II 型轨道板外形

8.3.2 CRTS II 型轨道板各项精度指标

CRTS II 型轨道板(有挡肩)外形尺寸偏差应符合《客运专线铁路 CRTS II 型轨道板(有挡肩)暂行技术条件》，CRTSⅡ型轨道板模板应采用具有足够强度、刚度和稳定性的钢模板。模板应能够保证轨道板各部形状、尺寸及预埋件的准确位置。

模板应在每天作业前进行检查，检查内容包括：外观、平整度。定期检查每月一次，内容包括长度、宽度、厚度、承轨槽细部尺寸、平整度及模板间高度偏差等。模板尺寸的允许偏差应符合表 8-1 之规定。

模板尺寸允许偏差　　表 8-1

项目		允许偏差
框架	四边翘曲(mm)	±0.5
	四边旁弯(mm)	±1.0
	整体扭曲(mm)	±1.0
底板	定位孔间距离(mm)	±0.1
	平整度(mm)	±2.0
	承轨槽的平整度(mm)	纵向±0.3，横向±0.15

续上表

项　　目		允许偏差
承轨槽	钳口距离	+0.1/−0.5
	承轨面与钳口面夹角(°)	±0.5
	承轨面坡度	1∶37～1∶43
	套管定位孔距离(mm)	±0.1
组装后一套模板	宽度(mm)	±5.0
	长度(mm)	±5.0
	厚度(mm)	+5.0/0
	预埋套管直线度(mm)	±1.0
	承轨台承轨槽平整度(1列)(mm)	±0.3
	承轨槽直线度(mm)	±0.3
	承轨槽间外钳口距离(mm)	±0.3
	精轧螺纹钢筋定位孔间的距离(mm)	±3.0
组装后　个台座模板	模板之间高程度偏差(mm)	<1.0
	挡板表面到模板底板的垂直距离(mm)	±1.0
	相邻模具之间距离(mm)	±2.0
	张拉中心到模板底板的距离(mm)	±2.0

轨道板外形尺寸偏差检查应满足《客运专线铁路 CRTS II 型轨道板(有挡肩)暂行技术条例》的规定,具体如表 8-2 所示。

轨道板外形尺寸偏差要求　　　　表 8-2

序　号	检验项目		允许偏差
1	长度(mm)		±5.0
2	宽度(mm)		±5.0
3	厚度(mm)		+5.0/0
4	精轧螺纹钢筋外露长度(mm)		±5.0
5	预应力筋位置(mm)		±3.0
6	成品板承轨台	1～20 个承轨台拱高实际高差与标准高差的偏差(10 个承轨台测量基础上,测量长度为 5.85m)(mm)	±1.0
		1～20 个承轨台拱高实际高差与标准高差的偏差(3 个承轨台测量基础上,测量长度为 1.3m)(mm)	±0.5
		单个承轨台钳口间距(mm)	±0.5
		承轨面与钳口面夹角(°)	±1
6	成品板承轨台	轨底坡(°)	±0.1
		承轨台之间钳口间距(mm)	±1.0
7	其他预埋件位置及垂直歪斜(mm)		1.0

CRTS II 型轨道板(无挡肩)外形尺寸偏差应符合《客运专线铁路 CRTS II 型轨道板暂行技术条例》见表 8-3。对模板的要求同有挡肩模板。

模板经检验合格后方可投入使用,且应实行日常检查和定期检查,检查结果应记录在模板检查表中。模板尺寸的允许偏差同样应符合表 8-1 之规定。

轨道板外形尺寸偏差要求

表 8-3

序号	检验项目		允许偏差
1	长度(mm)		±5.0
2	宽度(mm)		±5.0
3	厚度(mm)		±5.0
4	标记线(板中心线、钢轨中心线)位置		±1.0
5	精轧螺纹钢筋外露长度(mm)		±5.0
6	预应力筋位置(mm)		±3.0
7	扣件安装面及预埋套管	平面度(1列)(mm)	±1.0
		直线度(mm)	±1.0
		中心位置距纵向对称面(mm)	±1.0
		保持轨距的两套管中心距(mm)	±1.0
		保持同一铁垫板位置的两相邻套管中心距(mm)	±1.0
		歪斜(距顶面 120mm 处偏离中心线距离)(mm)	2.0
		凸起高度(mm)	0 −0.5
8	其他预埋件位置及垂直歪斜(mm)		1.0
9	板顶面平整度	轨道板四角的承轨面水平(mm)	±1.0
		单侧承轨面中央翘曲量(mm)	≤2.0

8.3.3 检测设备

轨道板厂的模具安装后精度的检测和实验板的线性度测量与分析是轨道板厂测量工作的核心任务,也是必不可少的步骤。

测量所需设备包括:高精度全站仪、专用附件、检测软件等。具体要求如下:

1)高精度全站仪

采用测角精度≤1″,测距精度为≤1mm+2ppm 的高精度全站仪,如徕卡 TCA2003、1201,索佳 NET05 等。高精度全站仪具有自动跟踪,自动照准的功能,在保证精度的前提下,极大的提高测量工作效率。

测量方式可以使用无线遥控单元,或有线连接的方式,直接用软件控制全站仪进行测量、计算。也可先用全站仪测量检测点坐标,导入检测软件计算。

2)高精度水准仪

在轨道板模具和轨道板高程的检测中,采用日本索佳公司的 SDL30M 电子水准仪或瑞士徕卡公司的 DNA03 电子水准仪进行高程数据采集。

上述设备每公里往返测高程精度分别为±0.4mm 和±0.3mm,可以自动采集数据,并能通过软件及时、快速、高效地处理数据,极大地提高工作效率。

3)检测所需专用附件

针对 CRTS II 型轨道板(无挡肩),采用球形棱镜配合专用的螺栓孔插入机构——螺栓孔检测棱镜，可以保证棱镜位于扣件螺栓孔的圆心，并保证测量的高程面是轨道板的平整面，而避开螺栓孔的凸出和凹陷的问题。因此 CRTS II 型轨道板检测所需设备可参照 CRTS I 型轨道板检测设备。

南方高铁与中铁六局在对博格设备引进消化吸收的基础上，开发出针对 CRTS II 型轨道板（有挡肩）检测的设备作为配套附件，实现国产化并参与板厂的测量工作。以下以南方高铁检测设备为例。

(1)带有数字千分表的检具。该检具带有 6 个千分表，作为实验板测量的独立检测手段(图 8-6)。

(2)测量专用基座与小棱镜。该基座和小棱镜与 TCA1800 全站仪配合使用，对实验板的三维信息进行测量，得到实验板的线性数据(图 8-7、图 8-8)。

图 8-6　带千分表的检具

图 8-7　专用基座

图 8-8　南方高铁小棱镜

(3)球形棱镜。球形棱镜可进行模具安装精度检测(图 8-9)。

(4)强磁尺垫。该尺垫与 DNA03 电子水准仪的铟钢条码尺配合使用，消除条码尺摆放误差(图 8-10)。

图 8-9　球形棱镜

图 8-10　强磁尺垫

(5)检测所需软件。软件采用南方高铁轨道板检测系统软件。

8.3.4　模具安装

首先采用徕卡 DNA03 数字水准仪测出张拉台座两端张拉横梁上张拉钢丝中心点的高程，并求出两端的高程平均值，要求张拉池两端张拉横梁的高度应处于同一水平，最大允许相差±1mm，全局布置模板，要求模板 V 形槽口中线与 $\phi 5$ 钢筋张拉槽口中心对齐，其精度要求达到±1mm。用数字水准仪测量承轨台高程在同一水平面上，误差范围±0.3mm。

该安装方法由于采用了电子水准仪来控制高程，因此承轨台的高程线性度能够很好地得到保证。但是螺栓孔的平面线性度不易控制。

8.3.5 检测方法

CRTS Ⅱ型轨道板(有挡肩)实验板的数据采集通常是采用全站仪、专用基座和小棱镜对模具安装后的实验板进行数据采集。使用专用基座配合小棱镜，密贴轨道板最外侧的承轨槽，得到轨道板的承轨槽处点的三维坐标。按顺时针方向测量全部20个承轨槽，得到轨道板的全部平面数据。高程数据的采集，采用电子水准仪和强磁尺垫进行测量。

1)成品板检测

打磨以后的成品轨道板需要再进行测量，测量的目的是检测成品板各个参数，同时也可以检测打磨机是否需要调整。测量的方法和毛坯板的测量方法一样，唯一不一样的就是成品板的检测是在打磨机床上进行的。

2)毛坯板检测

毛坯板预制好以后，需要从27块中拿出2块来进行测量，目的是为了检测模具是否有变形，是否需要调整(图8-11)。

(1)钢模检测。包括钢模支座点高程检测(钢模调平合力点)、张拉钳口高程检测；螺栓桩线性、轨底坡倾斜角度及共面性检测。

(2)板检测。包括毛坯板检测(大钳口间距、小钳口间距、轨底坡倾斜角度、同轨枕轨坡度扭曲)；成品板检测(检测项目同毛坯板)。

对于CRTS Ⅱ型轨道板(无挡肩)，设计的快速有效检测办法是：采用高精度全站仪，测量放置在轨道板上的4列螺栓孔上的专用棱镜，得其三维坐标，见图8-12，利用软件分析轨道板的线性度与平整度，来检测轨道板的线性度和平整度是否合格。同时采用高精度加工的工装对轨道板的半圆形缺口直径、轨道板的长和宽进行测量。

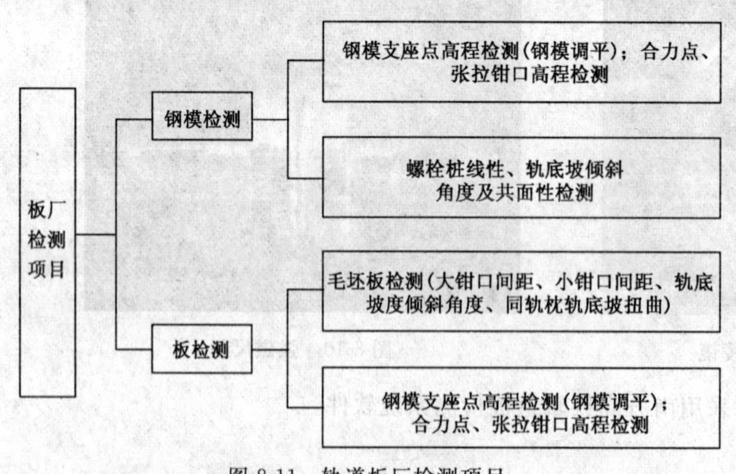

图8-11 轨道板厂检测项目

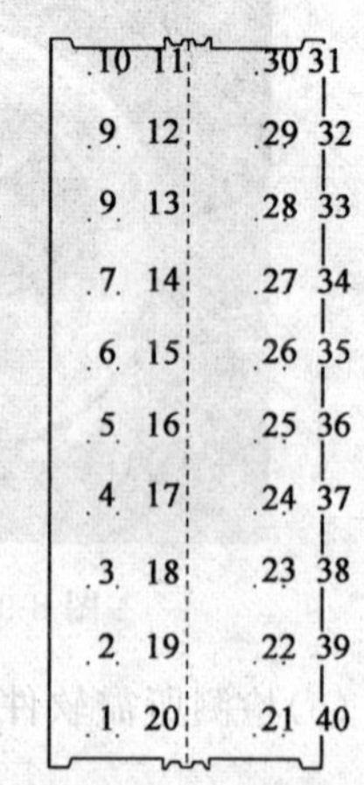

图8-12 螺栓孔观测顺序

3)CRTS Ⅱ型轨道板检测内容

(1)模具的总体框架；

(2)承轨槽的平整度；

(3)螺栓孔的线性度；

(4)螺栓孔之间的距离；

(5)承轨面的倾斜度；

(6)承轨斜面的坡度；

(7)承轨面的平整度；

(8)大钳口和小钳口之间的距离。

4)轨道板检测测量方法

根据铁道部科学技术司《客运专线铁路 CRTS II 型轨道板(有挡肩)暂行技术条例》的规定。使用上述检测设备，对现场的 CRTS II 型轨道板模具进行数据采集。

(1)数据采集主要包括：

①CRTS II 型轨道板螺栓孔 40 个；

②承轨槽斜面上 80 个点(按顺序采集每个槽 8 个点坐标，软件自动抽取螺栓孔坐标计算)；

③边框 12 点；

④钢筋定位孔 12 个。

(2)全站仪自由设站下进行数据采集，对采集的数据进行以下分析：

①CRTS II 型轨道板的总体框架：边框的每条边测量 2 个端点和中心点的坐标，边框 12 个点坐标，用于确定模具的框架；

②CRTS II 型轨道板螺栓孔的线性度和平整度：测量 CRTS II 型轨道板 40 个螺栓孔坐标，可以确定每一竖列 10 个螺栓孔相对于假定中线的距离来分析螺栓孔的线性度，根据高程确定 1 竖列 10 个螺栓孔的平整度；

③螺栓孔之间的距离：螺栓孔之间的距离也是通过 CRTS II 型轨道板 40 个螺栓孔坐标来计算；

④承轨槽的平整度：通过测量承轨槽的 40 个点坐标，计算其平整度；

⑤总体框架中 7、8、9 项检测内容(为重点和难点)：通过承轨槽测量的 80 个点以及螺栓孔 40 个点的坐标来计算；

⑥钢筋定位孔的位置：用钢筋定位孔坐标计算；

⑦1∶40 坡度：根据螺栓孔计算；

⑧110°夹角：根据每个承轨槽斜面上四个点、螺栓孔两个点计算；

⑨大小钳口：根据每个承轨槽斜面上四个点、螺栓孔两个点计算。

上述数据采集可根据实际情况精简抽查。综上得到现场模具和轨道板的全部数据。高程数据的采集，采用电子水准仪和强磁尺垫进行测量。平面和高程数据以 GSI 格式进行保存，输入南方高铁 II 型板检板软件，计算实验板的最终三维数据，并进行分析。

8.4 CRTS II 型板式无砟轨道精调

8.4.1 施工流程

CRTS II 型板式无砟轨道施工主要设备有混凝土施工设备、滑模摊铺机、钢筋加工设备、轨道板运输车、轨道板铺设门吊、轨道板定位精调装置、移动式水泥沥青砂浆拌和车、水泥沥青砂浆灌注设备、定位圆锥体等。

CRTS II 型板式无砟轨道精调作业流程如图 8-13 所示。

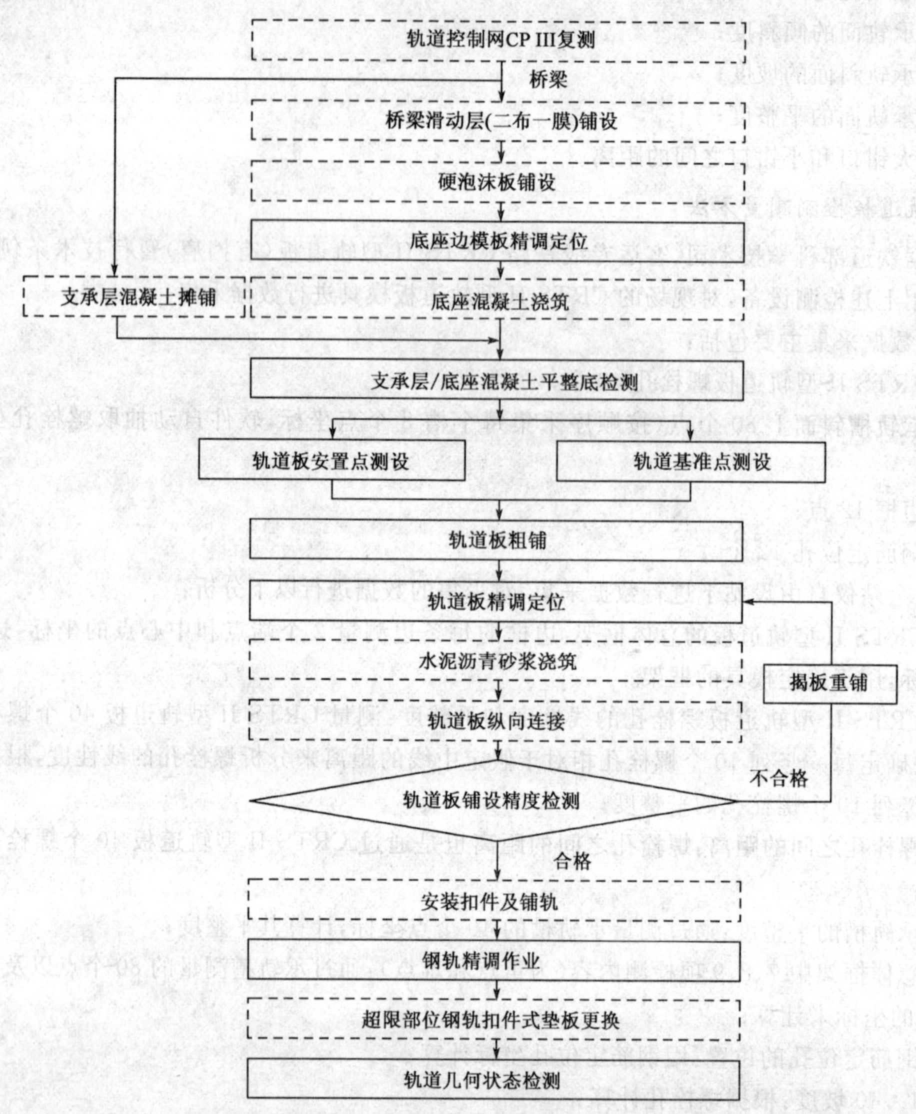

图 8-13　CRTS II 型板式无砟轨道施工精调作业流程图

8.4.2　测量要求

CRTS II 型板式无砟轨道在轨道板施工完成后，直接安装扣件及钢轨，应能保证线路的高平顺性。所以轨道板的定位精度要求非常高。根据德国经验，测量采用网平差手段进行。控制基桩设置要求如下：

(1)沿线路方向的间距为 50～60m，横向的桩间距为 10～20m。控制精度必须满足：平面为±1.0mm(相邻控制基桩)，高程为±0.5mm(相邻控制基桩)。

(2)控制基桩设置困难时，采用沿线路方向的间距为 150～180m，距线路轴线的距离为 40～60m。控制精度必须满足：平面为±3.0mm(相邻控制基桩)，高程为±1.0mm(相邻控制基桩)。

每个轨道标记点位置的测设要通过至少 2 个(在桥梁上则至少 3 个)方向已知轨道标记点

的多余观测经平差计算后得出，所有轨道标记点的三维坐标均应精确到 0.1mm。

由控制网中较大误差而引起的不连续效应，可通过相应的网平差手段在轨道参考网计算中加以消除。

通过控制基桩可实施对混凝土支承层、混凝土底座定位测量。平面采用坐标法，混凝土模板位置偏差不大于 5mm。由于 CRTS II 型轨道板水泥沥青砂浆厚度较薄，相应对底座及支承层的高程要求严，按精密水准测量要求测设其高程。

8.4.3 轨道板精调测量

CRTS II 型轨道板精调测量应使用具有自动跟踪目标功能的全站仪。测角精度应高于 0.3ms，测距精度应至少为 2mm＋2ppm。处理米制数值(距离，高度，坐标)时，需精确到 0.1mm，数据应可记录和保存。对于精密水准测量，应使用数字水准仪和条形码铟瓦水准尺。

为了能够精准且迅速地在标志点上架设棱镜，应使用专用的带有可调螺旋的地面三角架；为准确确定基准点的高程，水准尺应使用可对中的底部配件。该配件出厂时应加以检校。

1)CRTS II 型轨道板(有挡肩)调板过程

(1)架设全站仪和定向棱镜(图 8-14)。每块轨道板上使用测量系统的作业步骤如下：

设站和定向的已知坐标需要事先输入备用。全站仪的定向在利用基准点作为定向点观测后，还必须参考前一块已铺设好的轨道板上的最后一个支点，以消除搭接误差。如果基准网有超常误差，比如因承载台的变形引起高度上的变化，必须将误差改正后测量，使得轨道板之间的连接有很高的相对精度。

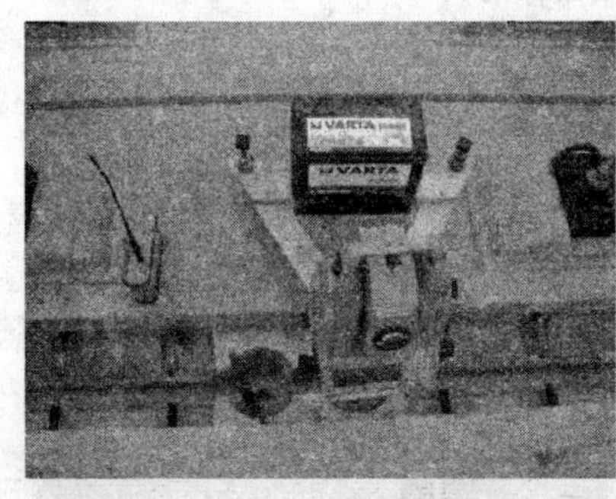

图 8-14 棱镜与三角架

(2)标架安放。标架放置在轨道板 1、5、10 号承轨台(图 8-15)。

精调的前提是轨道板的中部是悬空的，即中部调节件要可以自由活动。

(3)启动轨道板精调软件，根据偏差值进行轨道板精调。

第一步，如图 8-16，首先调整搭接端，将当前调整板和已经调整好的板大体一致，可以借助一些辅助装置。

第二步，软件指挥全站仪观测轨道板头和尾的水平、竖向位置，得出偏差数据进行精确调整(图 8-17、图 8-18)。

第三步，通过全站仪对轨道板中部的棱镜进行测量，消除轨道板中部的弯曲误差。注意此时应仅有上下移动，严格控制水平位移。如图 8-19 所示。

最后一步，所有测量结束后，由组长决定是否要继续调整，成果是否满足了限差要求，满足后，对精调后数据进行存储。

成果记录做好后，转入下一轨道板的调整，重而复之。

图 8-15　安放标架

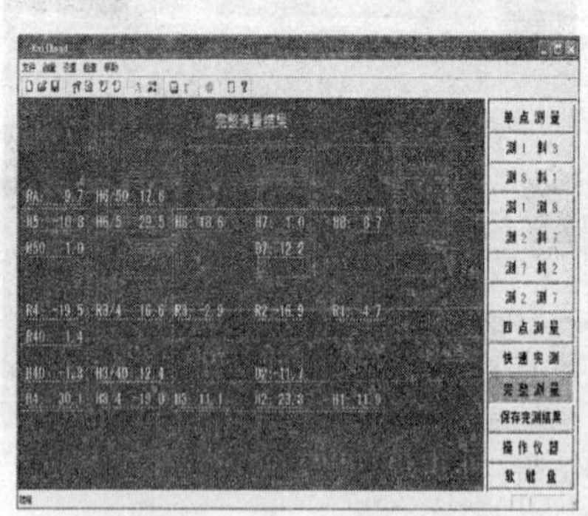

图 8-16　根据显示软件调板

图 8-17　精调操作(一)

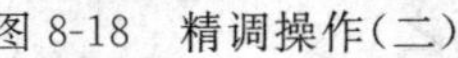

图 8-18　精调操作(二)

图 8-19　精调操作(三)(轨道板中部的弯曲误差调整)

2)CRTS II 型轨道板(无挡肩)调板过程

CRTS II 型轨道板(无挡肩)精调,其定位基准是轨道板承轨台上的扣件螺栓孔。在测量时,标架上的锥形可伸缩机构的椎体插入螺栓孔中,锥形结构可以保证插入装置与螺栓孔同心,另一侧的插入机构为外径较螺栓孔内径小的圆柱支撑杆,或制作可移动的锥形可伸缩机构装置,这样即使轨道板两侧的螺栓孔存在 1～2mm 间距的误差,速调标架也可正常插入,并实现重复、准确定位(图 8-20)。

(1)架设全站仪和定向棱镜。全站仪、棱镜和三脚架的架设方法同 CRTS II 型轨道板(有挡肩)。

(2)标架安放。标架放置在轨道板 1、5、10 号承轨台。

精调的前提是轨道板的中部是悬空的,即中部调节件应可以自由活动。

(3)启动轨道板精调软件测量,根据偏差值调板,见图 8-21。

图 8-20　螺栓孔标架

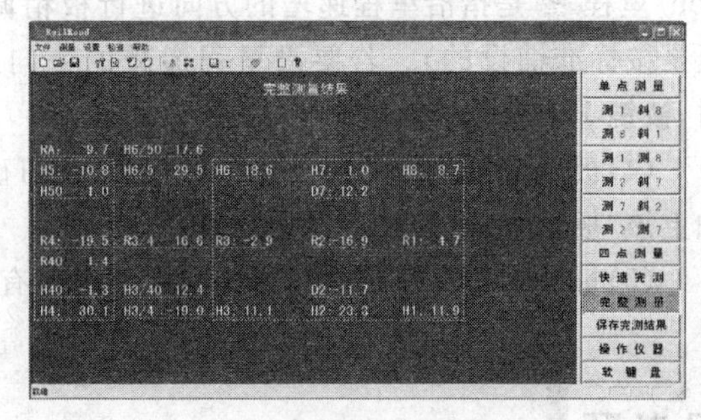

图 8-21　根据显示软件调板

通过设计院提供的曲线及坡度数据输入测量调板软件,计算每块轨道板上 1、5、10 号三对扣件螺栓孔对应的钢轨顶面三维坐标(沿线路里程编号,小里程为 1),全站仪的定向在利用基准点作为定向点观测后,还必须参考前一块已铺设好的轨道板上的最后一个支点,以消除搭接误差。如果基准网有超常误差,比如因承载台的变形引起高度上的变化,必须将误差改正后测量,使得轨道板之间的连接有很高的相对精度。在轨道板承轨台上的扣件螺栓孔内放置带棱镜的速调标架,标架上的锥形可伸缩的椎体前端插入螺栓孔中,当螺栓孔有间距误差时,移动活动锥形可伸缩机构与螺栓孔对中同心(速调标架也可采用一侧设置锥形可伸缩机构,另一侧的插入机构为外径较螺栓孔内径小的圆柱支撑杆)。环形支撑面与螺栓孔外侧环形接触支撑,速调标架支撑在锥形可伸缩机构的环形支撑面上。启动精调软件测量出螺栓孔速调标架的棱镜实测结果与理论值进行对比，对轨道板进行调整。其步骤如下：

(1)在轨道板的支点上安置调整装置，中间的支点松开。

(2)测量轨道板两端的螺栓孔速调标架上的棱镜，根据偏差显示调整轨道板，直到两端的偏差值达到测量调板要求。

(3)将轨道板中部的支点安置调板装置，测量中部的螺栓孔速调标架上的棱镜，直到偏差值达到测量调板要求。

(4)测量所有的螺栓孔速调标架上的棱镜，对偏差超限的支点进行再次调整，直到偏差值达到测量调板要求。

成果记录做好后，转入下一轨道板的调整，重而复之。

3)轨道板精调过程中注意事项

(1)精调轨道板至全站仪的距离可按 6.5m 等间距栅格逐级选定，即使是天气条件较差时，也仍可进行精调作业。实践证明，在选定约 6.5m 至 13.5m 的距离为视线长(即每个全站仪测站只用于一块轨道板的精调)时，精调作业可随时进行。

视线长在天气良好时可放至 27m(最多隔 4 块轨道板)，但不可小于 5m。视线不够长，自动跟踪功能不能保证；而视线过长，则导致测量结果不够准确。

选定视线长时，尤其就特大桥梁而言，必须同时考虑到桥墩的位置。应尽量避免跨越桥墩测量，或者说，尽可能在同一跨梁上测量！不可避免时，需选择最小有效视线长。

(2)忽略控制点。控制点(即轨道基准点)可在定向过程中一同量测，并纳入定向计算中。也可在此根本不予考虑。不过，至少照准一个轨道基准点对于检测大致偏差而言则是必需的。该偏差值会显示在屏幕上仅用于检查之目的，而不起定向作用。

(3)板铺设方向。“板铺设方向”参数确定了对棱镜 1 和 8 将架设在哪两个轨座上：“Station/里程＋”是指沿里程递增的方向进行板精调。在此情况下，棱镜 1 位于轨座 30 上(如果板是按标准铺设的)。若要沿里程递减的方向进行板精调，则需选定“Station/里程－”。此时，棱镜 1 便会位于轨座 1 上。

(4)板号增量。成功铺设好一块板后，便可确定下一块板(预设)的板号，即已精调好板号加上该“板号增量”参数下设定的值。

(5)每个工作日开始前需用标准标架对所有标架进行检校。

思考题

1. CRTS Ⅱ型板与 CRTS Ⅰ型板在结构上有哪些不同？

2. CRTS Ⅱ型板检测的核心和关键部位分别是什么？

3. CRTS Ⅱ型板式无砟轨道精调的基本方案如何描述？

项目9 CRTS III 型轨道板测量

9.1 概述

CRTS III 型无砟轨道结构是将预制轨道板通过水泥沥青砂浆调整层，铺设在现场摊铺的混凝土支承层或现场浇筑的钢筋混凝土底座（桥梁）上，并对每块板限位，以适应 ZPW-2000 轨道电路的连续轨道板无砟轨道结构形式；是综合 CRTS I 型轨道板和 CRTS II 型轨道板及调板方式的各项特征，经过研究创新，研发出来的一种新型轨道板，在国内又叫变异板（图 9-1）。

成灌线无砟轨道优化设计研究是贯彻“引进先进技术、联合设计生产、打造中国品牌”的战略方针，在无砟轨道再创新研究成果的基础上，针对城际铁路运营条件，提出了 CRTS III 型无砟轨道结构。是在无砟轨道结构设计、施工工艺、施工装备和材料等方面取得的更为系统的研究成果，为实现无砟轨道国产化、打造中国无砟轨道品牌迈出坚实的一步，同时为中国铁路实施“走出去”的战略奠定了基础。

图 9-1 铺设好的 CRTS III 型板式无砟轨道

9.2 CRTS III 型轨道板设计原则及结构特点

CRTS III 板式无砟轨道主要由钢轨、扣件系统、填充式垫板、轨道板、水泥沥青砂浆层、限位销钉、混凝土支承层或钢筋混凝土底座、侧向挡块、滑动层（桥上）等部分组成。

9.2.1 CRTS III 型板式无砟轨道设计原则

从目前无砟轨道的建设及运营经验分析，双块式和板式无砟轨道各有优缺点。单元板式无砟轨道采用预制板，施工速度快，可维修性强，结构承力与传力路线明确，但 CA 砂浆是其薄弱环节。纵连板式无砟轨道采用打磨的带预裂缝的预制板，板间进行纵向连接，桥上结构复杂，需要设置限位凸台，影响美观，同时板间连接处容易开裂。双块式无砟轨道道床板较厚，结构连续，但道床板本身及新、旧混凝土界面容易开裂，影响结构外观与使用耐久性。随着国内对无砟轨道结构认识和研究的深化，完全有条件研究开发一种新型无砟轨道结构，使该新型无砟轨道在受力状态、经济性、施工性、可维修性及耐久性等方面兼备板式轨道和双块式轨道的优点，尽可能克服其缺点。

在总结和创新的基础上，提出了新型无砟轨道（即 CRTS III 型板式无砟轨道）的设计原则如下：

(1)快速施工、快速修复。从当前三种主要无砟轨道的使用经验看，应采用预制板式无砟轨道结构。

(2)结构稳固。从 CRTS I 型板式无砟轨道和双块式无砟轨道的测试情况得出的结论是，轨道板或道床板越厚，结构越稳固，板受列车动荷载越小，因此应增加道床板或轨道板厚度。

(3)整体性好。采用连续式结构整体性好，也可采用连续或半连续轨道结构。

(4)制作精度高，精调工作量小。打磨可以提高轨道板精度，但代价较大，若通过改进制板工艺和存板方法，尽可能提高轨道板制造精度，现场可少用调整垫，则不失为一个很好的方法。

(5)结构简单。简化轨道结构，尽可能合并某些结构层。

(6)无明显薄弱环节。组成轨道结构的各材料的力学性能尽可能相近，强度差异小。

(7)表面裂纹少或无裂纹。轨道上部采用预应力结构。

根据以上设计原则，提出了“桥上单元，路基纵连”的总体思路和“单元板式轨道制造，纵连板式轨道施工，双块式轨道承力”的复合结构设计理念。

9.2.2 CRTS III 型板式无砟轨道的特点

(1)轨道板配套 WJ-8 扣件，曲线地段通过调整承轨槽的高程和平面位置，适应超高变化和小半径曲线的轨向调整问题，可以很好地适合小半径曲线线形，并进一步降低扣件刚度。

(2)轨道板缝可以作为桥梁横向排水通道，降低轨道结构高度。成灌线双线梁仅在桥梁中间设置一列排水孔，线路两侧的积水必须通过轨道结构排到线路中心。

(3)轨道结构下部铺设钢筋混凝土底座，底座与桥梁之间通过预埋钢筋相连，形成整体结构。底座上设置凸台或凹槽，对轨道结构进行限位，超高在底座上实现(图 9-2)。

图 9-2 已经精调过的 CRTS III 型轨道板

(4)底座和轨道板间的间隙用自密实混凝土填筑，厚度仅为 160mm，工程造价低。为防止轨道板与自密实混凝土分离，在轨道板预制时预留与下部结构连接的门形钢筋。为控制自密实混凝土的裂缝，在自密实混凝土层设置了细钢筋网，使自密实混凝土层与预制轨道板紧密连接，形成一个复合板结构。

9.3 CRTS III 型轨道板检测

9.3.1 CRTS III 型轨道板尺寸

CRTS III 型轨道板采用 CRTS I 型轨道板的尺寸规格和支撑，且有 CRTS II 型板精确打磨过的承轨槽。

CRTS III 型无砟轨道分为 P5350 和 P4856 两种类型。P5350 型轨道板长 5350mm，宽 2500mm，厚 190mm，每块板布置 8 对扣件节点(图 9-3)。

路基段 P5350 型轨道板间的相邻板缝一般为 60mm，最大调整量为 80mm(无负调整)；板中扣件间距为 687mm，跨板缝扣件节点间距一般为 601mm(图 9-4)。

桥梁段 P5350 型轨道板间的相邻板缝一般为 100mm，板中扣件间距为 687mm，跨板缝扣件节点间距一般为 641mm。

P4856 型轨道板长 4856mm，宽 2500mm，厚 190mm。每板布置 8 对扣件节点。P4856 型轨道板只布置在桥梁地段，相邻板间的相邻板缝一般为 100mm，板中扣件间距为 617mm，跨板缝扣件间距一般为 637mm。

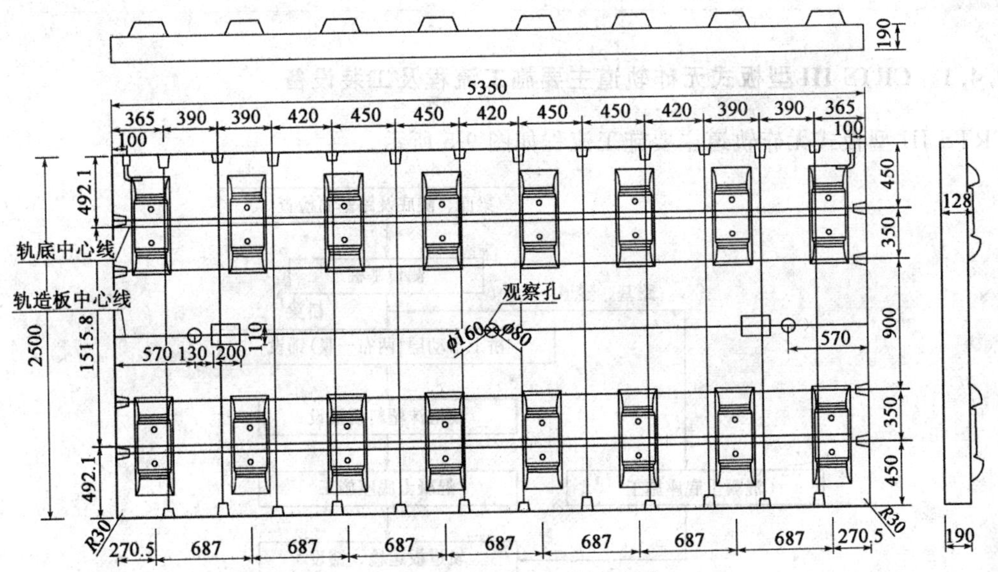

图 9-3 轨道板形式尺寸图(尺寸单位:mm)

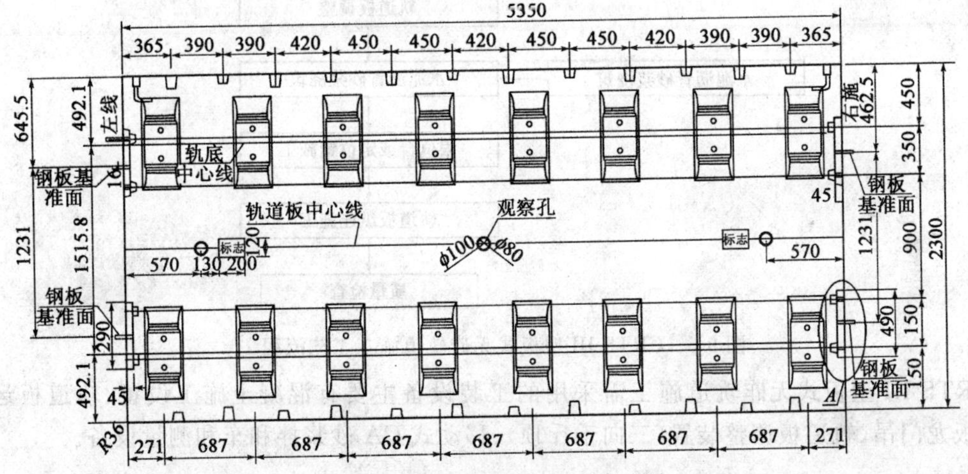

图 9-4 路基上轨道板形式尺寸图

说明:1. 以上尺寸图除注明外均以 mm 计;

2. 轨道板尺寸公差应符合《CRTS I 型轨道板暂行技术条例》的要求;

3. 轨道板顶面刻印出轨道板中心线;

4. 混凝土承轨台顶面平面度(1 列)允许偏差为±1mm;

5. 预应力钢棒的下料长度比板端长 10mm。

9.3.2 CRTS III 型轨道板各项精度指标

CRTS III 型轨道板的各项精度指标可参照 CRTS I 型轨道板和 CRTS II 型轨道板的标准执行。

9.3.3 CRTS III 型轨道板检测

CRTS III 型轨道板外形尺寸检查方式可综合 CRTS I 型轨道板和 CRTS II 型轨道板的检板方法进行。

9.4 CRTS III 型板式无砟轨道精调

9.4.1 CRTS III 型板式无砟轨道主要施工流程及工装设备

CRTS III 型板式无砟轨道主要施工流程如图 9-5 所示。

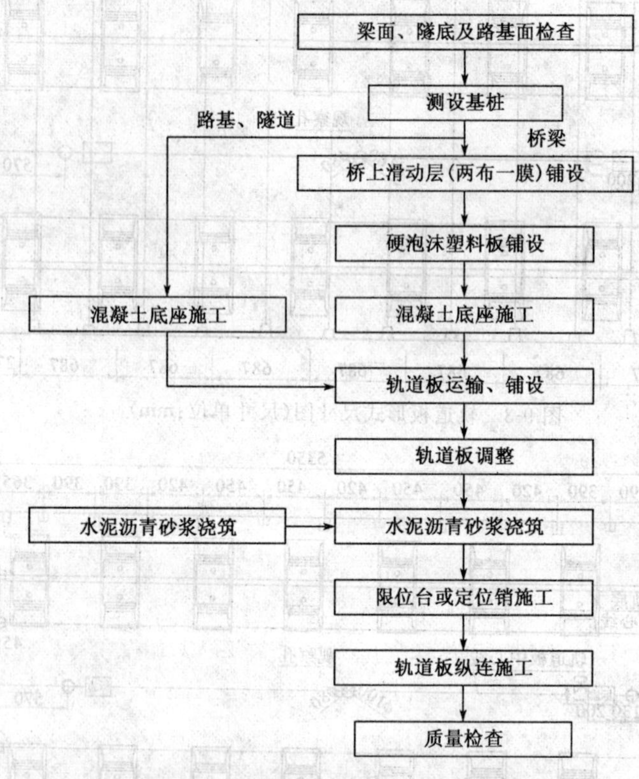

图 9-5 CRTS III 型板式无砟轨道施工工艺流程

CRTS III 型板式无砟轨道施工需采用的工装设备主要有混凝土施工设备、轨道板运输车、铺板龙门吊、轨道板调整装置(三向千斤顶)、移动式 CA 砂浆拌和车和测量设备。

9.4.2 底座混凝土和凸台(凹槽)验收

底座混凝土浇筑后,采用全站仪和水平尺等对底座混凝土进行平整度及高程检测验收,底座和凸台(凹台)要求平顺,同时清理底座表面混凝土残渣及其他杂物。底座混凝土和凸台(凹槽)外形尺寸检测应符合表 9-1 的规定。

底座混凝土外形尺寸偏差要求 表 9-1

项次	项目	允许偏差(mm/m)	检验数量
1	顶面高程	0～±5	每 5m 检查 1 处
2	宽度	±5	
3	中线位置	3	
4	平整度	10mm/3m	
5	凸台(凹槽)	2	每 5 个凸台检查 1 处

9.4.3 轨道板放样

CP III 网布设完成后，进行粗铺控制点布设，用墨线或油漆在轨道板中心线上画出轨道板端线位置，如图 9-6 所示。

底座上凸台、支撑层上凹槽 10mm 弹性垫层在轨道板放样的同时进行浇筑。弹性垫层的浇筑要按照设计要求，制作专用工装，保证浇筑质量和尺寸符合设计要求。

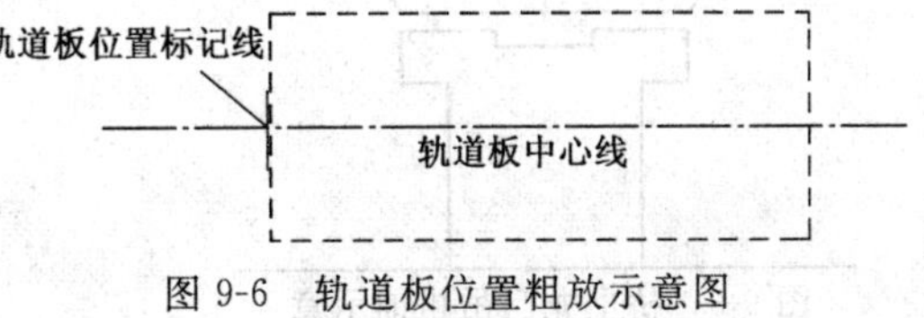

图 9-6 轨道板位置粗放示意图

9.4.4 安装支承垫块

钢筋网片摆放到位后，安装轨道板支承垫块。支承垫块用与自密实混凝土同等级的混凝土制成，直径 16cm，高 10cm，用 160PVC 管做模。大桥曲线外侧超高根据不同的位置单独预制。牛腿上的精调螺杆用封口胶包裹，并用 PVC 管套住，以方便拆模的时候螺杆与自密实混凝土分离。支承垫块采用水泥坐浆固定安装，坐浆厚度 2cm。支承垫块安装后应保证稳固牢靠，且不影响自密实混凝土立模及最小保护层厚度。

9.4.5 轨道板粗铺

根据便道贯通条件、便道宽度，跨河沟、跨公路地段等施工条件的不同，轨道板上桥（路基）吊装和铺设方法也采取不同的方案。

方案一：轨道板用平板汽车通过便道运输到作业地点后，用桥上 50t 汽车吊把轨道板吊上桥，人工配合粗铺到位。在双线梁上，吊车站位一次可以铺 6 块轨道板（图 9-7）。

方案二：路基直线段和曲线半径较大的地段，运板汽车由马道直接开上路基，沿路基底座前行，人工配合粗铺到位（图 9-8）。

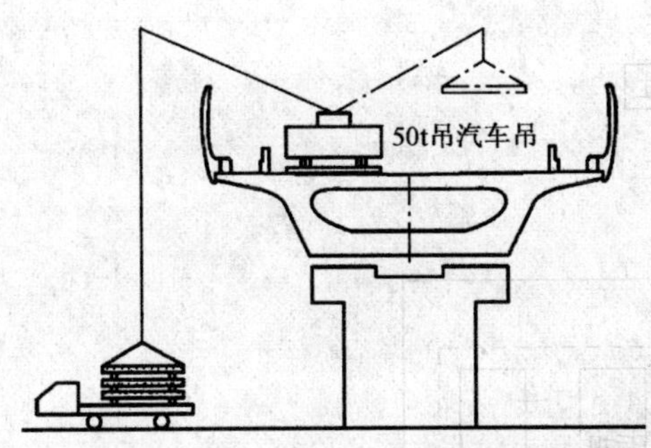

图 9-7 双线桥轨道板粗铺示意

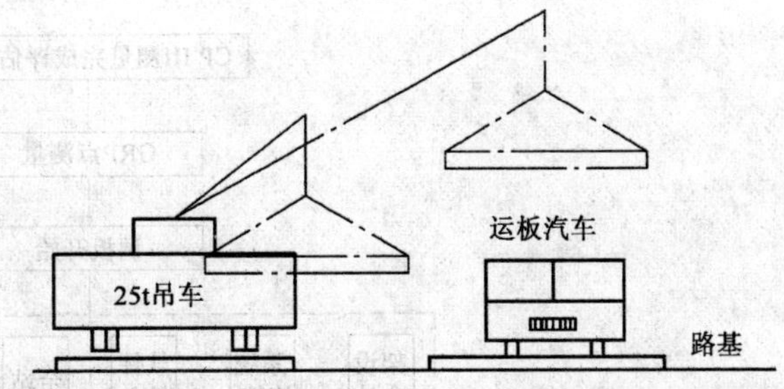

图 9-8 双线路基轨道板粗铺示意

方案三：在一个集中点用汽车吊把轨道板从运板汽车或存板场吊转到桥上双向运板车上，再由双向运板车把轨道板运送到铺板位置，由桥上另一台铺板吊车实现铺板。这种情况下，桥上或路基上同时有 2 台 50t 吊车，一台双向运板车。路基地段选在桥梁处或涵洞处装吊轨道板（图 9-9）。

方案四：在隧道口用汽车吊把轨道板从运板汽车吊转到双向运板车上，再由双向运板车把轨道板运送到铺板位置，由铺板龙门吊实现铺板（图 9-10）。

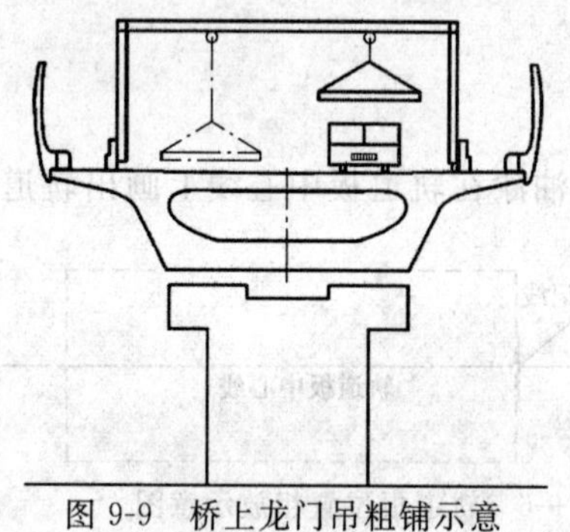

图 9-9　桥上龙门吊粗铺示意

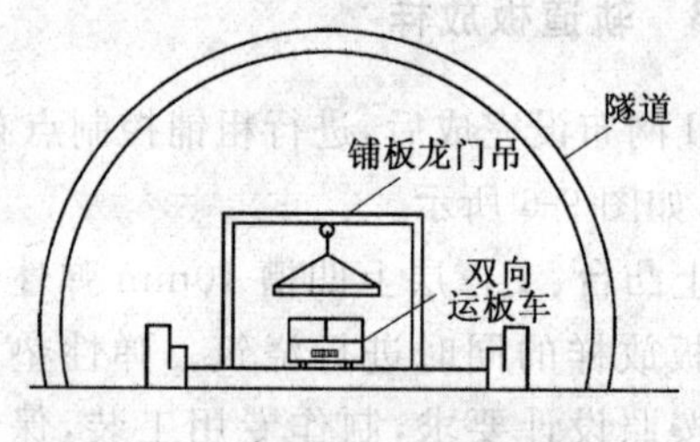

图 9-10　隧道内龙门吊粗铺示意

9.4.6　CRTS III 型轨道板精调测量

CRTS III 型轨道板的调板方式及流程可参照 CRTS I 型轨道板。由于 CRTS III 型轨道板具有和 CRTS II 型板相同的精确承轨槽，故在进行 CRTS III 型板调板时使用的标架为 CRTS II 型板精调标架。在进行 CRTS III 型轨道板调整时可采用南方高铁研发的 CRTS III 型板精调软件进行轨道板调整(图 9-11)。

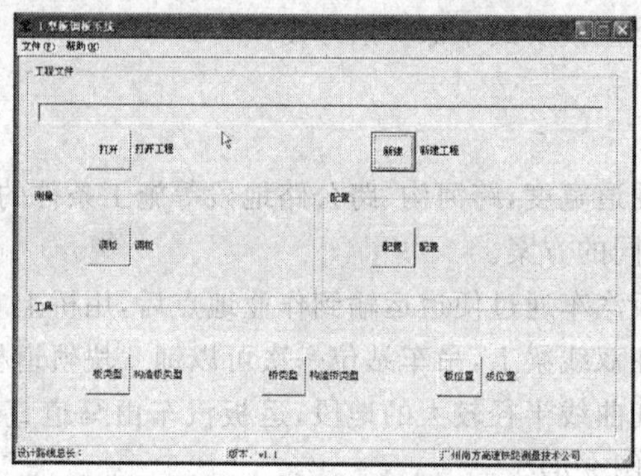

图 9-11　精调软件界面

精调流程如图 9-12 所示。

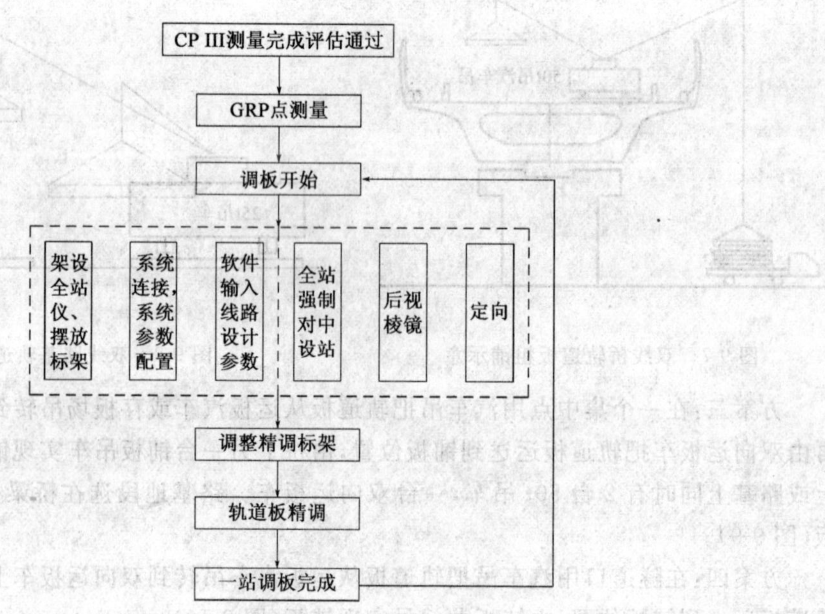

图 9-12　CRTS III 型轨道板精调流程图

思考题

1. CRTS III 型板有哪些结构特点？为何说其属于变异板？
2. CRTS III 型板有哪些设计原则？
3. CP III 网在 CRTS III 型无砟轨道施工中的具体作用有哪些？

项目10 双块式轨道精调作业

10.1 概述

双块式与板式无砟轨道的主要区别在于预制和现场施工两方面。

板式无砟轨道在预制厂内预制的是轨道板，其特点是：轨道板内布满了多种规格的钢筋，一般相当于10根轨枕通过混凝土连接到了一起。现场利用精调设备将轨道板调整到符合要求的平面位置，最后向轨道板下方灌注CA砂浆即完成板式无砟轨道的施工。

双块式无砟轨道在预制厂内预制的是双块式轨枕，其特点是：轨枕通过钢筋桁架将混凝土块连接在一起。现场利用轨排或螺杆调节器等作为辅助工具将双块式轨枕调整到符合要求的平面位置，最后浇筑混凝土将轨枕连成整体即完成双块式轨枕的施工。

10.2 双块式轨道施工任务依据

为保证高速铁路无砟轨道精调作业高效、高质量地完成，满足客运专线的施工要求，按照《高速铁路工程测量规范》(TB 10601－2009)和《高速铁路无砟轨道工程施工精调作业指南》(铁建设函[2009]674号)文件，对双块式无砟轨道精调作业进行施工组织设计。

10.3 双块式轨道铺设工作内容

按照《高速铁路工程测量规范》(TB 10601—2009)和《高速铁路无砟轨道工程施工精调作业指南》(铁建设函[2009]674号)文件要求，在CP III控制网建网评估完成后，将进行轨道精调作业。轨道测量作业的主要内容有：

(1)轨枕散放；

(2)工具轨组装；

(3)轨距调整；

(4)安装螺杆调节器钢轨托盘；

(5)轨道粗调；

(6)轨道精调。

10.4 技术依据

(1)《高速铁路工程测量规范》(TB 10601—2009)；

(2)《高速铁路无砟轨道工程施工精调作业指南》(铁建设函[2009]674号)；

(3)《客运专线铁路轨道工程施工技术指南》(TZ 211—2005)；

(4)《客运专线铁路无砟轨道铺设条件评估技术指南》(铁建设函[2006]158 号);

(5)《客运专线无砟轨道铁路工程施工质量验收暂行标准》(铁建设函[2007]85 号);

(6)《关于进一步规范铁路工程测量控制网管理工作的通知》(铁建设函[2009]20 号);

(7)《精密工程测量规范》(GB/T 15314—1994);

(8)《工程测量规范》(GB 50026—2007);

(9)《国家一、二等水准测量规范》(GB/T 12897—2006)。

10.5 双块式轨道铺设实施方案

轨道测量工作必须在轨道控制网(CP III)评估通过后方可进行。具体内容如下:

1)轨枕散放

作为前期预备工作,轨枕散放是利用散枕装置、叉车和人工等方式沿着线路中线散枕。散枕装置从轨枕垛一次抓取一组 5 根轨枕,旋转、调整、比照标记将轨枕均匀散布到设计位置。同时,严格控制相邻两组轨排的间距,以减少轨枕调整工作量,见图 10-1。

(1)技术要求

①轨枕在路基段标准间距 650mm,与结构物接头调整处间距 600～650mm;

②同组轨枕间距误差不大于±5mm,左右偏差不人于±10mm;

③两组轨枕间距偏差不大于±10mm,左右偏差不大于±10mm;

④散布后的轨枕线形平顺,与轨道中线基本垂直。

(2)检查轨枕。轨排组装前很重要一项工作就是对轨枕及扣件进行全面检查或重点检查:扣件各部件是否完整,轨枕是否有损伤,特别是轨枕挡肩是否完好无损。同时检查轨枕的间距,进行再次检测调整,确保轨枕铺设线形平顺,间距在规范允许的误差范围内。轨枕塑料垫板上的灰尘、混凝土渣等用抹布清理干净,以免引起钢轨底部不平及高程偏差。

2)铺设工具轨

(1)利用龙门吊或人工抬轨铺设工具轨,要注意保护轨枕扣件及轨枕混凝土不受损坏;

(2)两根钢轨的端部接缝应基本对齐;

(3)通过调整轨缝间距,确保轨缝不位于轨枕乘轨槽(保证粗调机能逐个轨排进行调整),两工具轨之间轨缝最大 20mm,最小 10mm。

3)组装轨排

按照 Vossloh 300-1 型扣件使用说明,当扭紧力矩达到 250N·m 时到达最终安装位置,在施工中,路基段扣件螺栓扭矩控制在 200N·m 左右,桥梁段扣件螺栓扭矩约为 140N·m。按规定扭矩拧紧对应扣件螺栓后,使钢轨与垫板贴合,弹条中部弯管与轨距凸出部分接触。安装后,轨距满足±1mm 的误差范围,如图 10-2 所示。

4)安装螺杆调节器钢轨托盘

螺杆调节器钢轨托盘应装到轨底,在每个轨排端的第一、二、四根轨枕前(或后)需要配一对螺杆调节器,之后直线和超高小于 105mm 地段每隔 3 根,超高大于等于 105mm 地段每隔 2 根,特殊地段适当加密螺杆调节器。

螺杆调节器中的平移板应安装在中间位置,以保证可向两侧移动。最大平移范围约 50mm,每一边的中心偏移量为 25mm(图 10-3)。

图 10-1　双块式轨枕散放作业

图 10-2　初步组装轨排示意图

图 10-3　螺杆调节器的安装

在桥梁地段，因安装有横向模板，螺杆调节器应与之错开安装。超高段隔 2 根轨枕设一对螺杆调节器。

5)轨道粗调

轨道粗调首先应设置基准点。具体实施方法是在支撑层边上每隔 5m 或 10m 分布一些基准点，然后求得该点同里程处距离轨排的横向支距和高差，将其支距和高差标注在基准点旁边，然后粗调工人利用 L 尺和水平管对轨排进行粗调。在超高地段通过超高来控制另外一条轨的高低，通过轨距来控制另外一条轨道的轨向。粗调后水平和高程精度应在 2～3mm 以内。

6)轨道精调

轨排精调是轨道板混凝土施工前的最后一道工序，也是轨道板线形及高程控制的最关键的技术工作，因此，要充分予以重视。轨排精调的精调小车，通过全站仪与小车顶端的棱镜，将轨排高程、中线偏位等数据显示在小车顶部的电脑上，再用螺杆调节器反复测调，最终使轨排线形满足设计要求。精调的基本工序如下：

(1)确定全站仪坐标。全站仪采用自由设站法定位，通过观测附近 8 个 CP III 点上的棱镜，自动平差、计算确定位置。迁站后，必须至少交叉观测后方利用过的 4 个 CP III 点。

(2)测量轨道数据。精调小车停于螺杆调节器对应位置后，全站仪测量轨道精测小车顶端棱镜，小车自动测量轨距、超高。

(3)反馈信息。接收观测数据，通过配套软件，计算轨道平面位置、水平、超高、轨距等数据，将误差值迅速反馈到精测小车的电脑显示屏幕上，指导轨道调整。

(4)调整中线。采用双头调节扳手，依照观测数据，进行轨道中线调整。

(5)调整轨道高程。用普通六角螺帽扳手，旋转竖向螺杆，调整轨道水平位置、超高。

(6)精调好轨道后，应尽快浇筑混凝土。浇筑混凝土前，如果轨道放置时间过长，或环境温度变化超过15℃，或受到外部条件影响，必须重新检查或调整。

10.6 轨道精调设备及方法

轨道精调是采用轨检小车及专用软件配合全站仪进行测量的。

1)测量原理

轨道检测小车是一种检测轨道静态不平顺的检测工具 它采用电子传感器结合工业计算机等先进检测工具和数据处理设备，对轨道的水平、高低、轨向、扭曲等指标的微小偏差进行快速检测和分析并得到实时调整量，进行现场调整。

2)轨检小车的应用

该系统主要应用于双块式无砟轨道的施工和后期轨道的微量调整。

3)功能

绝对测量：轨道施工，轨道检测，轨道轨距测量，轨道超高测量，绝对里程测量。

相对测量：轨道测量检测，轨道超高测量，相对里程检测。

4)配置

轨检小车＋数据电台＋工业计算机＋驱动全站仪＋专业软件。

轨检小车主要配置有轨距测量传感器，超高测量传感器，里程测量传感器等。数据通信电台；松下CF-19计算机；徕卡伺服马达驱动全站仪。

5)轨检小车精度

轨检小车精度可参考表10-1。

轨检小车精度指标　　表10-1

项　目	精　度	项　目	精　度
里程	光电计数器测量方式	轨距测量传感器精度	±0.3mm
测量误差	<0.5%	超高测量传感器	−10°～＋10°
里程分辨率	±5mm	超高测量传感器精度	±0.5mm
轨距	1453mm标准轨距	水平位置和高程测量精度	±1mm
轨距测量传感器	−35mm～＋35mm		

6)检测内容及方法

(1)中线坐标和轨面高程。轨道中线坐标和轨面高程的检测是对线路轨道工程质量状况的基本评价，通过实测线路坐标和高程与设计值相对比得出偏差，可以全面反映轨道的几何状态。在进行轨道坐标和高程测量时，使用高精度全站仪实测出轨检小车上棱镜中心的三维坐标，然后结合严格标定的小车几何参数、水平传感器所测横向倾斜角度及实测轨距即可换算出相对应的里程处的中线位置和轨面高程，然后和该里程处的设计参数相对比，得到实测与设计的差值，根据相对应的技术规范来进行评价(图10-4)。

(2)轨距检测。轨距是指两股钢轨顶面向下16mm处内侧的距离。轨距是通过轨距传感器测得(图10-5)。

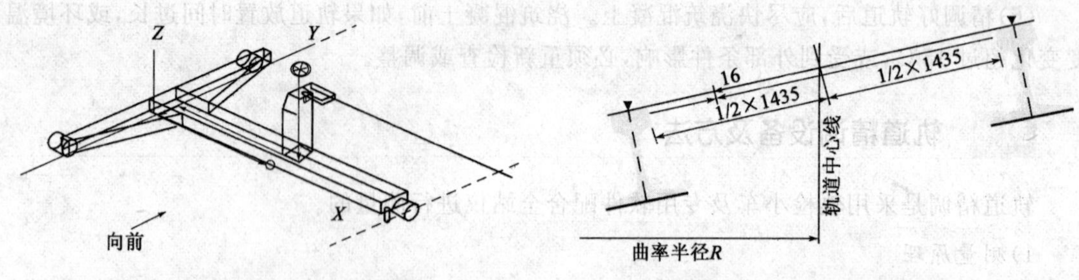

图 10-4　轨道中线检测原理图　　　　图 10-5　轨距检测示意图

(3)水平超高检测。由搭载在轨检小车横梁上的倾角传感器测得横向倾角，再结合两股钢轨顶面的距离，即可求出超高。进而和设计超高相对比得到差值，此值将作为调整超高的依据(图 10-6)。

(4)轨向高低检测。水平轨向是指轨道沿里程方向上轨道内线形状态，高低轨向是指轨道顶面的线形状态。横向轨道不良将会影响列车的横向加速度不稳定，高低轨向不良将会影响列车的垂向减速度。

(5)长波与短波。轨道平顺性检测方法，国内客运专线目前验收标准为 10m 弦轨向高低(图 10-7)。考虑借鉴国外经验，暂时引入德铁 30m 弦、300m 弦的轨道平顺性检核，基本要求如下：

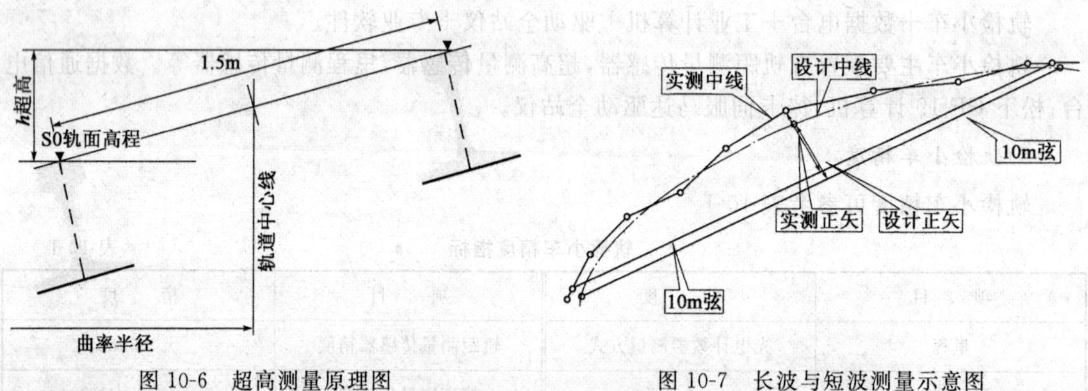

图 10-6　超高测量原理图　　　　图 10-7　长波与短波测量示意图

①30m 弦(2mm/5m)轨道平顺性检核。假设钢轨支承点的间距，或者说轨枕间距为 0.625m，采用 30m 弦线，按间距 5m 设置一对检测点，则支承点间距的 8 倍正好是两检测点的间距 5m。检测示意图如图 10-8 所示。

图 10-8 中的点是钢轨支承点的编号，以 P_1 到 P_{49} 表示。P_{25} 与 P_{33} 间的轨向检测按下式计算：

$$\Delta h = |(h_{25} - h_{33}) - (h'_{25} - h'_{33})| \leqslant 2\text{mm} \tag{10-1}$$

式中 h_{25}、h_{33} 表示设计值，h'_{25}、h'_{33} 表示实测值。由于 P_1 与 P_{49} 的正矢为零，故可检测 P_2(对应点 P_{10})到 P_{40}(对应点 P_{48})的轨向。新的弦线则从已检测的最后一个点 P_{40} 开始。

②300m 弦(10mm/150m)轨道平顺性检核。假定钢轨支承点的间距，或者说轨枕间距为 0.625m，采用 300m 弦线，按间距 150m 设置一对检测点，则支承点间距的 240 倍正好是两检测点的间距 150m。检测示意图如图 10-9 所示。

图中的点是钢轨支承点的编号，以 P_1 到 P_{481} 表示。P_{25} 与 P_{265} 间的轨向检测按下式计算：

$$\Delta h = |(h_{25} - h_{265}) - (h'_{25} - h'_{265})| \leqslant 10\text{mm} \quad (10\text{-}2)$$

式中 h_{25}、h_{265} 表示设计值，h'_{25}、h'_{265} 表示实测值。由于 P_1 与 P_{481} 的正矢为零，故可检测 P_2（对应点 P_{242}）到 P_{240}（对应点 P_{480}）的轨向。新的弦线则从已检测的最后一个点 P_{240} 开始。

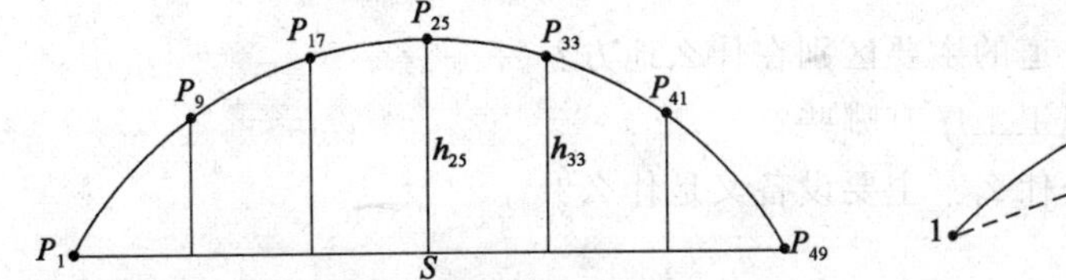

图 10-8　30m 弦轨道平顺性检测示意图

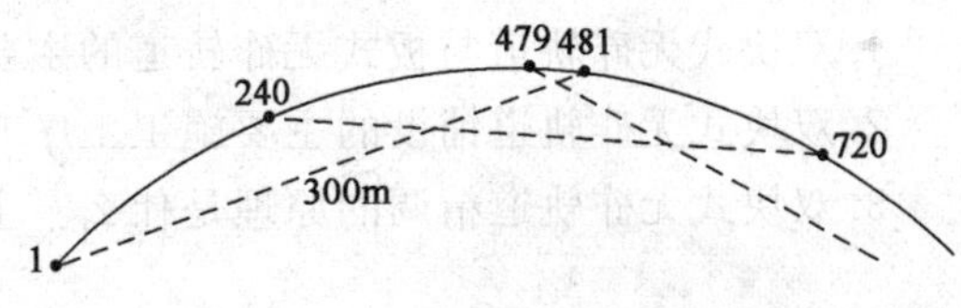

图 10-9　300m 弦轨道平顺性检测示意图

该套系统还可以单独测量轨道的水平轨距、等级和参数，也可以配合全站仪来测量平面位置和高程的绝对定位。

通过外业采集数据，系统还可以产生测量报表，用户可以通过选项输出所需要的指标，如轨距、水平、超高、轨向（长波，短波）、高低（长波，短波）等几何参数。

7）工作流程

（1）施工前首先输入设计数据（平曲线，竖曲线，超高）；

（2）将 CP III 成果导入全站仪；

（3）确保全站仪和小车之间的正常通视；

（4）利用 8 个 CP III 点进行自由设站；

（5）对软件进行正确选择和设置；

（6）轨检小车每次测量之前必须校准；

（7）全站仪搬站后要进行搭接；

（8）测量完成后输出轨道几何参数报表，进行轨道相对线形分析。

10.7 仪器设备和人员组织

1）仪器设备

轨道精调测量采用智能型全站仪，配合 CP III 精密棱镜，轨检小车 1 台，配套精调软件 1 套，工业计算机 1 台；中心调节杆 2～3 根，快速扳手 3 把。

2）人员组织

测量员 1 名负责建站，判断建站精度以及全站仪的安全；专业轨检小车工程师 1 名，负责轨检小车的测量。

跑镜员 1 名，负责棱镜的转移；工人 4 名，负责中线和高程的调整。

10.8 上交资料与存档

（1）技术总结，测量完成后编写技术总结报告；

（2）该施工段 CP III 控制点的三维坐标；

（3）精调相对线形记录文件。

思考题

1. 双块式无砟轨道与板式无砟轨道的主要区别在什么地方?
2. 双块式无砟轨道铺设的主要施工工序有哪些?
3. 双块式无砟轨道精调的原理是什么? 主要设备又是什么?

项目11 运营及养护维修测量

11.1 概述

运营及养护维修测量的内容包括各级控制网的复测、构筑物变形监测、区域沉降地段变形监测、轨道几何状态检测等。其终极目标是轨道几何状态的完好。

11.1.1 控制网复测

控制网复测包括CP0、CP I、CP II、CP III及线路水准基点等，复测频次宜依据工程和途经地区的具体情况确定。复测方法和精度要求参见《高速铁路工程测量规范》(TB 10601—2009)第5.7节要求。

11.1.2 运营阶段变形监测

运营阶段，重点进行变形监测的范围包括：

(1)施工阶段的监测对象仍未稳定，需要继续进行监测的项目；

(2)不良岩土条件和特殊岩土条件的地区(段)；

(3)地面沉降变化大的地区和不均匀沉降段落；

(4)邻近线路两侧进行建设施工的地段；

(5)新建线路和既有线路衔接、交叉、穿越的地段；

(6)新建线路穿越地下工程和大型管线的地段；

(7)地震、列车振动等外力作用对线路产生较大影响的地段。

运营阶段变形监测方案应根据《高速铁路工程测量规范》(TB 10601—2009)第8章的要求制订。

11.1.3 运营监测及其任务

运营监测的对象包括线路轨道、轨道板、混凝土底座和桥涵、隧道、路基等构筑物以及受线路运营影响的周边变形区内的道路、建筑、管线和桥梁等。运营监测的项目应依据设计要求和相关规范确定允许变形值。当实测变形值大于允许变形值的2/3时，应及时上报，并启动应急变形监测方案。

11.1.4 轨道几何形位检测

按照国务院批准的《中长期铁路网规划》，我国省会城市及大中城市间将建成快速客运通道，具体包括1.2万公里以上“四纵四横”(图11-1)快速客运通道以及三个城际快速客运系统。

无砟轨道建成交付运营后，从长远的角度看，确保轨道平顺性和列车正常运营的关键技术管理正是轨道的检测与精调。

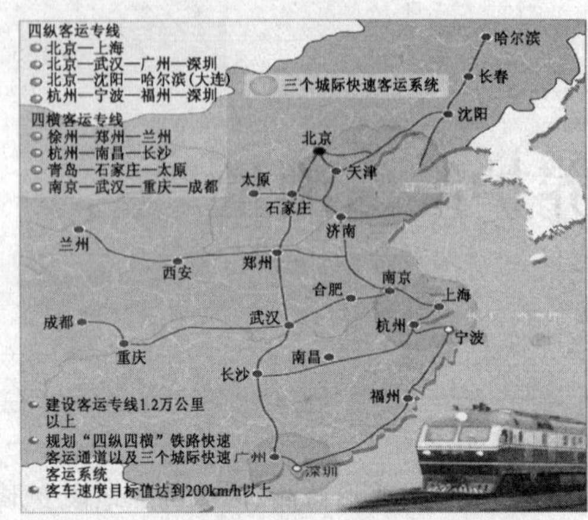

图 11-1　我国“四纵四横”客运专线网

无砟轨道施工阶段的主要测量技术前面已经比较系统地进行了介绍，当投入正式运营后，作业环境、程序、工艺和组织管理等无一不受“天窗点”的限制和影响，保线路几何形位的良好状态与保正常行车之间的矛盾将随着运行年限的增加愈发突出，铁路工务部门的责任和担子也愈发沉重。

根据目前装备和技术水平，运营期间普通有砟轨道检测的基本组织形式：一方面由铁道部组织调度的轨道检查车定期在全路进行巡检，轨道检查车将对所巡检线路的病害进行分析、记录并向有关路局及站段反馈；另一方面是以站段为基本作业单位，定期对管内线路进行巡检，同时，依据轨道检查车提供的信息，对病害区实施重点检查，制订维修方案，由相关工区和技术作业组联合进行作业。

高速铁路(无砟轨道)运营期间线路的检测分为两部分，一是由动车组检测车(简称动检车)定期对线路进行综合检测和分析评估，及时向有关单位提供指导性意见；二是站段日常巡检与重点检查相结合，重点检查的对象除自查病害外，动检车提供的信息则是主要依据。在此基础上，制订综合方案进行精调作业。

这里特别需要说明的是，无论是轨道检查车还是动车组检测车，其提供的检测内容不仅是轨道的几何状态，还包括钢轨波浪磨耗检测、钢轨断面检测、轮轨力检测、接触网检测等综合内容，甚至兼有钢轨探伤的功能。

11.2 轨道检查车简介

11.2.1 轨道检查车及其发展

轨道检查车是用来检测轨道的几何状态和不平顺状况的特种车辆，简称轨检车。它是保障行车安全、平稳、舒适和指导轨道养护维修的重要工具。根据轨检车的记录，可以发现轨道平顺状态不良的地点，以便采取紧急补修或限速措施，并确定应进行维修的里程段落，编制维修作业计划。此外，根据轨检车的记录也可评定轨道的养护水平和整修作业质量。

早期轨道状态采用人工检测。用人力推行小车和机动的检测小车检测轨道，并不能反映轨道在列车车轮荷载作用下的几何状态。因此在十九世纪七八十年代，欧洲有些国家开始研究在普通客车上装备检测设备，并出现了一些雏形的轨道检查车。20 世纪初，俄国、德国和美国铁路正式使用轴重较大的客车式机械轨检车，检测在轮载作用下的轨道几何状态，开创了轨道动态检测新阶段。

机械轨检车是借助检测车轮、重砣、杠杆、滑轮、弹簧等机件，由钢丝绳直接牵动绘图笔在纸带上记录检测的结果。这种轨检车的检测速度低，误差大。20 世纪 50 年代末，苏、日等国制成电气轨道检查车。此后各种电测装置逐渐取代了机械检测系统。70 年代以前的轨检车，都用弦测法和接触检测小轮来测量轨道的不平顺状况。弦测法的测量值随测量弦的长度与轨道不平顺波长的比值变化，测得的高低等波形，其结果往往与实际轨道不平顺情况有较大的差异。接触检测小轮在高速时，因惰性等影响，误差较大。近10多年来，由于行车速度提高，运量增大，需进一步提高轨道的不平顺性，要求更准确地测出轨道不平顺波形，因而促进了轨道检测新技术的发展。70年代前期，美、英、日等国相继采用惯性基准、无接触检测等先进技术，研制成功用电子计算机自动处理检测数据、能如实地反映轨道状态、检测速度达200km/h的现代化高速电子轨道检查车。

近年来，各国使用的现代轨道检查车由检测和数据处理系统（图11-2、图11-3）、发电供电系统、空气调节系统、仪表工作室、瞭望台以及走行转向架等几部分组成。其检测项目有轨道的高低、水平、三角坑、方向、轨距，以及里程和行车速度等。有的还能测量曲线超高、曲率，以及高低方向等轨道不平顺的变化率、曲线通过的均衡速度等。还有些现代轨检车通过测量车体和轴箱的振动加速度、轮轨作用噪声，以及轮轨间的垂直力、水平力、脱轨系数等，为更全面地评价轨道的状态提供依据。现代轨检车能及时提供直观反映轨道状态的波形图，并能提供经车载计算机处理打印成的轨道状态报告表，以及记录在磁带上的轨道状态资料等。有的还可在轨道状态严重不良和需紧急补修的地方，直接在轨道上喷上颜色标记。将磁带记录送地面计算机进一步处理，便可编制出各种轨道状态管理图和轨道整修作业计划表。

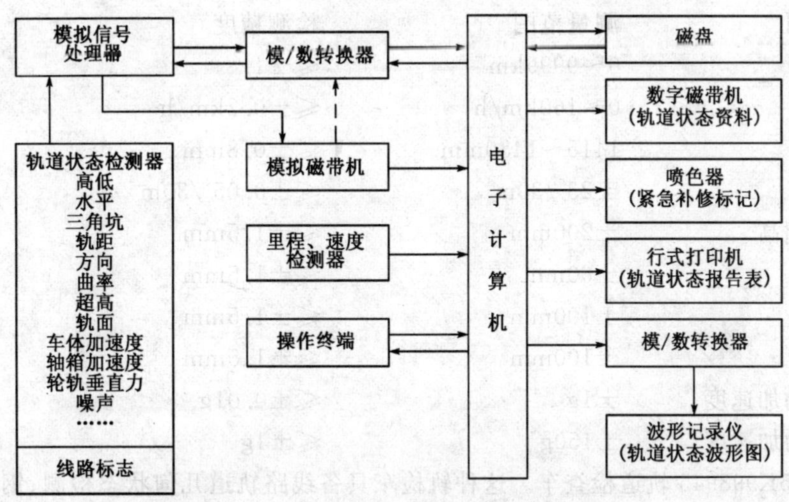

图11-2　轨道检查车的检测和数据处理系统

我国于1953年试制成功第一辆自己设计的客车式机械轨检车。1971年又制成客车式电气轨检车。1971年我国制成的“TSK22”型电气轨道检查车，长约26m，自重约62t，能同特快列车联挂进行检测。这种电气轨检车采用旋转变压器作位移传感器，借助三个轮对所构成的18.5m不对称弦测量轨道高低，用三轴转向架的三个轮对构成的3.4m对称弦测量钢轨接头低陷；轨道水平状态由陀螺装置测量，三角坑由相距15.1m的两个轮对测得。测量结果用电磁笔记录仪记录在纸带上。70年代中期，我国开始进行轨检新技术的研究，现已先后研制出能测量轨道高低、水平、轨面不平顺的“惯性基准轨道不平顺检测装置”和“轨道超高检测装置”、“充电式轨距检测装置”、“多功能振动检测装置”等新装置。目前正在进一步研制用这些新装置和其他先进设备（如电子计算机等）装备的新型轨道检查车。

轨道检查车可以检测轨道尺寸和不平顺的病害，评定轨道质量，但具体的轨道部件的损坏，如枕木腐朽、扣件松动等还要靠实地人工检查。为了进一步改进轨道状态的科学管理，还需要研制能测出轨道弹性、道床状态以及某些对行车安全影响较大的复合不平顺状态的轨检车。

11.2.2 我国目前装备的各类轨检车

(1)GJ-4 型轨道检查车。这种轨检车由中国铁道科学研究院铁道建筑工程技术公司(铁科院铁道建筑研究所)研制(图 11-3)。GJ-4 型轨道检查车用于检测轨道病害,指导线路维修,保障铁路运输安全。图 11-4 为轨检车的数据采集处理系统。该轨检车能检测轨道高低、轨距、轨向、水平、扭曲等几何参数和车体、轴箱振动加速度等轮轨相互作用参数,其主要检测项目及其测量范围和精度如下:

图 11-3 GJ-4 型轨道检查车外观

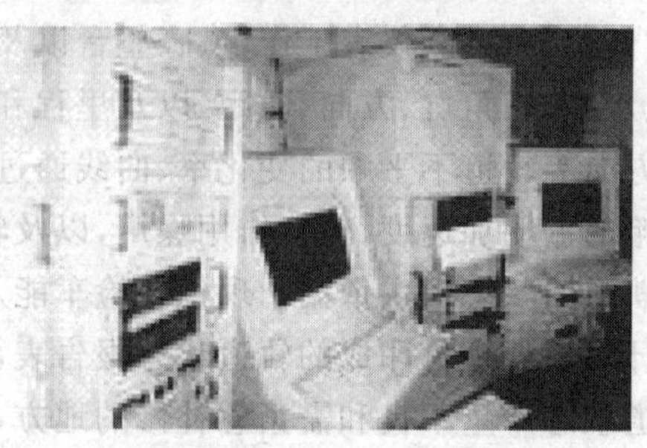
图 11-4 检测数据采集处理系统

检测项目	测量范围	检测精度
距离	0～9999km	≤±1‰
速度	0～160km/h	≤±0.2km/h
轨距	1415～1480mm	≤±0.8mm
曲率	±23°/30m	≤±0.05°/30m
水平及超高	±200mm	≤±1.5mm
高低	±60mm	≤±1.5mm
轨向	±100mm	≤±1.5mm
扭曲	±100mm	≤±1.5mm
车体振动加速度	±1g	≤±0.01g
轴箱振动加速度	±150g	≤±1g

(2)WX25K998945 轨道检查车。这种轨检车具备线路轨道几何状态检测、钢轨波浪磨耗检测、钢轨断面检测功能。已用于 2003 年 9 月京秦沈客运通道开通前的平推检查和 2003 年 12 月第五次大提速的平推检查。检测速度 160km/h。

(3)WX25K998946 轨道检查车。这种轨检车具备线路轨道几何状态检测、钢轨波浪磨耗检测、钢轨断面检测、无载轨距检测、钢轨表面擦伤检测功能。检测速度 160km/h。

(4)WX25K998947 双层轨道检查车。这种轨检车具备线路轨道几何状态检测、钢轨波浪磨耗检测、钢轨断面检测功能。已用于 2004 年 3 月第五次大提速的平推检查,目前加挂在直达特快列车上承担对京沪杭、京哈、京广(北京—长沙)线的检测任务。检测速度 200km/h。

(5)SY25K998799 安全综合检查车。这种轨检车具备线路轨道几何状态检测、钢轨波浪磨耗检测、钢轨断面检测、轮轨力检测、接触网检测功能。检测速度 200km/h。

(6)通信信号检查车。这种轨检车具备对铁路信号、无线通信检测功能。检测速度 200km/h。

(7)钢轨探伤车。钢轨探伤车由一辆动力车和一辆探伤检测车组成,可对钢轨进行探伤作业。探伤速度 60km/h。

11.2.3　我国动车组检测车

动车检测车主要用于客运专线的检测。2008年,我国北车集团自行研制的智能化动车组250km/h综合检测车下线并投入使用。250km/h动车组综合检测列车在国内所有动车组中功能最全、技术含量最高、价格最高,用于对200km/h、300km/h动车组运行环境特殊需要的检测,是实现中国高速铁路自动化、智能化目标,提高车辆运行安全性的关键成果(图11-5)。

图11-5　智能化动车组250km/h综合检测车

按照国外高速动车组运行实践,每7～10天必须利用综合检测列车检测轨道、信号、接触网等影响列车运行的相关信息,以保证列车行驶安全、舒适,这是高速列车运行的必要和必需环节。

作为我国铁路现代化的重要组成部分,动态智能化250km/h综合检测车也是高速铁路工程的关键配套技术。我国北车集团长客股份公司通过消化吸收引进技术,在CRH5型动车组技术平台上,自主开发研制的完全自主知识产权的国产化动车组,首列250km/h综合检测列车为5动3拖8辆编组,运行速度250 km/h,具备升级到300 km/h的能力,集办公、公务、检测、生活等诸多功能于一体。该车采用世界先进的检测设备,可在300km/h的速度等级内,实时检测线路轨道、轮轨作用力、牵引供电、通信信号、周边环境中影响列车运行安全的技术指标和相关信息,被业内形象地称为动车组的线上"保健医生"。该动车组主要承担检测300km/h动车组以及现有200～250km/h动车组运行环境的任务。

11.3　无砟轨道检测与精调

如前所述,无砟轨道几何形位既可通过动车组检测车提供轨道动态变化数据,也可由工务部门(含车间、班组)日常检测所得。无论通过何种渠道获得轨道几何形位检测数据,其精调维修工作均由工务部门(工务段及车间)具体组织实施(图11-6)。

高铁精调施工是提高线路设备质量的有效途径和根本办法。鉴于目前国内无砟轨道的蓬勃发展和检测精调经验的逐步积累具有一定的同步性,工务部门作业的组织形式未必相同。但共同点是轨道几何形位的调整前提必须是客观上其几何形位发生了改变,这种改变应当是建立在严格的测量基础之上的,而测量的依据是根据轨道控制点和该区段线路的设计坐标。下面以某工务段制订的高铁精调生产组织模式为例进行论述。

图11-6　轨道几何形位监测

11.3.1　精调生产组织模式及流程

1)技术分析与流程

经高铁技术科分析后将需要测量的地段传至测量组与高铁车间(流程见附件1)。

(1)测量组接到测量任务后,需及时与车间、班组联系,并组织测量。车间、班组要安排相关人员进行配合，组织人员调查扣件，并将调查结果以电子文档格式在24h内传至测量组（WJ-8扣件调查表见附件2、福斯罗扣件调查表见附件3）。

(2)外业测量完成后要及时组织记名式内业分析，拿出预作业方案，经高铁技术科审核后传给车间。

(3)车间在接到预作业方案后，第一时间组织班组会同测量组进行现场复核，由车间干部和测量组共同把关。现场复核结果一经确认，将作为现场最终作业依据，各方均不得再擅自改动。

(4)测量组结合现场调整量复核情况和现场扣件调查结果，制定出现场扣件调整详表后传至车间。随后车间配合测量组按规范进行现场标识，并根据扣件调整详表的统计情况进行备料。

(5)车间在各项准备工作完成并报高铁技术科审批后，在第一时间组织人员进行现场调整。在调整过程中，测量组需要安排足够的人员进行现场盯控。班组作业人员在进行各项作业时，均需在测量组进行确认后方能作业，严禁未经测量组人员确认盲目作业。

2)调整位置的标识方法

现场标识统一采用记号笔进行标识，“方向、轨距调整方案”按照图11-7中的要求标识在道心位置，要求标识务必清晰准确。

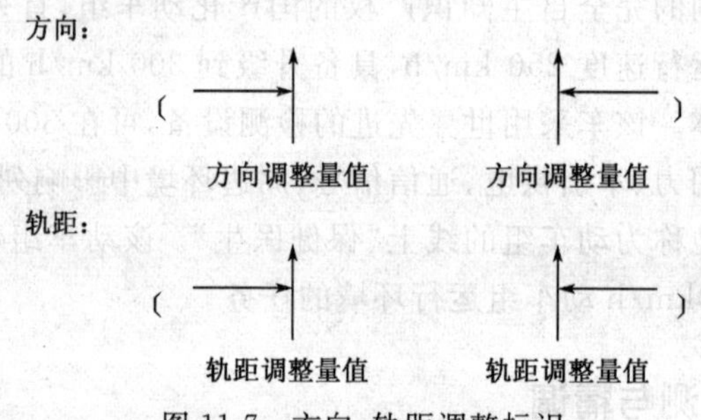

图11-7　方向、轨距调整标识

注：轨距标识时，将标识内容靠近调整的钢轨一侧标注

(1)WJ-8型扣件

①高低。高低数据统一标识在钢轨外侧正对轨枕位置的右侧下轨底上，采用黑色记号笔进行标识。标识格式统一为：“(+x)4＋X＋X＋X＋X＋Ap－x”，标识方法采用按照调整顺序进行标识，不需要用到的内容现场不标识。其中，(+x)表示对应枕木头处的调整方案，“＋”表示抬道，“－”表示落道，圆圈内“X”表示需要抬道或者落道的量值；“4”表示此处钢轨下所需要用到的基本垫为4mm（个别地方可能需要用到2mm或3mm的基本垫）；“＋X＋X＋X”表示现场此处钢轨下调整所需要用到的微调垫板，此处“X”的数值为“0.5mm、1mm、2mm、5mm、8mm”几种类型，未使用0.5mm的情况下，只能叠加两层，若此处使用有0.5mm的调高垫，可以叠加3层；“＋Ap－x”表示此处钢轨下需要使用的铁垫板为Ap调高垫板，分10mm和20mm两种型号。对需要更换长形螺栓的轨枕头，需要在上面标识后用黑色记号笔标上“S3”字样。

②方向。面朝钢轨，在枕木头左侧用阿拉伯数字表示调整后此处位置需要用到的绝缘块型号，在枕木头右侧用汉字数字表示调整后此处位置需要用到的轨距挡块型号。调整时优先调整绝缘块，当绝缘块能够满足调整要求时，轨距挡块型号现场可以不标识。

(2)福斯罗扣件

①高低。高低数据统一标识在钢轨外侧正对轨枕位置的右侧下轨腰上，采用黑色记号笔进行标识。标识格式统一为：“(+x)X＋ Y×Ap－x＋Z×Ap－x＋AP－20”，标识方法采用按照调整顺序进行，不需要的内容现场不标识。其中，(+x)表示对应枕木头处的调整方案，“＋”表

示抬道,"－"表示落道,圆圈内"X"表示需要抬道或者落道的量值;圆圈外"X"表示调整后现场此处钢轨下调整所需要用到的 Zw 轨垫,分为 2～8 几种型号;"＋Y×Ap－x＋Z×Ap－x"表示现场此处钢轨下调整所需要用到的塑料调整垫,"Y"、"Z"分别表示现场采用的层数,"Ap－x"表示塑料调整垫的型号,分为"Ap－6"和"Ap－10"两种类型;"＋AP－20"表示现场此处钢轨下调整所需要用到的钢制调节板。对需要更换长形螺栓的轨枕头,需要在上面标识后用黑色记号笔标上"Sx"字样。其中,"x"表示轨枕螺栓的型号,分别用"3～8"表示"230～280mm"的轨枕螺栓。

②方向。面朝钢轨,在枕木头左侧用阿拉伯数字表示调整后此处位置需要用到的轨距挡块型号。

3)病害检查及整治通知单(检查为主)

高铁技术科负责给车间下发病害通知单,并不定期抽查车间现场检查病害情况。车间根据现场检查情况,对于能够整治的进行整治,不能整治的要将检查结果报至高铁技术科(包括详细的几何尺寸及结构病害)。

(1)病害整治周期

测量组将完整的测量数据、扣件调整表等数据传至车间后(以高铁技术科发资料时间为准),车间应尽快组织数据复核与调查现场既有扣件,测量组进行现场数据标识。整个整治过程中,车间要安排足够的作业人员,保证作业进度。

(2)施工(整治)措施

车间要由副主任或精调施工队队长专门负责本车间的精调施工,根据测量组的分析资料,准备好材料。原则上车间自行调料,不足部分报段解决。每次精调施工均需编制施工组织措施并报高铁技术科,保证施工安全和质量达标。

施工完毕后,车间要有专人对换下的旧料进行统计、整理、建立台账,编写××高铁精调施工情况汇总(见附件 4)和××高铁精调施工台账(见附件 5),并将材料、机具、人员及车辆使用情况等在 48h 内报高铁技术科。段干部参加精调施工包保,并认真填写《××高铁精调施工安全质量卡控表》(见附件 6)。

附件 1

××高铁精调施工生产组织模式流程

高铁技术科分析需要测量、精调地段传至 { 测量组 / 车间(防护、调查扣件) } 共同测量

测量后测量组→分析 { 调整量表 / 扣件调整表 } 测量组分析后由车间到现场复核

复核调查无误后 { 测量组标定 / 车间备料 }

标定备料后 { 车间 / 测量组 / 段 } 施工

施工完毕后 { 车间 / 测量组 / 段 } 施工总结、分析资料、复核精调效果

附件 2

WJ-8 扣件调查表(左股)

轨枕编号	调查轨距块形式						左股调查调高垫情况						轨枕编号	调查轨距块形式						左股调查调高垫情况					
	左股内轨距挡块	左股内绝缘块	里口离缝	左股外轨距挡块	左股外绝缘块	外口离缝	基本垫	轨下调高垫	铁垫板下调高垫(AP垫)	铁垫板下弹性垫	铁垫板厚度	螺栓型号		左股内轨距挡块	左股内绝缘块	里口离缝	左股外轨距挡块	左股外绝缘块	外口离缝	基本垫	轨下调高垫	铁垫板下调高垫(AP垫)	铁垫板下弹性垫	铁垫板厚度	螺栓型号

附件 3

福斯罗扣件调查表(左股)

轨枕编号	左股外侧轨距挡块	外口离缝	左股内侧轨距挡块	里口离缝	左股调查调高垫情况				轨枕编号	左股外侧轨距挡块	外口离缝	左股内侧轨距挡块	里口离缝	左股调查调高垫情况				轨枕编号	左股外侧轨距挡块	外口离缝	左股内侧轨距挡块	里口离缝	左股调查调高垫情况			
					塑料调整垫(AP垫)	钢制调节板	Z_w轨垫	轨枕螺栓						塑料调整垫(AP垫)	钢制调节板	Z_w轨垫	轨枕螺栓						塑料调整垫(AP垫)	钢制调节板	Z_w轨垫	轨枕螺栓

附件 4

××高铁精调施工台账

序号	行别	地点	分析组		测量组			施工车间									施工后分析		备注
			通知测量时间	通知人	接通知人	测完反馈时间	测量分析人	通知车间时间	施工主体	施工时间	动道数量(头)	施工用料情况	施工人数	施工车辆	施工重点机具	施工负责人	分析时间	图纸对比	
1																			
2																			
例如	上行	K694＋300～K694＋900	8月16日	张××	刘××	8月21日	王××	8月22日	××重点	8月25、26日	252	福斯罗＋3号25块，－3号25块，wj－8号25块，＋7号26块	100	6	螺栓机3	×××	8月30日	图纸9.15～9.22，高低消灭4处，轨向消灭3处	

附件 5

××高铁精调施工情况汇总(样表)

××区段施工情况汇总

一 前期施工

1.6月18日,下行K888+000～K921+050轨道精调施工,参与部门××车间、测量组、高铁技术科及段领导,总参与人数27人,调整132m,调整高低－5～6mm、方向最大－2～4mm,水平－1～3mm,计168根枕、320块枕头。

2.6月24日,上行K886+100～700轨道调整施工,参与部门××线路车间、测量组、高铁技术科,总参与人数30人,调整400m,调整高低－5～6mm、方向－1～4mm,水平3mm,计62根枕、120块枕头。

二 后期施工(按局发施工计划)

1.7月13日,下行K887+950～K921+361(887+780～887+940段)轨道调整施工,参与部门××线路车间、××重点维修车间、测量组、高铁技术科及段领导,总参与人数38人,调整160m,调整高低－5～6mm、方向4mm,水平3mm,计157根枕、300块枕头。

2.7月18日,下行K88+950～K921+361轨道调整施工,参与部门××线路车间、××重点维修车间、××维修车间、测量组、高铁技术科,段领导及工务处领导,总参与人数108人,调整346m,调整高低－5～6mm、方向4mm,水平3mm,计495根枕、560块枕头。

××线路车间

二○一○年八月一日

附件 6

××高铁精调施工安全质量卡控表

施工车间:			施工负责人:		施工地点:
施工时间:			安全卡控人:		质量回检人:
序号	存在问题		是/否	备注	
1	施工前	进网前是否召开施工安全质量碰头会			
2		进出网前后是否进行人员、工机具、路料登记、确认			
3		班组携带工机具、路料与施工组织措施中备料是否相符			
4		施工前是否用量具检查几何尺寸			
5		现场防护是否按标准设置			
6	施工中	路料摆放是否整齐、符合安全要求			
7		是否按标准程序松卸扣件			
8		精调施工中是否出现超卸扣件现象(10根枕)			
9		两施工小组之间作业是否按规定预留轨枕(30根枕)			

续上表

序号	存在问题		是/否	备注
10	施工中	施工中一股作业完毕是否用量具复核几何尺寸		
11		施工中是否按标准使用机具、材料、螺栓涂油		
12		是否使用内燃螺栓扳手 2 挡复紧		
13	施工后	轨垫位置摆放是否正确		
14		弹条位置是否正确		
15		绝缘垫片位置是否正确		
16		施工后是否出现螺栓堵孔、滑丝		
17		螺栓扭力矩是否达到要求		
18		空吊、离缝是否达标		
19		工机具、路料是否全面回收		
20		作业后是否进行质量回检、记录		
21		几何尺寸是否符合"作业验收"值		
22		……		

检查人：　　　　　　　　　　　　　　　　　　　　施工负责人签字：

填写说明：

附件 7

洛阳龙门线路车间上行 K700＋450～K700＋750 轨道精调施工组织措施

为确保车间管内上行 K700＋450～K700＋750 精调质量，车间组织荥阳线路、巩义线路、龙门线路维修组及检查组完成此项精调任务，各工区高度重视，明确责任，相互协作、互相配合。

一　加强领导，明确责任

施工负责人：赵冬山、宋文晶

负责施工的全面盯控，预备会的召开，施工前的技术交底及安全教育，施工期间各班组作业的协调。

技术负责：刘向前

负责技术方案的审定，各班组的责任地段划分，施工前的技术交底及安全教育，施工期间的质量卡控，责任工区的质量、安全卡控。

安全负责：宋文晶

负责施工技术交底及安全教育，施工期间的安全卡控，责任工区的质量、安全卡控。

材料负责：范灿民

负责施工前的材料、工机具的供应和补给。

荥阳南维修组：组长张继辉、包保刘向前

巩义线路维修组：组长杨宗辉、包保孙国瑜

龙门线路维修组：组长江建平、包保宋文晶

主要负责作业过程盯控，分工明确，组织有序，摆料正确，更换准确，质量优良。

测量组6名，主要负责施工前现场材料、高低、方向的准确标定，作业前对标示数据（材料、高低、方向）的复核确认，作业过程中盯控更换程序，确保标示数据正确，摆料正确，更换无误。部分地段作业后人工复核需修正的话，对修正数据按照枕号做好记录。

荥阳南线路维修组：测量组盯控

巩义线路维修组：测量组盯控

龙门线路维修组：测量组盯控

二 明确项目，合理分工

（一）作业项目

上行K700＋450～K700＋750轨道精调作业，主要为轨道高程和平面调整。

（二）作业量

上行K700＋450～K700＋750，计300m，共需动道371根枕。左股高低最大8mm，最小－8mm；方向最大1mm，最小－3mm；右股高低最大8mm，最小－8mm；方向最大1mm，最小－3mm。

作业分2天进行，第一天工作量及分工如下：

上行K700＋450～K700＋590，计140m，共需动道193根枕，更换铁垫板26块。左股高低最大8mm，最小－8mm；方向最大1mm，最小－3mm；右股高低最大8mm，最小－8mm；方向最大1mm，最小－3mm。参与作业人员计划35人，分3班。

（三）作业分工及携带工机具

1. 荥阳南线路维修组

负责CP III128326039（含）～128328041（含）的高程及平面调整，计65根枕（左轨动道65个枕头、右轨动道65个枕头）。张继辉负责，作业人员共11名，需要携带如下工机具：磁吸附灯2个，液压起道器2台（含手柄），手持螺栓机3台（含备用1台），丁字拐4把，扭力矩扳手1个，游标卡尺1把，弦绳、塞尺、扁铲、毛刷、螺丝刀各2把，电子道尺2把，对讲机3台，手锤2个，单轨车1辆，黄油2包，双面红色信号灯1盏，手灯（头灯）若干，记录表，整治堵孔工具1套。

荥阳南线路材料：

轨距挡块：

0型：9块	＋1型：23块	－1型：9块	＋2型：7块	－2型：5块
＋3型：5块	－3型：5块	＋4型：2块	＋5型：1块	－4型：1块

轨下调整垫：

3mm：6块，4mm：10块，5mm：19块，6mm：29块，7mm：16块，8mm：15块

2.巩义南线路维修组

负责CP III128328042(含)～128330015(含)的高程及平面调整，计60根枕（左轨动道60个枕头、右轨动道60个枕头），更换铁垫板26块。杨宗辉负责，作业人员共11名，需要携带如下工机具：磁吸附灯2个，液压起道器2台(含手柄)，手持螺栓机3台(含备用1台)，丁字拐4把，扭力矩扳手1个，游标卡尺2把，弦绳、塞尺、扁铲、毛刷、螺丝刀各2把，电子道尺2把，对讲机3台，手锤2个，单轨车1辆，黄油2包，手灯(头灯）若干，记录表，整治堵孔工具1套。

巩义南线路材料：

轨距挡块：

0型:42块　＋1型:35块　－1型:31块　＋2型:39块　－2型:37块

＋3型:5块　－3型:5块　＋4型:10块　－4型:2块　＋5型:4块

轨下调整垫：

2mm:16块，3mm:14块，4mm:25块，5mm:25块，6mm:10块，7mm:14块，8mm: 8块，10mm铁垫板:26块

3.龙门线路维修组

负责CP III128330016(含)～128330083(含)的高程及平面调整，计68根枕（左轨动道68个枕头、右轨动道68个枕头）。江建平负责，作业人员共11名，需要携带如下工机具：磁吸附灯2个，液压起道器2台(含手柄)，手持螺栓机2台，丁字拐4把，扭力矩扳手1个，游标卡尺1把，弦绳、塞尺、扁铲、毛刷、螺丝刀各2把，电子道尺2把，对讲机3台，手锤2个，单轨车1辆，黄油2包，手灯(头灯）若干，双面红色信号灯1盏，记录表，整治堵孔工具1套，整治滑丝工具1套。

负责此次施工材料的前期调查、材料准备及分界点的标示。

龙门线路材料：

轨距挡块：

0型:19块　＋1型:9块　－1型:12块　＋2型:12块　－2型:14块　＋3型:2块

轨下调整垫：

AP－6:110对，3mm:42块，4mm:30块，5mm:31块，6mm:11块，7mm:8块，8mm:14块

注：工区各工具箱内存放6块绝缘块、2个螺纹道钉备用。

(四)技术标准

1)施工前准备

(1)工区复核数据时，在测量组配合下进行，数据填写务必清晰准确，严禁漏枕、错枕。

(2)工区备料时，按客专科最后下发的调整量进行备料，并略有富余。

2)施工中

(1)各班组进网后根据各自责任地段用道尺重新量一遍轨距水平，并标记在钢轨内侧下轨腰上。作业完毕复检时，标记在对股钢轨内侧下轨腰上。

(2)作业地段轨道几何尺寸严格执行郑西高铁正线作业验收标准。

(3)每个作业班组负责人要严格卡控作业程序，每次松卸扣件不超过10根枕，作业一处，复紧一处，复紧扭矩达标后再松后续枕木扣件，严禁超卸。每处松开扣件若螺栓未抹油，必须补充抹黄油。更换轨距挡板或轨垫时一定要清扫承轨台及轨底杂物。

(4)班组在使用内燃螺栓扳手时，松开扣件时使用2～3挡，复紧扣件时一律使用2挡。

(5)各班组分两小组人员进行作业，每组5～6人。作业分两步：第一步，道尺1人，散料剩余人员若干，松扣件1人；第二步，紧、松扣件1人，换扣件2人（内外股各1人），组装2人（内外股各1人），道尺1人，记录1人，压机手1人（注意：更换扣件时作业人员再次核实原始材料，更换的材料准确无误）。

(6)松、紧扣件时先作业南股，再作业北股，严禁两股同时进行。

(7)班组作业时统一由东往西作业，每班间隔不少于30根枕，轨距调整时，调整一股量一次轨距，并标记在道心内。

(8)为减少扣件松紧次数，工区交界口3根枕先作业的工区不复紧，交由后作业的工区一起复紧。

3)施工后

(1)各班作业地段几何尺寸、扭力矩达到标准。

(2)作业后必须使用弦绳复核轨向，使用道尺复核轨距、水平，使用塞尺检查扣件空吊和弹条离缝，并检查扣件有无漏紧。

(3)材料回收干净，并确认回收材料数量。

(五)安全措施

(1)所有对讲机均使用10频道。

(2)工地现场防护及远端防护均由检查组担当，东800m(K699+650处)防护由赵志伟担当，西800m(K701+550处)防护由聂会波担当，现场防护由李坤灵担当。防护员携带防护备品，以及轨温计（现场防护携带），同时监测作业前中后轨温，及时向工地各班组负责人通报。

(3)防护员携带物品：对讲机、GSM手持机（现场防护携带，由巩义线路提供）、手机、号角（口笛）、防护信号灯1个，短路铜线2根，记录本。

(4)作业两端50m由张继辉（东端）、江建平（西端）派人设置红色信号灯，两头信号灯均放置在道心，作业完毕后再将红灯撤除收回。

(5)进网时，防护员优先进网，并确认无轨道车通过进网地段。

(6)防护员到达指定位置后各工区再进行作业。

(7)严格执行工机具确认制度，进网前、进网后作业前、作业后、转移至封闭网处（出网前）、出网后工机具材料必须清点清楚。

(8)所有作业人员上下班必须走上行道心，作业过程中严禁过两线间进入下行线。下行来电车时，工地防护要及时吹号角或者用对讲机提醒现场作业人员，各班负责人也要提醒作业人员注意车辆。

(六)注意事项

(1)施工前各班组工机具性能确保良好，充足电、加满油。

(2)各班组高度重视交界口的线形尺寸，交界口10m范围内线路设备双方负同等责任。

(3)各班组施工负责人确认作业完毕后用对讲机向施工负责人宋文晶通知，等3个班组全部作业完毕后报施工负责人宋文晶，经宋文晶同意后统一出网。

(4)洛阳巩义南线路维修组负责在警务区登记4个班组、测量组2人、车间5人、段部分人员。

(5)班组作业人员按照复核标示、散料、复核散料、作业、记录、回检程序进行作业。

(6)摆料人员摆料完毕后，必须由测量组配合人员进行确认后方可更换；换调高垫板时，取出轨下垫板后必须经由测量组配合人员进行确认调整情况，然后进行更换，严禁擅自进行更换作业。

(7)更换后的旧料统一放到上行侧，由1人负责回收。

(8)所有工机具材料全部放在上行线边坡上，任何工机具严禁侵入两线间下行侧。

(9)材料由洛阳龙门线路维修组负责为各班组提供。

(10)当日作业计划各班组必须完成，不得遗留。

(11)施工车辆：双排座1辆、工区面包车2辆、金杯面包1辆。

(12)请巩义线路、龙门道岔、龙门线路维修组于3月17日01:30务必到达K700+400(应急通道，编号S-18)处。

洛阳龙门线路车间

二〇一一年三月十二日

思考题

1.轨道检查车与动车组检测车的作用和区别各是什么？

2.无砟轨道维护作业的基本程序是什么？

3.无砟轨道工务维护的关键环节有哪些？

项目 12　沪宁线 CRTS I 型板式无砟轨道工程测量实例

12.1　沪宁城际铁路工程概况

沪宁城际铁路是长江三角洲地区城际客运铁路规划线网的主骨架，是城际线网宁—沪—杭—甬“Z”形主轴的重要组成部分，见图 12-1。总体位于江苏省和上海市，经度在 118°57′～121°25′之间，纬度在 31°11′～32°11′之间，海拔在 100m 以下。

上海站至南京站的沪宁城际铁路正线全长 300.068km，无砟段（DK1＋942～DK291＋360）全长 289.418km。黄渡至虹桥（不含虹桥车站）正线（HQXDK0＋000～HQXDK15＋800）下行线长 15.8km，上行线长 14.58km。

沪宁城际铁路地处长江三角洲地图的核心区域，贯穿上海、昆山、苏州、无锡、常州、丹阳、镇江及南京市，与既有沪宁铁路、京沪高速铁路、沪宁高速公路和 312 国道、京杭大运河共同构筑起横贯沪、苏两省市，密切联系沪宁沿线城市群体的综合交通运输走廊（图 12-2）。

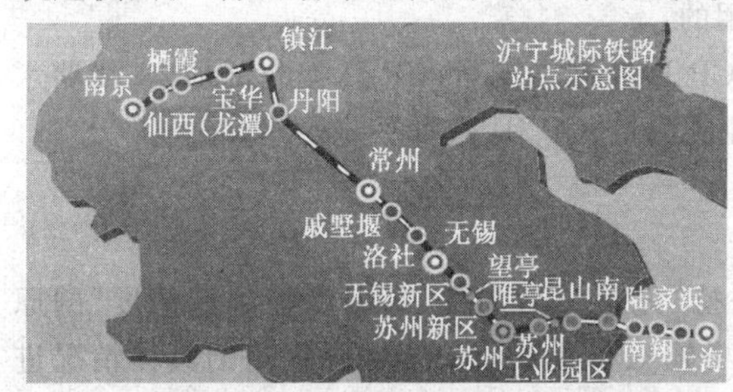

图 12-1　沪宁城际铁路平面图

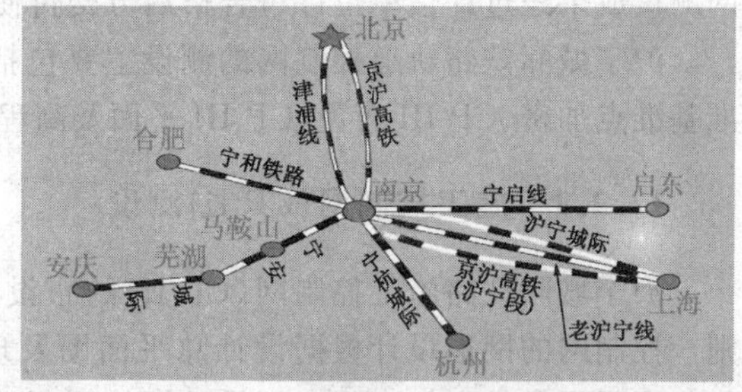

图 12-2　沪宁城际与长三角路网

通过本项目的学习，试图让大家全面了解在工程各个环节中，测量工作的方法和程序，从而对一整套测量工作方案有较深刻的理解。

12.1.1　既有平面控制网

沪宁城际铁路既有平面控制网包括基础框架基准网（CP0）、基础平面控制网（CP I）、线路控制网（CP II），分三级布设。

基础框架基准网 CPO 利用了三个京沪铁路框架点，分别为 JZ14、JZ16、JZ18，点间距约 100km。

基础平面控制网 CP I 每 4km 布设一对点，按 B 级 GPS 网观测精度进行施测，全线共布设 CP I 点 84 个（包括与京沪高速铁路共桩 17 个）。

线路控制网 CP II 在 CP I 控制网的基础上每 800～1000m 布设一个点，按 C 级 GPS 网观测精度进行施测，全线共布设 CP II 点 331 个（包括与京沪高速铁路共桩 80 个）。

12.1.2 既有高程控制网

沪宁城际铁路既有高程控制网含有深埋水准点、线路水准点两种类型的水准点。

深埋水准点利用了京沪高速铁路五个深埋水准点，分别为 BS017、BS021、BS024、BS025 和 BS026。

线路水准点每 2km 布设一个，按二等水准测量精度进行施测，全线共布设一般水准点 193 个(包括与京沪高速铁路共桩 41 个)。线路水准点均与平面控制网点共桩。

12.1.3 既有控制网的评价和利用

依据当时的技术水平和要求，沪宁城际铁路既有平面和高程控制网是按照《客运专线无砟轨道铁路工程测量暂行规定》(铁建设函[2006]189 号)的要求进行施测的，其精度等级、分布密度、规格和埋深都满足无砟轨道高速铁路线下工程施工测量控制的技术要求。

为保证 CP III 控制网测量的精度，在布设 CP III 控制网之前，按规范要求对既有控制网进行了全面复测和加密，对丢失和破坏的平面高程控制点进行恢复。此外，加密了 CP II 平面控制网，使其达到线路两侧 200m 范围内 CP II 点具有 500～700m 的点间距，以满足 CP III 控制网测量的要求。

12.2 轨道控制网测设

沪宁城际铁路各标段在进行 CP III 控制网测量前，进行了详细周密的技术方案设计，而且所设计的技术方案是在经过 CP III 控制网评估单位的评审后实施的。各标段 CP III 控制网测量成果经过评估单位评审合格后方交付使用的。

沪宁城际铁路轨道控制网的测设主要包括 CP II 控制网测量、CP II 控制网加密、线路水准基准点加密、CP III 布设、CP III 平面及高程控制测量、CP III 数据平差处理。

12.2.1 施工控制网(CP II)测设

沪宁城际铁路施工控制网(CP II)的布设坚持“先整体后局部、高精度控制低精度”的原则。控制网的网形设计根据设计总平面图及现场施工布置图和沪宁城际铁路的具体情况进行。在通视条件良好、安全、不易破坏的地方进行选点，从而方便施工；桩位必须用混凝土进行保护，并以红油漆做好测量标记。

1)施工平面控制网(CP II)测设

沪宁城际铁路整个测区呈带状，在进行 CP II 测设时，充分考虑到施工区域周围的地形、环境及测量精度的要求，从方便施工控制的角度出发，合理地选择导线点的位置。控制网的技术指标符合表 12-1 的规定。

平面控制网技术指标　　表 12-1

测量等级	测角中误差(″)	测距中误差(mm)	测距相对中误差	测回数	方位角闭合差(″)	相对闭合差
三等	1.8	20	1/50000	6	$3.6\sqrt{n}$	≤1/55000

2)施工高程控制网

沪宁城际铁路高程控制网的施工应根据现场地形、环境情况、控制网等级来确定水准线路，并选取合适的测量方法。高程测量采用三等水准测量，由水准点进行高程控制传递，往返观测，观测限差和精度符合规定等级的要求，严格控制前后视的距离差。精度要求如表 12-2 所示。

高程控制网技术指标 表 12-2

测量等级	每千米偶然中误差(mm)	限差			
		检测高差之差	往返测较差	附和路线闭合差	环闭合差
三等	≤3.0	$20\sqrt{R}$	$12\sqrt{R}$	$12\sqrt{L}$	$12\sqrt{F}$

3)补测或重测

当外业测量中有少测、漏测或测量数据经处理后不能满足规定要求时，应进行补测或重测。

4)数据处理

沪宁城际铁路 CP II 数据处理统一采用已经认证的计算机软件，采用严密平差方法进行平差处理，统计出精度情况。在出现精度不能满足要求时，应进行重新测量，直到满足无砟轨道施工精度要求为止。

12.2.2 轨道控制网(CP III)测设

沪宁城际铁路对线路的稳定性和平顺性要求较高，并且对测量精度要求极高，其测量方法也有别于常规控制测量。采用自由设站边角交会建立的轨道控制网(CP III)可以满足无砟轨道测量精度要求。

CP III 控制网的测设主要包括以下内容：CP II 平面控制网加密、CP III 控制网布设、CP III控制网点的埋设、CP III 平面控制网测量、CP III 高程控制网测量。

1)CP II 平面控制网加密

根据既有 CP II 平面控制网的现状，按照“线路两侧 200m 范围内 CP II 点具有 500～700m 的点间距”要求进行，对于尚未满足要求的地段，合理进行 CP II 点的加密。

2)CP III 控制网布设

CP III 控制网的布设满足表 12-3 的要求。

CP III 控制网布网要求 表 12-3

控制网级别	测量方法	纵向网点间距	备注
CP III	自由测站边角交会	50～70m 一对	横向点间距 10～20m

由于沪宁城际铁路主要由路基段、桥梁段和隧道段组成，因此在进行 CP III 控制网布设时从以下几个方面进行。

CP III 控制点一般布设于路基段专用控制桩、桥梁防撞墙和隧道边墙内衬上，易受线下工程稳定性和施工等的影响。为确保 CP III 控制点成果的准确可靠，施工单位在使用 CP III 点进行轨道安装测量时，应定期与周围其他点进行检核。同时，根据工程进展情况应对 CP III 控制网进行定期和不定期的复测和维护，以保证 CP III 控制网的准确稳定性。

(1)路基段。路基段 CP III 网点成对地布设在路基上设置的专用控制点桩上，专用控制点桩必须具有稳定的基础。

专用控制点桩基础沿线路方向将接触网杆基础扩大30cm，与原基础同宽，埋深不小于50cm，与接触网基础同时浇筑，如图12-3所示。

图12-3 路基段CP III专用桩布设

(2)桥梁段。桥梁段CP III点成对布设在墩台顶部桥梁固定支座端上方的防撞墙顶中部，如图12-4所示。相邻两对CP III点纵向距离50～70m。对于大跨或多跨连续梁，部分点可布设在活动端防撞墙顶中部，加盖防水皮套。

(3)隧道段。隧道段CP III点成对布设在电缆槽顶面以上30cm的边墙内衬上。如图12-5所示。隧道段相邻两对CP III点纵向距离约60m。

图12-4 桥梁段CP III控制点布设

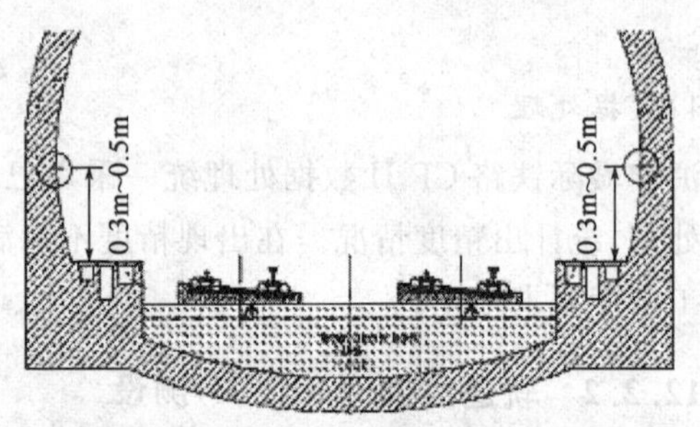

图12-5 隧道段CP III控制点布设

3)CP III平面控制网测设

沪宁城际铁路整个测区呈带状，在进行CP III测设时，按规范要求进行严密地组织实施，测量结果平差计算应符合表12-4规定。

CP III平面控制网平差计算技术指标 表12-4

控制网	方向观测值改正数(″)	距离观测值改正数(mm)	方向观测中误差(″)	距离观测中误差(mm)	约束平差点位中误差(mm)	相邻点相对点位中误差(mm)
CP III平面网	≤±3.0	≤±2	±1.8	±1	±2	±1

4)CP III高程控制网测设

沪宁线CP III高程控制网的首次测量与平差计算，均按两次独立进行的原则实施。所谓“独立地进行两次”是指两次测量和平差计算应该在完全不同的两个时间段内进行，具体技术要求如表12-5规定。

精密水准测量的技术标准 表12-5

等级	路线长度(km)	水准仪等级	水准尺	观测次数
精密水准	3	DS1	铟瓦	单程(CP III点间) 往返(联测水准基点)

5)CP III控制网数据处理

CP III控制网平面和高程数据计算和平差处理，采用铁道部主管部门评审合格的专业软件，同时平面数据处理软件应与全站仪数据采集接口兼容。全线CP III控制网平差计算采用同一软件。

12.3 底座板施工测量

沪宁线无砟轨道施工前，完全按照《客运专线铁路无砟轨道铺设条件评估技术指南》(铁建设函[2006]158 号)的要求对线下工程进行评估验收，并符合《客运专线无砟轨道铁路施工质量验收暂行标准》的相关要求。

下面我们围绕南方高铁公司研发的“高速铁路施工测量系统”，全面介绍底座板施工相关方面内容，主要包括梁长梁缝调查、轨道板布设、底座板施工测量、凸形挡台施工测量、底座板上轨道板位置粗放。

12.3.1 前期准备

(1)主要硬件设备：高精度机器人型全站仪（TCA2003 、TCRP1201＋R400 、S8 等）、松下 CF-19 军用笔记本电脑、底座板钢模校验工装、凸形挡台钢模校验工装、GRP 标钉和 GRP 钢棒等。

(2)软件设备：高速铁路测量施工软件。

(3)人员安排：测量员 1 名、司镜员 2～3 名。

(4)数据准备：线路设计数据(包括水平曲线、竖曲线、超高及坡度)、CP III 精密测量控制点坐标数据等。以上数据，均作为底座板施工测量的依据。

(5)站点架设：通过后视 6～8 个 CP III 控制点自由设站，定位精度应控制在 0.5mm 以下。在全站仪中导入 CP III 点坐标，现场准备 3～4 对 CP III 点，通过后视 CP III 点自由设站(全站仪需具有自由设站功能)，确定站点坐标。

(6)软件配置：

①在便携式工控机上安装高速铁路施工测量系统，操作步骤见《高速铁路施工测量系统说明书》，如图 12-6 所示。

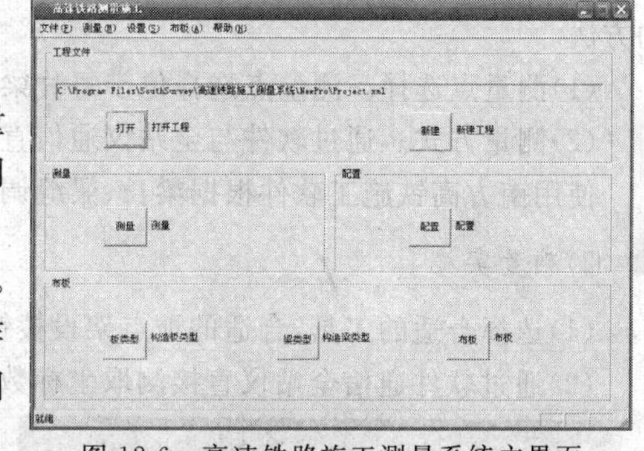

图 12-6 高速铁路施工测量系统主界面

②在软件中输入线路正线的设计曲线要素。软件中需输入的是设计线路的特征点要素，操作步骤见《高速铁路施工测量系统说明书》，如图 12-7～图 12-9 所示。

③在输入设计曲线要素后，进行软件与全站仪通信设置。在设置时需注意软件配置与仪器相一致。配置完成后点击连接仪器按钮，完成全站仪通信(图 12-10)。

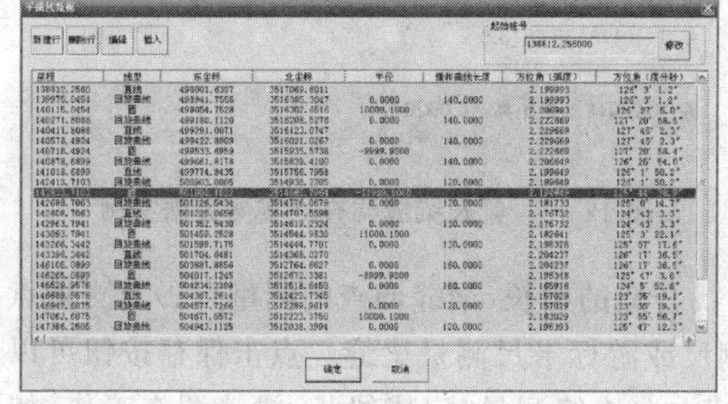

图 12-7 线路设计曲线平面要素实例

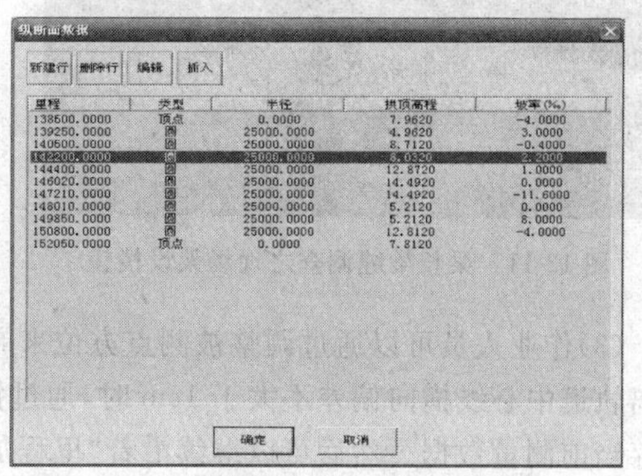

图 12-8 线路设计曲线纵断面要素实例

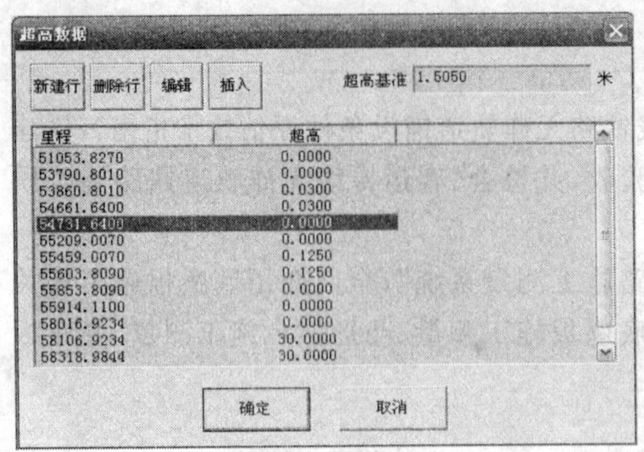

图 12-9　线路设计曲线超高要素实例

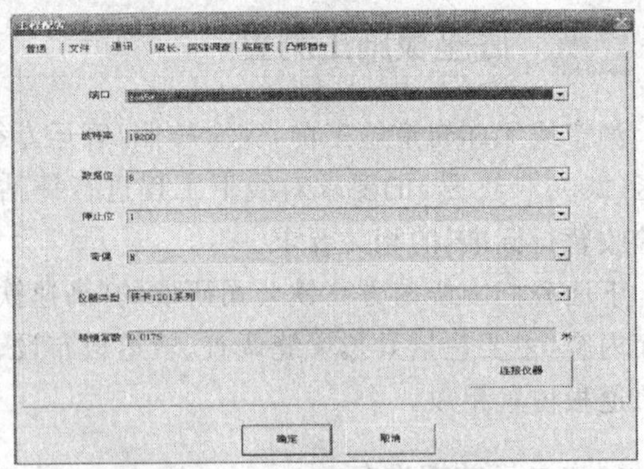

图 12-10　全站仪通信配置界面

12.3.2　梁长梁缝调查施工测量

梁长、梁缝值的调查，是在桥梁无砟轨道施工地段进行。底座板施工测量放线前，铺板施工单位通过梁长、梁缝调查来检查实际梁长并改正施工错误或误差。根据梁长、梁缝调查结果，修改桥梁布板方案，同时根据布板方案计算出凸形挡台的中心坐标。

1)测量方案

针对 CRTS Ⅰ型板式无砟轨道简支梁设计要求，南方高铁结合软件设计了一套简单、有效的方法。

(1)测量点选择。测量点选择位于每片梁小里程两端靠近中线附近位置，架设棱镜。

(2)测量方式。通过软件与全站仪通信直接测量坐标数据，手工输入实测梁缝宽。

使用南方高铁施工软件根据梁长、梁缝调查点坐标数据和相关设计参数计算实际梁长。

2)测量实施

(1)选择合适的工具、合适的地点架设棱镜，见图 12-11。

(2)通过软件通信全站仪直接测取坐标数据，见图 12-12。

图 12-11　梁长梁缝调查之现场架设棱镜

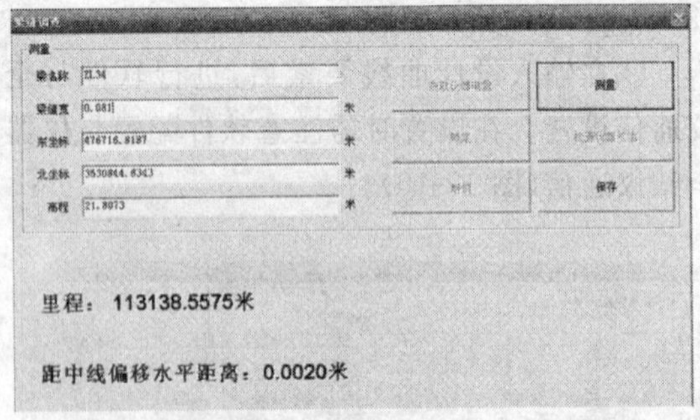

图 12-12　梁长梁缝调查之实测数据实例

(3)作业人员可以通过调整被测点方位来寻找合适的梁长、梁缝调查的测量点。当测量点距离轨道中心线横向偏差不大于 1cm 时，通过钢尺或游标卡尺测量梁缝。点击保存按钮可以保存当前测量数据。然后可以继续沿着“里程加”方向连续测量，完成梁长、梁缝调查工作，如图 12-13所示。

3)数据保存

完成测量后点击测量界面的保存按钮,完成数据保存,如图 12-14 所示。

图 12-13　梁长、梁缝调查之现场实测

梁缝调查数据

新建行　删除行　编辑　向上　向下

ID	梁名称	东坐标	北坐标	高程	梁缝宽
1	D44L	484482.0536	499835.8299	11.7077	0.1900
2	D454647L	484341.5802	499799.1034	14.6111	0.2250
3	D64L	483831.1528	499624.0185	28.1490	0.1100
4	D65L	483808.6869	499613.7598	28.7787	0.0970
5	D66L	483786.2620	499603.4305	29.4082	0.0870
6	D67L	483759.0496	499590.8275	30.1165	0.0900
7	D68L	483731.8383	499578.1795	30.9032	0.1050
8	D69L	483702.1816	499564.3968	31.7011	0.1000
9	D70L	483672.5302	499550.6115	32.4688	0.1200
10	D71L	483642.9744	499536.8517	33.9433	0.2700

确定　取消

图 12-14　梁长、梁缝调查实测数据

12.3.3　轨道板布设

轨道板粗铺前,应将底座板表面清理干净。粗铺吊装可采用龙门吊,也可选择汽车吊进行。吊装落板时应防止与凸形挡台撞击,特别注意不能撞击 GRP 预埋钢棒,最终确保轨道板位于两凸形挡台中间部位或按弹墨线就位。

根据设计曲线要素和设计布板方案计算出理论上凸形挡台中心坐标(道路基准点)。

轨道板的布设分为路基板布设和桥梁板布设,以下详细叙述这两种布板方式。

1)路基段布板

路基段布板的基本单位为轨道板,具体有以下两种布板方式。

(1)布板方式 1。按板间隙布板,只需要输入起始里程,如图 12-15 所示。

其中板名为对应板类型中用户构造的板名;板间隙宽度为轨道板之间的板件间隙(按规范之规定);板数量为相同类型轨道板的数量。

(2)布板方式 2。使用软件自动计算板间隙。用户需要同时输入起始里程和结束里程,选择好板的类型即可,如图 12-16 所示。这样以来,“板数量”与“间隙宽度”将自动生成。

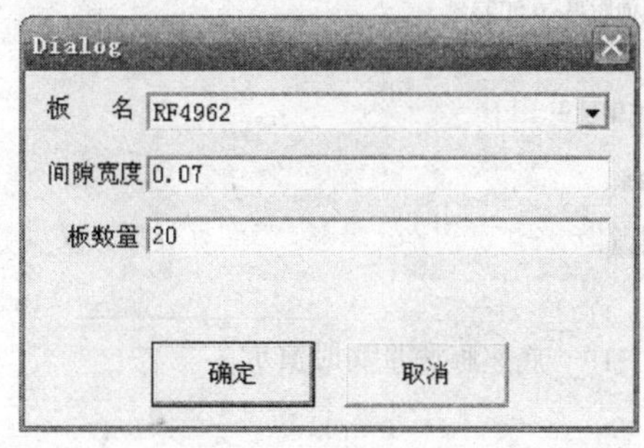

图 12-15　选择板类型

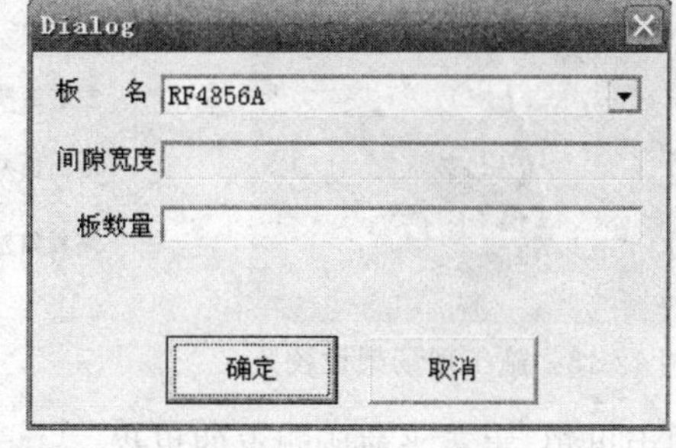

图 12-16　选择板类型

2)桥梁段布板

桥梁段布板方式和路基段布板方式类似,但桥梁段上的布板方式应根据梁长、梁缝调查数据进行,如图 12-17 所示。

其中梁名称应与构造梁类型中梁名称匹配。

在确定首端梁调查数据后,继续导入下一梁首端数据,软件可根据已有的数据计算出实际

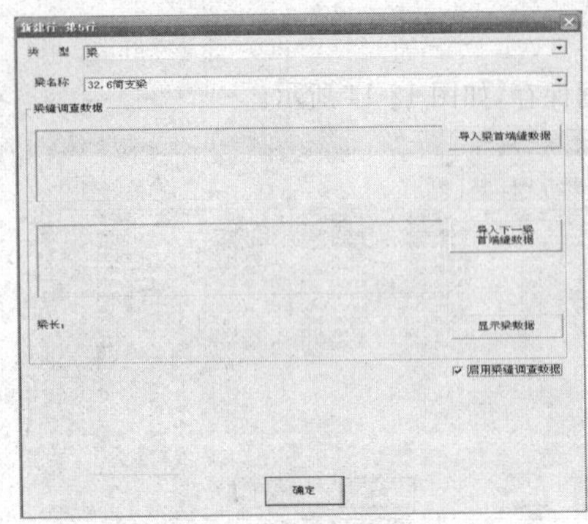

图 12-17　启用梁缝调查数据

梁长并完成布板工作。

12.3.4　底座板施工测量

在架设底座板钢模板之前,先进行底座板边线放样,确定底座板边线,便于架设底座钢模板,并可根据粗放的边线架设底座钢模板,然后进行精调作业。

模板的设计坐标根据实时里程计算而得。现场通过软件实时测取坐标来计算钢模板在横向、高程方向上的偏差,指导施工人员作业。测量点应选择靠近线路设计底座板边线任意一侧附近,棱镜选择可根据实际情况确定。

混凝土底座的精度要求见表 12-6。

混凝土底座/支撑层精度要求　　表 12-6

名　称	高　程	中线位置
精度	−5～0mm	±2mm

1)模板边线测量

(1)在线路一侧任一点架设棱镜,如图 12-18 所示。

(2)用软件连接全站仪实时测取坐标数据,软件根据实测数据解算底座板边线,见图 12-19。在底座板边线放样中,当测量结果不考虑高程偏差时,可以确定底座板边线位置。

图 12-18　施工现场架设棱镜

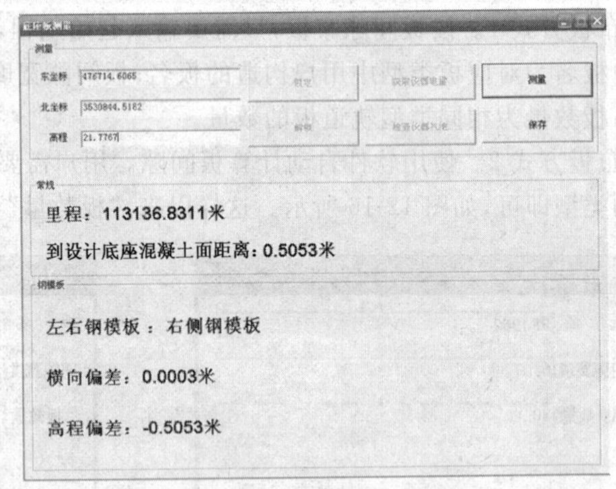

图 12-19　底座板测量实时演示

图中里程:表示当前所测点的里程。

到设计底座板面距离:表示当前所测点到设计底座板面距离。

左右钢模板:表示当前点是靠近左侧钢模板还是右侧钢模板。

横向偏差:表示钢模板到设计边线的横向偏差,为负表示钢模板要向外偏移,为正表示要向内偏移。

高程偏差:表示钢模板沿铅直方向的高程偏差,为负表示模板要向上偏移,为正表示模板要向下偏移。

(3)在测量点做标记。建议施工方选用永久性标记方法，以免雨淋或空气潮湿后标记模糊。

(4)保存数据。在测量结束后，点击测量界面保存按钮完成数据保存。

2)底座板钢模校验测量

(1)依据边线测量已知点并架设钢模板(图 12-20)。底座板采用"模筑"法施工，模板采用组合钢模板。模板应有足够的刚度和强度，以满足底座板混凝土施工时摊铺机行走需要。因梁顶不允许采用钻孔加固的方式(防止损坏防水层)，左右两幅内侧模板采用钢管互为支撑的加固方法，外侧模板直接支撑在箱梁防撞墙上。

(2)在钢模板上利用底座钢模板校验工装架设棱镜，见图 12-21。

(3)用全站仪实时测取坐标数据，并解算，见图 12-22。

(4)根据测量结果进行钢模的调整，见图 12-23。

图 12-20 施工现场钢模板架设

图 12-21 钢模板校验棱镜架设

图 12-22 施工现场测量

图 12-23 施工现场调整钢模

(5)数据保存。完成测量后点击测量界面保存按钮，完成数据保存。

(6)浇灌底座板，见图 12-24。

3)底座板平整度检验

底座板浇筑结束，表面清理、混凝土板养护均完成后，应对底座顶面选取部分点进行相应的检核，以检查浇筑后的底座板是否满足铺板要求，是否存在底座板顶面高度与设计高度超限的情况，如图 12-25 所示。

底座混凝土板养护完成后，通过软件选择"底座板浇筑测量"，在测量数据中："到设计底座混凝土面距离"，表示任一点到底座板的垂直距离。通过这个数据以检查浇筑后的底座板是否满足铺板要求，是否存在底座板顶面高度与设计高度相差超过限差要求的情况。

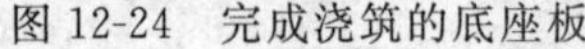

图 12-24　完成浇筑的底座板

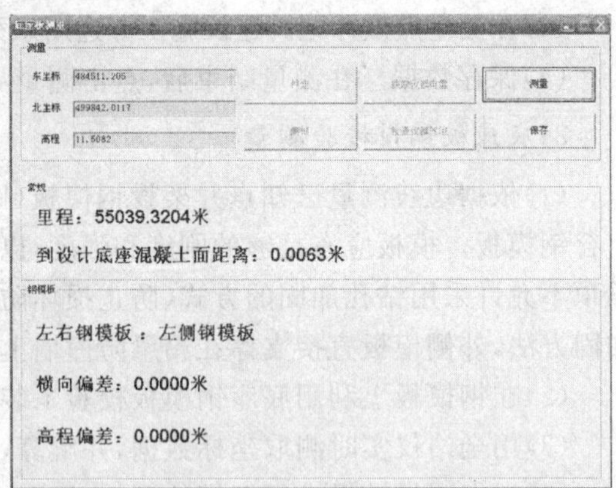

图 12-25　底座板平整度校验测量结果实例

每抽样点检核完成后，如存在超限的点位，应重新架站对超限点进行复核。复核后，依然超限者，则将数据上报，对底座板进行重筑或铣削等处理。

12.3.5　凸形挡台施工测量

凸形挡台施工测量的目的，主要是通过测量获得凸形挡台中心点的坐标数据，通过解算当前测量点与理论位置的距离偏差，从而指导凸形挡台的浇筑工作。

1)凸形挡台粗放及中线确定

(1) 首先选择恰当位置架设棱镜，如图 12-26 所示。

(2)依据凸形挡台中心点设计坐标计算出其横向、纵向和高程偏差，如图 12-27 所示。

图 12-26　施工现场架设棱镜

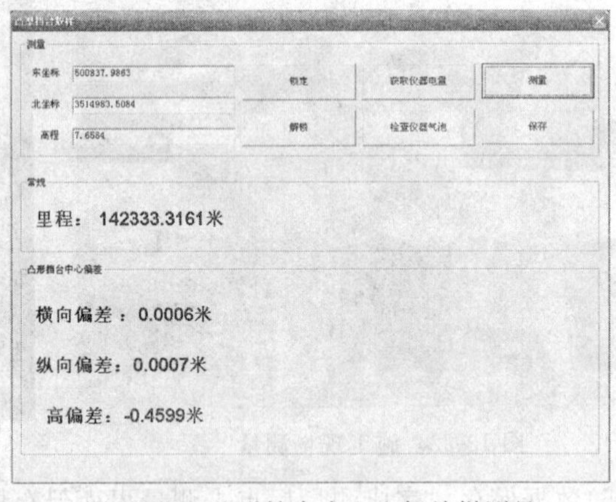

图 12-27　凸形挡台中心坐标放样测量

图中里程：当前测量点在设计线路上的对应里程。

横向偏差：表示到设计的凸形挡台中心点的横向偏差，负数表示要向右偏移，正数表示要向左偏移。

纵向偏差：表示到设计的凸形挡台中心点的纵向偏差，负数表示要向里程大偏移，正数表示要向里程小偏移。

高程偏差：表示到设计的凸形挡台面垂直距离的偏差。

(3)标记。指在测量点标记。

(4)弹线。可根据已测量的凸形挡台点来确定线路中线位置，见图 12-28。

2)凸形挡台钢模板校验

(1)在完成底座板浇筑之后,应根据凸形挡台中心点的位置来架设凸形挡台钢模板,如图 12-29所示。

图 12-28 施工现场弹线

图 12-29 施工现场架设钢模

(2)在钢模板上架设凸形挡台钢模板校验工装钢模,如图 12-30 所示。

(3)根据全站仪测量的数据,计算出校验结果,从而确定凸形挡台面的平整度,并根据实测偏差实现钢模板的校验工作。最后进行凸形挡台的混凝土浇筑(图 12-31)。

图 12-30 施工现场架设凸形挡台校验工装钢模

图 12-31 完成浇筑的凸形挡台

12.3.6 底座板上轨道板位置放线

轨道板位置放线是根据设计线路曲线要素与实际布板要求,在底座板上完成轨道板位置边框的粗放工作。

(1)选择适当位置架设棱镜,见图 12-32。

(2)现场实时测取坐标数据,如图 12-33、图 12-34 所示。

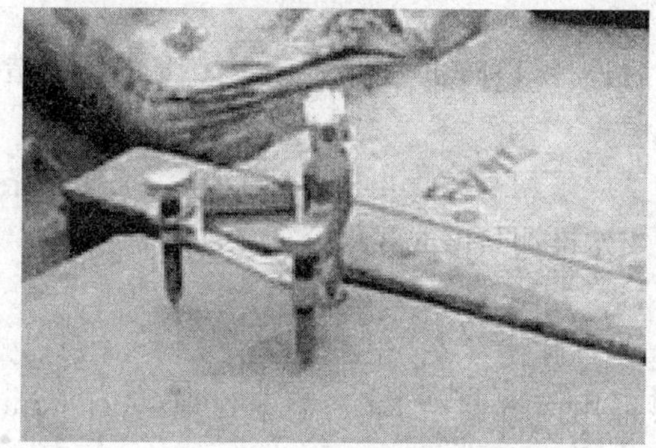

图 12-32 测量现场架设棱镜

图 12-33 测量现场测取坐标

(3)根据测量所得数据处理结果,确定轨道板位置边线,如图 12-35 所示。

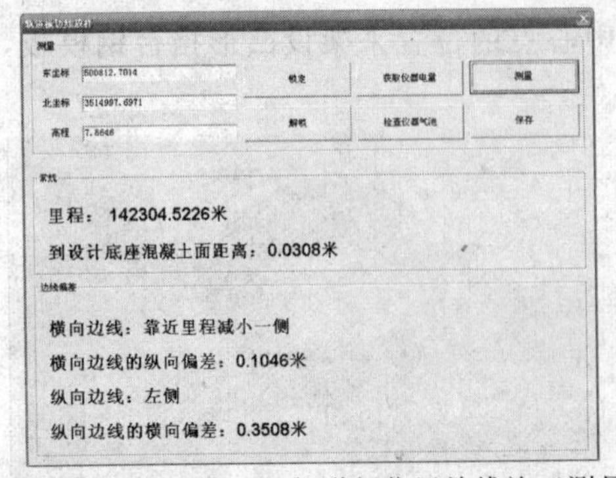

图 12-34　底座板面上轨道板位置放线施工测量

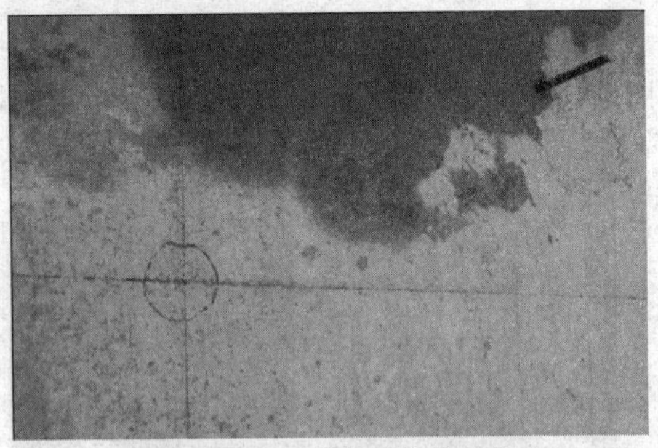

图 12-35　轨道板位置放线示意图

12.4　GRP 测量与平差

为了满足对某段高速铁路的外部及内部几何位置的度要求,建立一个具有极高相对精度的控制网,GRP 点之间的相对精度应满足:平面为 0.2mm,高程为 0.1mm。该网的布设,充分利用了全站仪在特定条件下测角具有极高精度这一特点。

12.4.1　GRP 平面测量

根据沪宁城际铁路有限公司的计划安排,按照《客运专线无砟轨道铁路工程测量暂行规定》(铁建设函[2006]189 号)和《高速铁路无砟轨道工程施工精调作业指南》(铁建设函[2009]674 号)文件要求,在 CP III 控制网测量评估验收后和轨道板施工前,要进行 GRP 测量。GRP 测量的主要内容包括:GRP 的埋设、GRP 的编号、GRP 的测量。

GRP 的命名坐标测量应采用标称测距精度≤$(1+2\times10^{-6})$mm/km 和标称方向测量精度≤1″的智能型全站仪进行。全站仪任意设站,通过对线路两侧 4 对 CP III 控制点的联测,最终达到确定 GRP 坐标的目的。

在进行 GRP 平面测量时,为保证相邻 GRP 间测量的相对精度,原则上一个测站只用一个精密基座进行,并在测量前对所使用的精密基座的气泡进行校正;若两个同型号精密基座的可重复性和互换性精度能达到≤0.1mm,则可用两个精密基座同时进行测量,以提高 GRP 的测量效果。但同一测站同一基座每次测量点位需要固定,尽量避免不同基座间的系统误差影响。

12.4.2　GRP 高程测量

GRP 的高程测量原则上应在轨道板初铺之后进行,以防止二期荷载对 GRP 的高程造成的影响。

为保证 GRP 高程测量的精度,GRP 高程测量应采用高精度电子水准仪和一把配套条码水准尺实测,施测时采用附合水准路线和中视法支水准测量路线相结合的方法进行。

12.4.3　数据处理

沪宁城际铁路 GRP 测量与平差处理主要采用南方测绘 GRP 数据处理(GRPAdjustment)软件,进行 GRP 的平差工作,见图 12-36。

图 12-36　南方高铁 GRP 数据处理软件

12.5　轨道板精调测量

沪宁城际铁路轨道板精调施工主要由精调仪器供应商负责培训及施工全程技术支持，见图 12-37。

12.5.1　轨道板精调前的准备

(1)桥上防撞墙及电缆槽安装必须完成；

(2)轨道设计几何数据，包括精调段曲线对应高程等要素准备齐全；

(3)GRP 点测量、数据整理完成；

(4)精调标架校核完成；

(5)桥梁的变形曲线趋于平稳。

图 12-37　沪宁城际轨道板精调现场

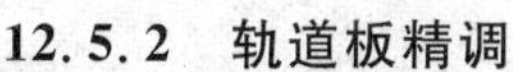

12.5.2　轨道板精调

沪宁城际铁路全线以 GRP 为控制基桩进行轨道板精调施工，采用精调标架以轨道板第二排(从板端开始的)螺栓孔为控制基桩点进行精调作业，轨道板间按搭接(各次设站测量范围间)测量控制。精调精度要求为：板内 4 个承轨点间平面及高程差按 0.4mm 控制，板与板间相邻承轨点平面及高程差按 0.5mm 控制，工作程序如下：

1)安装轨道板精调调节装置

精调调节装置(千斤顶)使用前应对相关部位进行润滑，调节装置在待调板前(纵向)、后部位两侧安装，计 4 个。要求精调装置应具有平面及高程调节能力，同时应具备微调节能力，即至少半圈一行程 1mm。精调装置应在安装前将横向轴杆居中，使之能前后伸缩大约有 10mm 的余量，以避免调节能力不足的问题。

2)精调步骤及工序

(1)测量标架校核；

(2) 全站仪安装(与待精调板相隔 1～2 块板的 GRP 点处安装，对中精度 0.5mm)；

(3)测量标架布设(精调板上布设 2 个，前方已完成的精调板上布设 1 个，调节并保证标架支点与螺栓孔密贴)；

(4)开启无线电装置(建立全站仪与电脑系统间联系)；

(5)测量定向(基于已完成精调板上的标架,作为已知点);

(6)测量定向的校核(基于 GRP 点);

(7)对待精调板上前、后两标架进行测量并读取精调数据;

(8)轨道板初步精调(对板前、后两端进行平面及高程精调);

(9)对待精调板上 2 个标架(4 个棱镜点)进行复核测量;

(10)读取精调数据;

(11)修正精调;

(12)相邻板间(待精调板与已完成精调板之间)平面及高差测量;

(13)顺接性精调修正(直至相邻板间平面及高差小于 0.4mm)。

精调完成后的轨道板应设专人看护,禁止人员踩踏。

12.6 轨道精调测量

轨道精调数据通过轨道测量仪(轨检小车)采集,一次测量数据采集及精调段落不宜少于 1.5km,各段间测量搭接长度不应少于 150m。作业方式如图 12-38 所示。

12.6.1 轨道几何状态精调基本要点

图 12-38 高铁轨检小车精调作业

(1)基本轨的定义。轨检小车一般对基本轨定义如下:在曲线段,轨道高股为轨向数据的基本轨。即轨向数据反映出的是高股状态。轨道低股为高低数据的基本轨,即高低数据反映出的是低股状态。在直线段,以前方曲线的高股侧钢轨为轨向数据基本轨;以低股轨为高低数据的基本轨;当直线段前方无曲线或出现里程断链时,以直线段其后方曲线的高、低股判断轨向及高低的基本轨,确定原则同上。

(2)精调标准及方案。测量(采集)数据通过专用软件进行评估(即线路平顺性评估),在此基础上,按短波 30m 弦、长波 300m 弦平顺性标准确定轨道几何调整方案。精调完成的轨道几何状态应满足如下要求:轨距±1mm,钢轨水平 1mm,轨向、高低按 2mm/5m(即 30m 弦长,5m 检测点距,任何 5m 间距点的设计值与实际测量值之差的差应小于 2mm)及 10mm/150m(即 300m 弦长,150m 检测点距,任何 150m 间距点的设计值与实际测量值之差的差应小于 10mm)。

12.6.2 轨道平顺性检测方法

国内客运专线目前验收标准为 10m 弦轨向、高低,考虑借鉴国外经验,暂时引入德铁 30m 弦、300m 弦的轨道平顺性检核,基本要求如下:

(1)30m 弦(2mm/5m)轨道平顺性检核。假设钢轨支承点的间距,或者说轨枕间距为 0.625m,采用 30m 弦线,按间距 5m 设置一对检测点,则支承点间距的 8 倍正好是两检测点的间距 5m。检测示意见图 12-39。

图中的点是钢轨支承点的编号,以 P_1 到 P_{49} 表示。P_{25} 与 P_{33} 间的轨向检测按下式计算:

$$\Delta h = |(h_{25设计} - h_{33设计}) - (h_{25实测} - h_{33实测})| \leqslant 2\text{mm}$$

由于 P_1 与 P_{49} 的正矢为零，故可检测 P_2（对应点 P_{10}）到 P_{40}（对应点 P_{48}）的轨向。新的弦线则从已检测的最后一个点 P_{40} 开始。

(2)300m 弦（10mm/150m）轨道平顺性检核。假定钢轨支承点的间距，或者说轨枕间距为 0.625m，采用 300m 弦线，按间距 150m 设置一对检测点，则支承点间距的 240 倍正好是两检测点的间距 150m。检测示意见图 12-40。

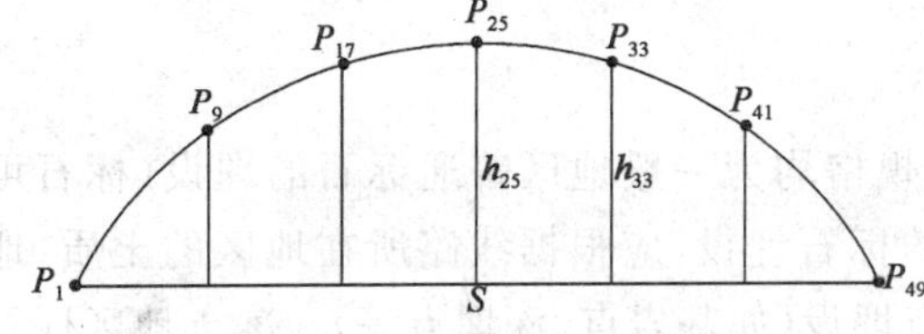

图 12-39　30m 弦轨道平顺性检测适宜图

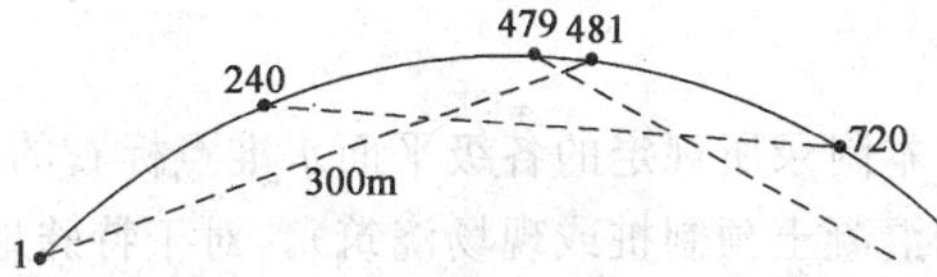

240
479
481
720
300m
1

图 12-40　300m 弦轨道平顺性检测示意图

图中的点是钢轨支承点的编号，以 P_1 到 P_{481} 表示。P_{25} 与 P_{265} 间的轨向检测按下式计算：

$$\Delta h = \left|(h_{25设计} - h_{265设计}) - (h_{25实测} - h_{265实测})\right| \leqslant 2\text{mm}$$

由于 P_1 与 P_{481} 的正矢为零，故可检测 P_2（对应点 P_{242}）到 P_{240}（对应点 P_{480}）的轨向。新的弦线则从已检测的最后一个点 P_{240} 开始。

12.6.3　轨道精调测量

(1)精调时，应确定代表轨向、高低的基本轨。随后，根据基本轨采用精密道尺调整确定另一股钢轨几何状态。一般情况下，根据精调数据（测量采集并经处理后的数据），一组人员调方向，一组人员调高低。调整施工时，还应特别注意轨向及高低调整数据的正负值含义，以免操作中出错。

(2)轨检小车测量基准点的选择。一般情况下，轨检小车通过全站仪任意设站，依据 CP III 网点测量采集有关轨道的几何数据。考虑到此方式存在较大的设站精度及搭接测量精度问题，精调施工中数据可靠性差、精调质量不高，沪宁城际铁路全线采用 GRP 点作为轨检小车测量基准（图 12-41）。

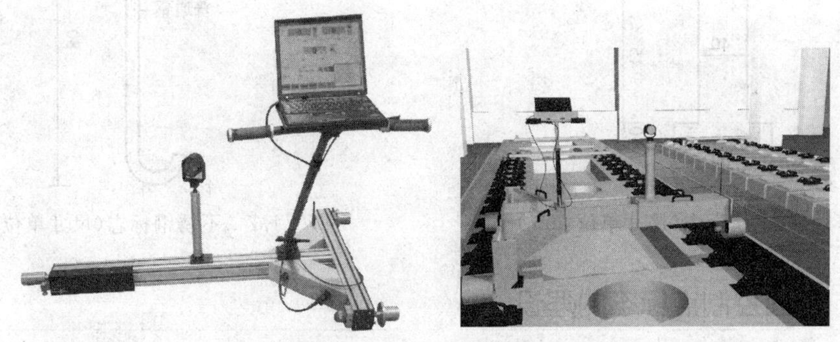

图 12-41　轨检小车结构及工作原理图

本项目以沪宁线局部施工为例，介绍了 CRTS I 型板式无砟轨道施工组织、工序和技术要求，对测量软件作了简要介绍。其中部分技术标准执行当时条件下的《暂规》。此案例仅供学习参考。

附录 A　控制点埋石图及标石

本附录所规定的各级平面水准点标石的埋设规格均为一般地区普通标石的埋设(标石可采用混凝土预制桩或现场浇筑)。对于特殊地区的标石埋设,应根据线路所在地区的土质、地质构造及区域沉降等因素,进行特殊地区的控制点埋设(如基岩点、深埋点等)。冻土地区标石底部应位于最大冻土深度线以下 0.3m。

A.1　控制点标志

A.1.1　金属标志制作材料为铸铁或其他金属。规格应符合图 A.1.1 的规定,图中"××××××"处为测量单位名称。

A.1.2　不锈钢标志可采用直径为 12～20mm、长度为 20～30mm 不锈钢材料,下部采用普通钢筋焊接而成。规格应符合图 A.1.2 的规定。

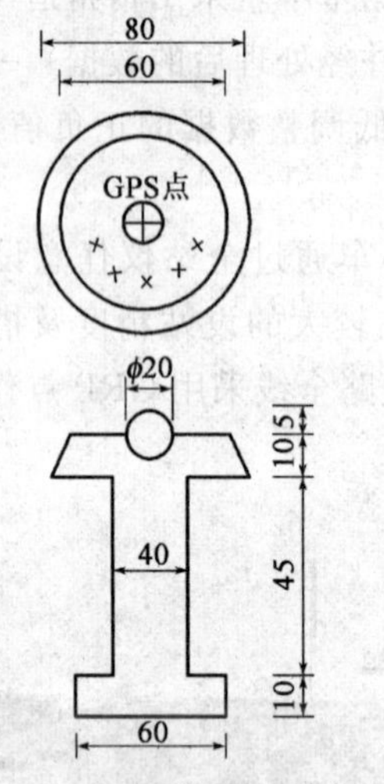

图 A.1.1　金属标志(尺寸单位:mm)

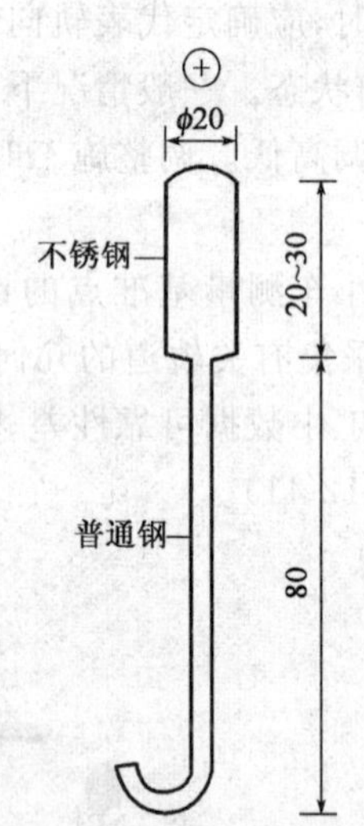

图 A.1.2　不锈钢标志(尺寸单位:mm)

A.2　平面控制点标石的埋设

A.2.1　建筑物顶上设置的标石,应与建筑物顶面牢固连接。建筑物上各等平面控制点标石设置规格应符合图 A.2.1-1、图 A.2.1-2 的规定。

A.2.2　CP0 及一等控制点标石埋设规格应符合图 A.2.2 的规定。

A.2.3　CPI 及二等平面控制点标石埋设规格应符合图 A.2.3 的规定。

A.2.4　CP II 及三等平面控制点标石埋设规格应符合图 A.2.4 规定。

A.2.5　四等平面控制点标石埋设规格应符合图 A.2.5 规定。

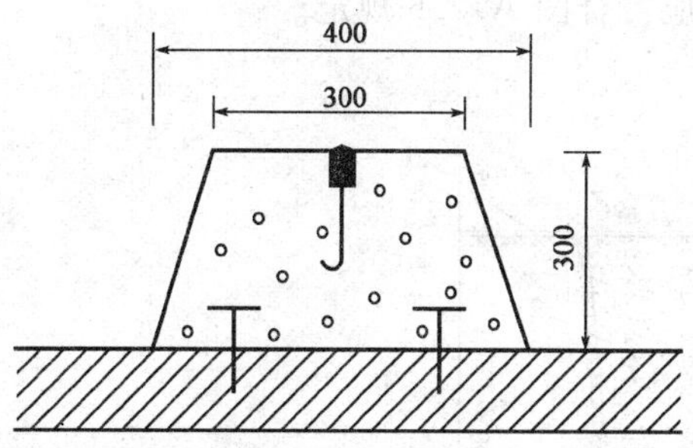

图 A.2.1-1　建筑物 CP0 平面控制点标石
(尺寸单位:mm)

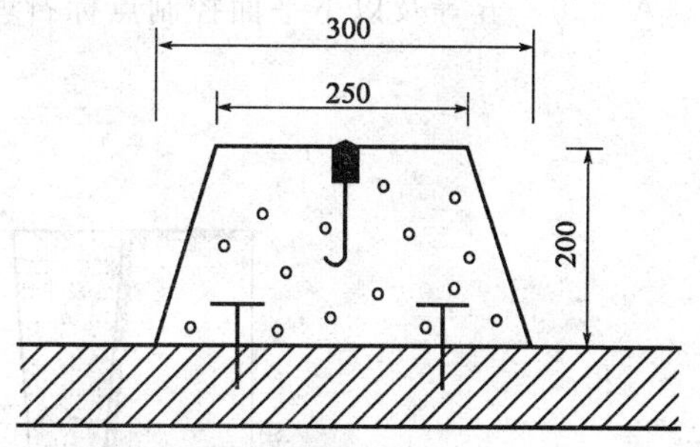

图 A.2.1-2　建筑物上 CP Ⅰ、CP Ⅱ平面控制点标石(尺寸单位:mm)

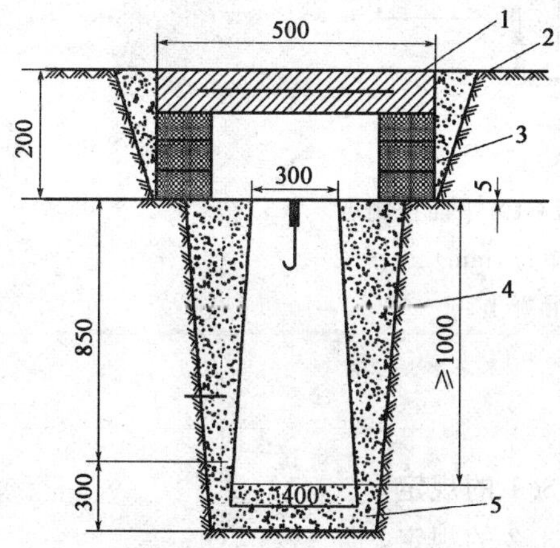

图 A.2.2　CP0 控制点标石埋设图(尺寸单位:mm)
1-盖板;2-地面;3-保护井;4-素土;5-混凝土

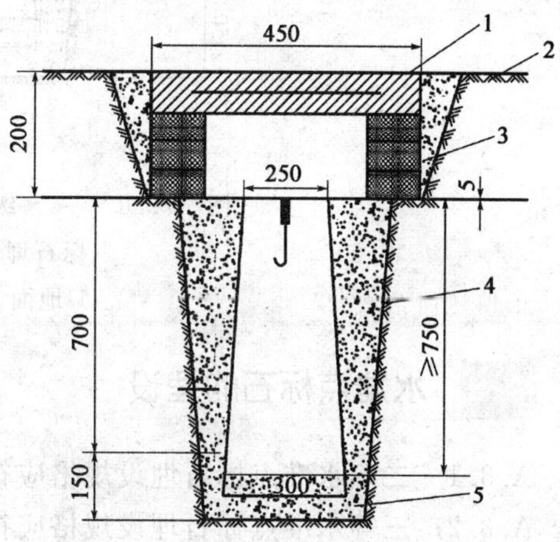

图 A.2.3　CP Ⅰ及二等平面控制点标石埋设图
(尺寸单位:mm)
1-盖板;2-地面;3-保护井;4-素土;5-混凝土

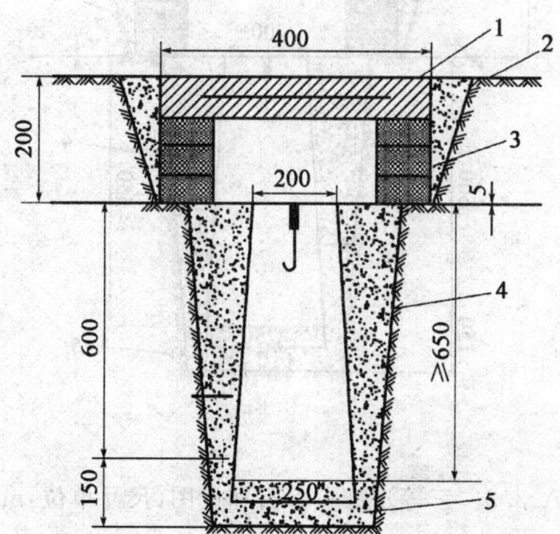

图 A.2.4　CP Ⅱ及三等平面控制点标石埋设图
(尺寸单位:mm)
1-盖板;2-地面;3-保护井;4-素土;5-混凝土

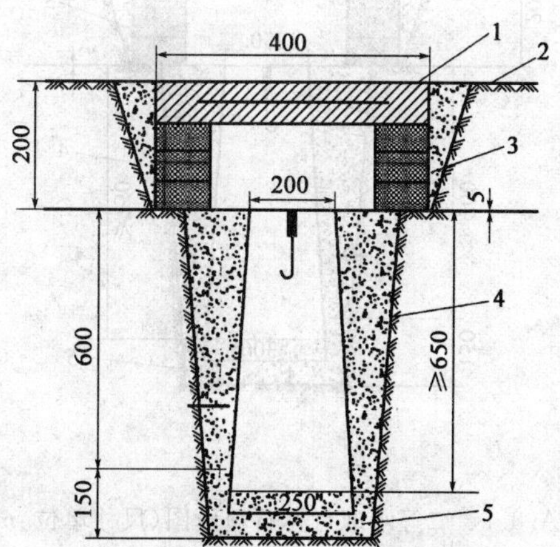

图 A.2.5　四等平面控制点标石埋设图
(尺寸单位:mm)
1-盖板;2-地面;3-保护井;4-素土;5-混凝土

A.2.6　五等及以下平面控制点标石埋设规格应符合图 A.2.6 规定。

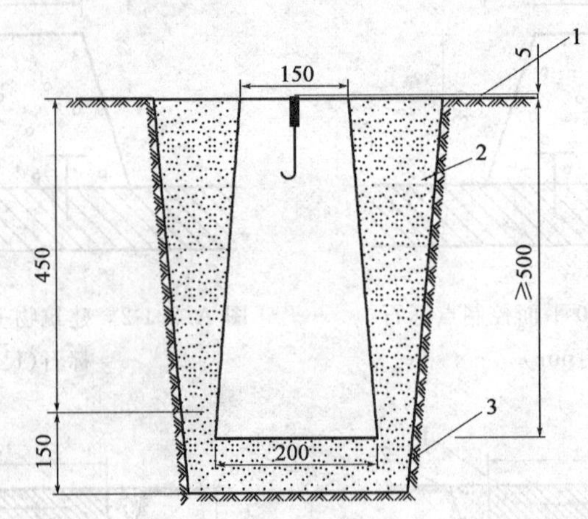

图 A.2.6　一、二级导线/五等 GPS 平面控制点标石埋设图(尺寸单位:mm)
1-地面;2-素土;3-混凝土

A.3　水准点标石的埋设

A.3.1　二等水准点标石埋设规格应符合图 A.3.1 的规定。

A.3.2　三等水准点标石埋设规格应符合图 A.3.2 的规定。

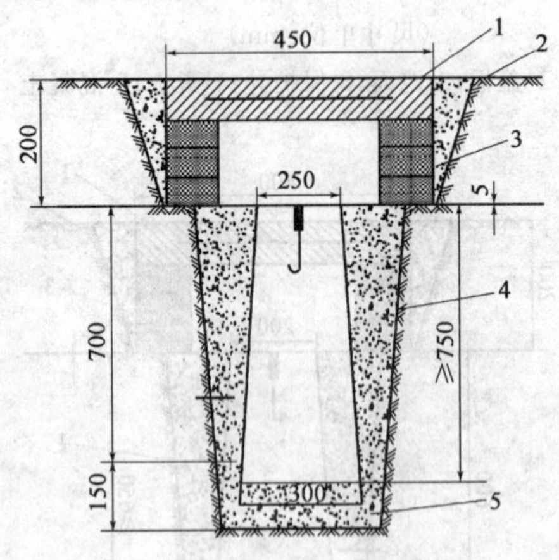

图 A.3.1　二等水准点标石埋设图(尺寸单位:mm)
1-盖板;2-地面;3-保护井;4-素土;5-混凝土

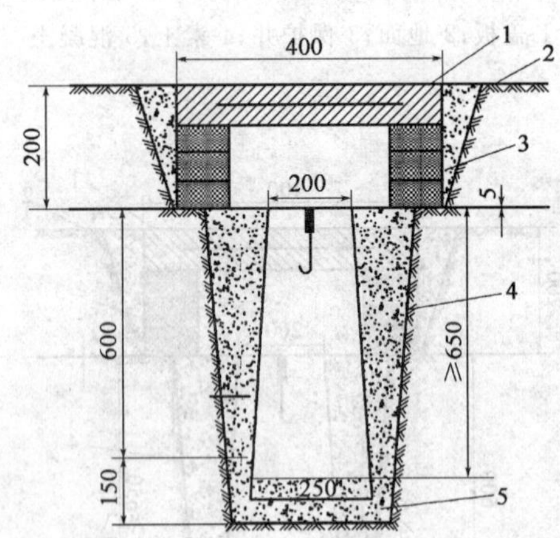

图 A.3.2　三等水准点标石埋设图(尺寸单位:mm)
1-盖板;2-地面;3-保护井;4-素土;5-混凝土

A.3.3　四等水准点标石埋设规格应符合图 A.3.3 的规定。

A.3.4　水准基点墙脚标石埋设规格应符合图 A.3.4 的规定。

A.3.5　基岩水准点、深埋点水准点埋设规格应符合图 A.3.5 的要求。

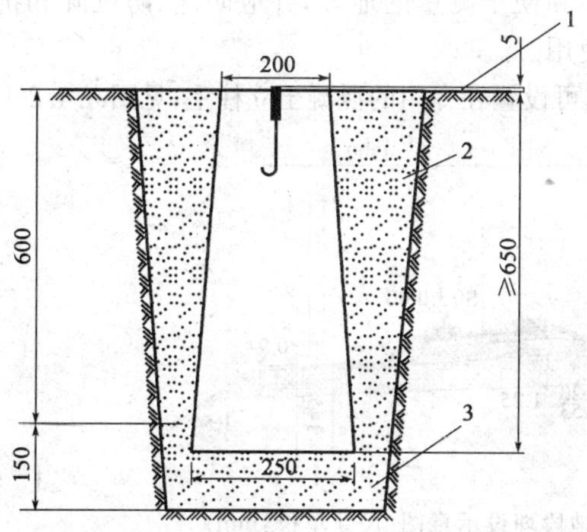

图 A.3.3　四等水准点标石埋设图(尺寸单位:mm)

1-地面;2-素土;3-混凝土

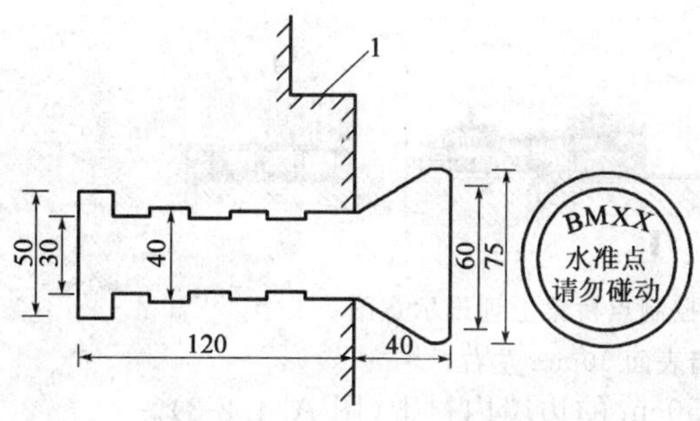

图A.3.4　墙脚水准基点标石埋设图(尺寸单位:mm)

1-墙面

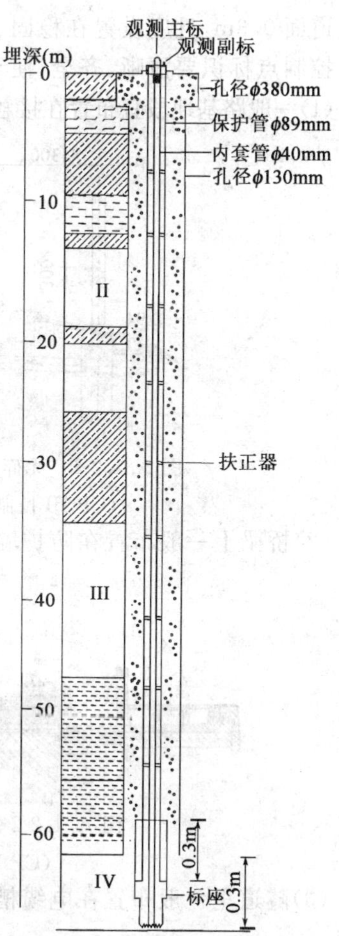

图 A.3.5　深埋点水准点规格及埋设图

注:基岩水准点应达到基岩、深埋水准点埋设深度应达到稳定的持力层。

A.4　无砟轨道 CP III 控制点埋设要求

A.4.1　元器件要求

(1)无砟轨道 CP III 控制点的元器件必须采用工厂精加工元器件(要求采用数控机床),用不易生锈及腐蚀的金属材料制作,一般由固定的埋设标和可以装卸的连接件组成。

(2)CP III 控制网的测量标志必须达到以下要求:具有强制对中、能在其上安置和整平棱镜、可将标志上的高程准确地传递到棱镜中心、能够校准棱镜上的圆水准气泡等功能,而且能够长期保存、不变形、体积小、结构简单、安装方便、价格适中。

(3)同一套测量标志在同一点重复安装的空间位置偏差应该小于±0.5mm,分解到 X、Y、Z 方向的重复安装偏差应均小于±0.3mm。

(4)不同套测量标志在同一点重复安装的空间位置偏差也应该小于±0.5mm,分解到 X、Y 方向的重复安装偏差应均小于±0.4mm,Z 方向的重复安装偏差不应大于±0.2mm。

(5)CP III 测量、轨道施工、精调、轨道维护等各工序,应使用同一型号的 CP III 控制网测量标志。

A.4.2　CP III 控制点一般按 60m 左右一对布设,且不应大于 80m,点位设置高度应不低于轨道面 0.3m，且应设置在稳固、可靠、不易破坏和便于测量的地方，并应防冻、防沉降和抗移动。控制点标识要清晰、齐全、便于准确识别和使用。

(1)一般路基地段宜布置在接触网杆基础上，也可设置在专门的混凝土立柱上，见图A.4.2-1。

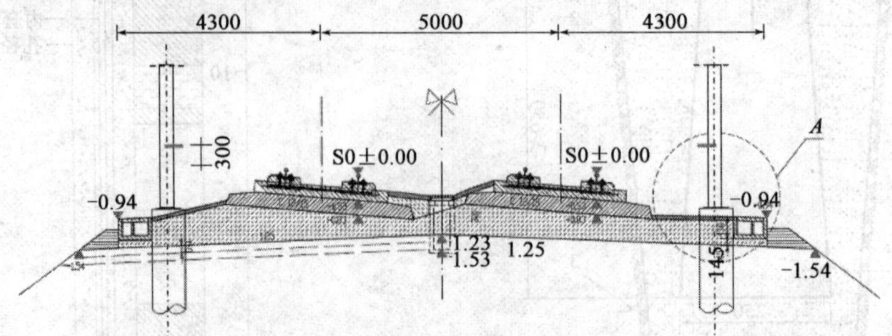

图 A.4.2-1　无砟轨道 CP III 路基地段埋设示意图(尺寸单位：mm)

(CP III 控制点距离设计轨面高差一般为 300mm 左右)

(2)桥梁上一般布置在防护墙上(图 A.4.2-2)。

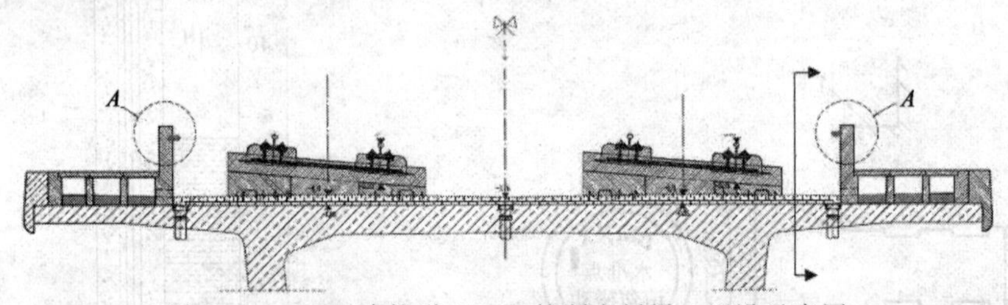

图 A.4.2-2　无砟轨道 CP III 控制点桥梁上埋设示意图

(CP III 控制点距防护墙表面 50mm 左右)

(3)隧道里一般布置在电缆槽顶面以上 30～50cm 的边墙内衬上(图 A.4.2-3)。

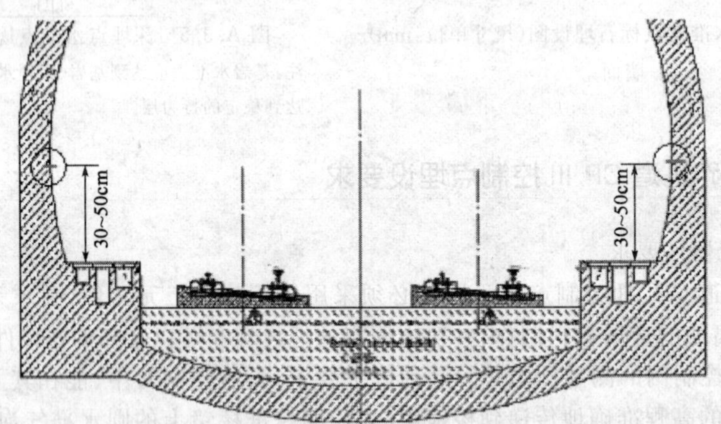

图 A.4.2-3　无砟轨道 CP III 控制点隧道内埋设示意图

(标记点设置在内衬上，点位距电缆槽边墙表面 30～50cm)

A.4.3　在 CP II 控制点设置处附近，应清晰、明显地设置点号标志。点号标志可采用统一规格字模，字高为 6cm 的正楷字体刻绘的标志牌，也可采用用白色油漆抹底，黑色油漆喷写点号。点号标牌规格为 30cm×20cm，应注明 CP III 编号及“测量标志，严禁破坏”字样，如图 A.4.3 所示。

CP III编号：0356301

测量标志，严禁破坏

图 A.4.3　CP III 控制点的点号标志

A.4.4 CP III 网的点编号原则如下：

(1)CP III 控制点按照公里数递增进行编号，其编号反映里程数。

(2)CP III 点以数字 CP III 为数字代码。

(3)处于线路里程增大方向轨道左侧的 CP III 点编号为奇数，处于线路里程增大方向轨道右侧的 CP III 点编号为偶数，在有长短链地段应注意编号不能重复。

CP III 点名编号原则

点编号	含　义	数字代码	在里程内点的位置
0356301	表示线路里程 DK356 范围内线路里程增大方向左侧的 CP III 第 1 号点，"3"代表"CP III"	0356301	(轨道左侧)奇数 1、3、5、7、9、11 等
0356302	表示线路里程 DK1356 范围内线路里程增大方向右侧的 CP III 第 1 号点，"3"代表"CP III"	0356302	(轨道右侧)偶数 2、4、6、8、10、12 等

A.5 线路定测标志桩尺寸

A.5.1 方桩顶面为 4cm×4cm，若为圆桩顶面直径为 4cm，桩长 30～35 cm。

A.5.2 标志桩尺寸宜为宽 5～8 cm，厚 2cm，桩长 35～40 cm。

A.5.3 板桩尺寸宜为宽 4～5 cm，厚 1～1.5cm，桩长 30～35 cm。

A.6 控制点标识

A.6.1 采用混凝土埋石的 CP I、CP II、水准基点的标识如图 A.6.1，在混凝土的表面上应注明线名、点号等。

当在岩石上设水准点则应用红油漆将点全部涂红，并标注上述项目。

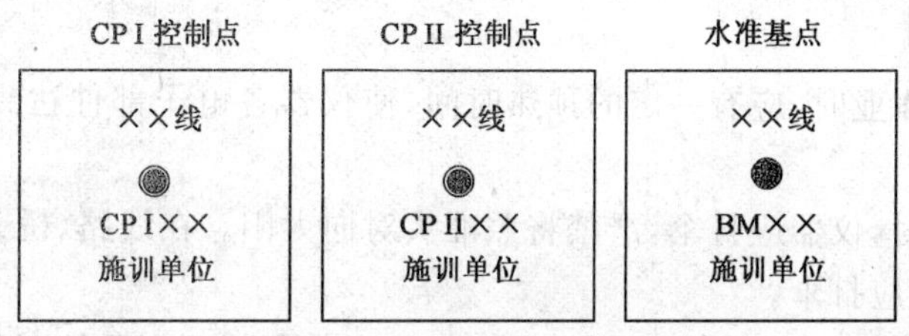

图 A.6.1 控制点标识示意图

A.6.2 隧道洞内中线点、水准点、控制点的标志，应在点位相应的隧道边墙上画出，见图 A.6.2，标志框内以白油漆刷底色，以红油漆书写文字和数字。

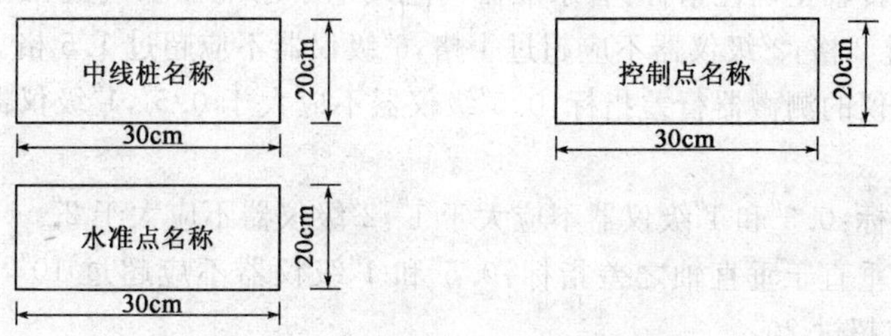

图 A.6.2 隧道内控制点标识示意图

附录 B 光电测距仪、全站仪技术要求

B.0.1 光电测距仪、全站仪应按照仪器说明书正确使用。光电测距仪的照准头、经纬仪和反射镜应按出厂时的配套号码使用，否则必须重新检验三轴（发射轴、接收轴、照准轴）的平行性和检定加常数。

B.0.2 新购的光电测距仪、全站仪，在使用前应进行检定，仪器修理后应重新检定。用于线路、桥梁、隧道控制测量的光电测距仪、全站仪，每年应检定一次，在使用过程中发现异常情况应及时检定；用于线路中线测量的光电测距仪应定期与精度不低于 1/100000 的已知边长或自设的专用基线比长，比测的误差超过标称误差的 2 倍时，应进行检定。检定的精度要求应符合国家现行《中、短程光电测距规范》(GB/T 16818—1997)的规定。

B.0.3 光电测距仪、全站仪作业要求应符合下列规定：

(1)应检校三轴的平行性与圆水准器及光学对中器。

(2)视线宜高出地面和离开障碍物 1.2m 以上。

(3)视线应避免通过受电、磁场干扰的地方，一般要求离开高压线 2～5m。

(4)视线宜避免通过发热体（如散热塔、烟囱等）。

(5)视线背景应避免反光体，在反射光束范围内，不得同时出现两个反射器，测距时步话机应避免距离仪器太近。

(6)在低气温下作业时，应有一定的预热时间，使仪器各电子部件达到正常稳定的工作状态，方可测距。

(7)在晴天作业时，仪器应打伞，严禁将照准头对向太阳。在线路、桥梁、隧道控制测量中，当反射镜无遮阳罩时应打伞。

(8)避免在烟、尘、雨、雾、霜、雪、雷、电及四级以上大风等不利条件下测距。

B.0.4 所使用光电测距仪的光学经纬仪、电子经纬仪、全站仪的测角应在仪器有效检定期内。每个项目作业前应进行以下项目的检验：

(1)照准部旋转轴正确性指标：管水准器气泡或电子水准器长气泡在各位置的读数较差，1″级仪器不应超过 2 格，2″级仪器不应超过 1 格，6″级仪器不应超过 1.5 格。

(2)光学经纬仪的测微器行差指标：0.5″级仪器不应大于 0.5″，1″级仪器不应大于 1″，2″级仪器不应大于 2″。

(3)隙动差指标：0.5″和 1″级仪器不应大于 1″，2″级仪器不应大于 2″。

(4)水平轴不垂直于垂直轴之差指标：0.5″和 1″级仪器不应超过 10″，2″级仪器不应超过 15″，6″级仪器不应超过 20″。

(5)补偿器的补偿要求，在仪器补偿器的补偿区间，对观测成果应能进行有效补偿。

(6)垂直微动螺旋使用时，视准轴在水平方向上不产生偏移。

(7)照准部旋转时，仪器基座的位移指标：0.5″和 1″级仪器不应超过 0.3″，2″级仪器不应超

过 1″,6″级仪器不应超过 1.5″。

(8)光学(或激光)对点器的对中误差不应大于 1mm。

B.0.5　光电测距仪、全站仪技术的测距及辅助工具的检校,应符合下列规定:

(1)新购置的仪器或大修后,应进行全面检校。

(2)测距仪使用的气象仪表,应送气象部门按有关规定检测。当在高海拔地区时使用空盒气压计时,宜送当地气象台(站)校准。

(3)测尺频率的校正精度应高于 1×10^{-6}。

(4)周期误差的振幅不应大于仪器标称精度中固定误差的 0.6 倍,检定中误差不应大于 0.5mm。

(5)加常数的检定中误差不应大于仪器标称精度中固定误差的 0.5 倍;乘常数的检定中误差不应大于仪器标称精度中比例误差系数的 0.75 倍。

(6)光学对中器旋转 180°时,先后标定的两点应重合,对中误差不应大于 1mm。

(7)安置反射器的对中杆使用前应检查圆水准的正确性;安置反射器的光学对中器旋转 180°时,先后标定的两点应重合,对中误差不应大于 1mm。

附录C 水准仪(电子水平仪)、水准尺技术要求

C.1 仪器作业要求

C.1.1 作业时,所使用水准仪(电子水平仪)应在仪器有效检定期内。每个项目作业前应进行以下项目的检验:

(1)水准仪视准轴与水准管轴的夹角 i,在作业开始的第一周内应每天测定一次,i 角稳定后可每隔 15 天左右测定一次,DS05、DS1 级不应超过 15″;DS3 级不应超过 20″。

(2)水准仪光学测微器的使用应正确,其分画值的平均值与名义值之差应不超过 0.001mm。

(3)补偿式自动安平水准仪的补偿误差 Δa 对于二等水准测量不应超过 0.2″,三等水准测量不应超过 0.5″。

C.1.2 水准尺应满足以下要求:

(1)水准尺上的米间隔平均长与名义长之差,铟瓦水准标尺,不应超过 0.15mm;条行码尺,不应超过 0.10mm。木质双面标尺不应超过 0.5mm。

(2)水准尺的圆水准器气泡,当水准标尺位于垂直位置时应居中。

(3)水准尺分画面弯曲差(矢距),对于线条式铟瓦水准标尺应不超过 4mm;对区格式水准标尺应不超过 8mm。

C.2 仪器的检校

C.2.1 用于水准测量的仪器应送指定计量检定单位进行检定和校准,并在检定和校准的有效期内使用。

C.2.2 对于新出厂仪器以及作业前和跨河水准测量使用的仪器检校项目按表 C.2.2 规定执行。

C.2.3 表 C.2.2 中+表示应检验的项目,当所有使用仪器方法与该项检验无关时,可不作检验。表中第 4、5、20、23 项检验由法定计量检定单位进行检验。

C.2.4 经过修理和校正后的仪器应检难受其影响的有关项目,自动安平系统修理和校正后,第 20 项应检验。

C.2.5 自动发平光学水准仪每天检校一次 i 角,气泡式水准仪每天上下午各检校一次 i 角。作业开始后的 7 个工作日内,若 i 角较为稳定,以后每隔 15 天检校一次。

C.2.6 数字水准仪,整个作业期间应每天开测前进行 i 角测定,若开测为未结束测段,则在新测段开始前进行测定。

C.2.7 每日工作开始前应检校表 C.2.2 中第 2、9 项。若对仪器某一部件的质量有怀疑

时，应及时进行相应项目的检验。

C.2.8　作业期结束后应检验表 C.2.2 中第 3、4 项各一次。

仪器校检　　　　表 C.2.2

序号	仪器	检验项目	新仪器	作业前	跨河水准测量
1		标尺的检视	+	+	+
2		标尺上的圆水准器的检校	+	+	+
3		标尺分画面弯曲差的测定	+	+	+
4		标尺名义米长及分画偶然中误差的测定	+	+	+
5		标尺温度膨胀系数的测定	+		
6		一对水准标尺零点不等差的测定(条码标尺)一对水准标尺零点不等差及基辅分画读数差的测定	+	+	+
7		标尺中轴线与标尺底面垂直性测定	+		
8		水准仪的检视	+	+	+
9		水准仪上概图水准器的检校	+	+	+
10		光学测微器隙动差和分划值测定	+	+	+
11	水准标尺	视线观测中误差的测定	+		
12		自动安平水准仪补偿误差的测定	+		
13		十字丝的检校	+		
14		数字水准仪视线距离测量误差	+		
15		调焦透镜运行误差的测定	+		
16		气泡式水准仪交叉误差的检校	+		+
17		i 角检校	+	+	+
18		双摆位自动安平水准仪摆差 2C 角的测定	+	+	+
19		测站高差观测中误差和竖轴误差的测定	+	+	+
20		自动安平水准仪器致误差的测定	+		
21		倾斜螺旋隙动差、分画误差和分画值的测定	+		
22		符合水准器分画值的测定	+		+
23		系统分辨率检定	+		

C.3　二等水准测量外业高差改正数计算

C.3.1　水准标尺长度改正

(1)依据水准标尺长度计量部门提供的检定结果进行改正。若出测前与收测后水准标尺每名义米长的变化不大于 30μm，则取平均值进行改正；若变化超过 30μm，应分析变化原因，决定是否重测或如何进行改正。

(2)计算改正数的方法。水准测量测前、测后两次检定标尺长度与改正系数，计算示例如表 C.3.1。

一测段高差改正数 δ 由式(C.3.1)计算：

$$\delta = f \cdot h \tag{C.3.1}$$

式中：h——往测或返测高差值(m)；

f——标尺改正系数(mm/m)。

标尺长度改正系数计算示例表(单位：mm)　　表 C.3.1

测定日期		一根标尺名义米长		一付标尺名义米长	标尺改正系数 f=名义米长－1000
		尺号 No.50151	尺号 No.50152		
测前	1979.4.26	1000.005	1000.010	1000.008	
测后	1979.9.30	1000.009	1000.020	1000.014	
中数		1000.007	1000.015	1000.011	0.011

C.3.2　水准标尺温度改正。一测段高差改正数 δ 由式(C.3.2)计算：

$$\delta = \sum[(t-t_0)\cdot a\cdot h] \tag{C.3.2}$$

式中：t——标尺温度(℃)；

t_0——标尺长度检定温度(℃)；

a——标尺铟瓦带膨胀系数[mm/(mm·℃)]；

h——测温时段中的测站高差(m)。

C.3.3　正常水准面不平行改正

一测段高差正数 ε 由式(C.3.3-1)计算：

$$\varepsilon = -(\gamma_{i+1}-\gamma_i)\cdot H_m/\gamma_m \tag{C.3.3-1}$$

式中：γ_m——两水准点正常重力平均值(10^{-5}m/s^2)，依式(C.3.3-2)计算；

γ_i、γ_{i+1}——分别为 $i+1$ 点椭球面上的正常重力值(10^{-5}m/s^2)，依式(C.3.3-3)计算；

H_m——两水准点概略高程平均值(m)。

$$\gamma_m = (\gamma_i+\gamma_{i+1})/2 - 0.1543H_m \tag{C.3.3-2}$$

$$\gamma = 978032(1+0.0053024\sin^2\varphi - 0.0000058\sin^2\varphi) \tag{C.3.3-3}$$

式中：φ——水准点纬度。

γ 值取至 0.01×10^{-5}m/s^2。

C.3.4　水准路线闭合差的改正

若所计算的水准路线自成独立环线，或闭合于两个已知高程的水准点之间的单一路线，则此路线闭合差 W 应按测段站数 n 成比例配予各测段高差中，按式(C.3.4)计算高差改正数 ν_i：

$$\nu_i = -n_i/\sum n\cdot W \tag{C.3.4}$$

式中：W——已施加式(C.3.1)～式(C.3.3)的各项改正后的闭合差(mm)；

n_i——第 i 测段的测站数。

附录 D 控制点点之记

D.1 ×××点之记

工程名称： 第 页共 页

<table>
<tr><td>点 名</td><td></td><td>等 级</td><td></td></tr>
<tr><td colspan="2">详细位置图：</td><td colspan="2">标石断面图：

单位：mm</td></tr>
<tr><td>点位详细说明</td><td></td><td colspan="2">（点位近视图片）</td></tr>
<tr><td>交通路线</td><td colspan="3"></td></tr>
<tr><td rowspan="2">概略坐标</td><td colspan="3">B=</td></tr>
<tr><td colspan="3">L=</td></tr>
<tr><td>所在地</td><td colspan="3"></td></tr>
<tr><td>标石类型</td><td colspan="3"></td></tr>
<tr><td>标石质料</td><td colspan="3"></td></tr>
<tr><td>选点单位</td><td></td><td>埋石单位</td><td></td></tr>
<tr><td>选点者</td><td></td><td>埋石者</td><td></td></tr>
<tr><td>选点日期</td><td></td><td>埋石日期</td><td></td></tr>
<tr><td>备注</td><td colspan="3"></td></tr>
</table>

附录

D.2 GPS 测量手簿封面

GPS 测量观测手簿

手簿编号 No. ________

测量级别____________

起止日期____________

项目名称____________

点　　名____________

点　　号____________

测量单位____________

D.3 GPS测量手簿记录格式

<table>
<tr><td>点　　号</td><td></td><td>点　　名</td><td></td><td>图　幅　号</td><td></td></tr>
<tr><td>观测记录员</td><td></td><td>观测日期</td><td></td><td>时段号</td><td></td></tr>
<tr><td>接收机型号
及编号</td><td></td><td>天线类型
及其编号</td><td></td><td>存储介质类
型及编号</td><td></td></tr>
<tr><td>原始观测
数据文件名</td><td></td><td>Rinex 格式
数据文件名</td><td></td><td>备份存储介
质类型及编号</td><td></td></tr>
<tr><td>近似纬度</td><td>°　′　″N</td><td>近似经度</td><td>°　′　″E</td><td>近似高程</td><td>m</td></tr>
<tr><td>采样间隔</td><td>s</td><td>开始记录时间</td><td>h　min</td><td>结束记录时间</td><td>h　min</td></tr>
<tr><td colspan="2">天线高测定</td><td colspan="2">天线高测定方法及略图</td><td colspan="2">点位略图</td></tr>
<tr><td colspan="2">测前：　　　测后：
测定值______m　______m
修正值______m　______m
天线高______m　______m
平均值______m　______m</td><td colspan="2"></td><td colspan="2"></td></tr>
<tr><td colspan="2">时间(UTC)</td><td colspan="2">跟踪卫星数</td><td colspan="2">PDOP</td></tr>
<tr><td colspan="2"></td><td colspan="2"></td><td colspan="2"></td></tr>
<tr><td colspan="2"></td><td colspan="2"></td><td colspan="2"></td></tr>
<tr><td colspan="2"></td><td colspan="2"></td><td colspan="2"></td></tr>
<tr><td colspan="2"></td><td colspan="2"></td><td colspan="2"></td></tr>
<tr><td colspan="2"></td><td colspan="2"></td><td colspan="2"></td></tr>
<tr><td colspan="2"></td><td colspan="2"></td><td colspan="2"></td></tr>
<tr><td colspan="2"></td><td colspan="2"></td><td colspan="2"></td></tr>
<tr><td>记
事</td><td colspan="5"></td></tr>
</table>

附录E　变 形 测 量

变形测量观测墩的构造和埋设规格应符合图 E.1 的规定。各种记录表格见表 E.1～表 E.27。

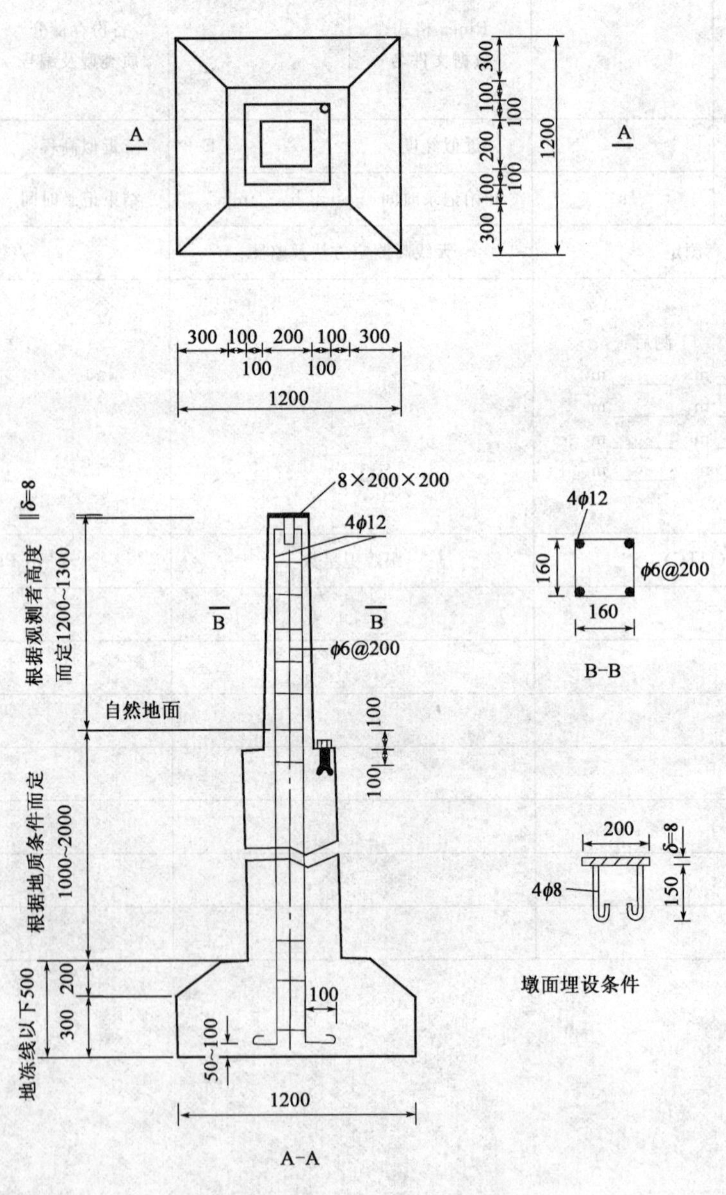

图 E.1　变形测量观测墩图(尺寸单位:mm)
(墩面尺寸根据强制归心装置尺寸而定)

×××高速铁路

工程沉降变形观测准备工作检查记录表　　表 E.1

<table>
<tr><td>单位工程名称</td><td colspan="3"></td><td>开 工 日 期</td><td></td></tr>
<tr><td>建设单位</td><td colspan="3"></td><td>现场项目负责人</td><td></td></tr>
<tr><td>设计单位</td><td colspan="3"></td><td>现场项目负责人</td><td></td></tr>
<tr><td>监理单位</td><td colspan="3"></td><td>总监理工程师</td><td></td></tr>
<tr><td>施工单位</td><td></td><td>项目负责人</td><td></td><td>项目技术负责人</td><td></td></tr>
</table>

序号	项目	内　　容
1	沉降变形观测设计交底	
2	沉降变形观测方案	
3	各种监测仪器和设备情况	
4	专业观测人员情况	
5	施工图现场核对情况	
6	地质勘测资料	
7	开工报告	
8		
9		
10		

附件材料1.

2.

检查结论：

监理组长：

总监理工程师：

年　月　日

注：本表一式 4 份，施工、设计、监理和建设单位各 1 份。

×××高速铁路
工程沉降变形观测结果评估验收记录表

表 E.2

<table>
<tr><td colspan="2">标 段 名 称</td><td colspan="2"></td><td colspan="2">单位(项)工程名称</td><td colspan="2"></td></tr>
<tr><td colspan="2">工程部位</td><td colspan="2"></td><td colspan="2">工程位置(里程)</td><td colspan="2"></td></tr>
<tr><td colspan="2">观测开工日期</td><td colspan="2"></td><td colspan="2">观测完成日期</td><td colspan="2"></td></tr>
<tr><td colspan="2">施工单位</td><td colspan="6"></td></tr>
<tr><td colspan="2">项目负责人</td><td></td><td>项目技术负责人</td><td></td><td>项目质量负责人</td><td colspan="2"></td></tr>
<tr><td>序号</td><td>评估项目</td><td colspan="4">评估情况记录</td><td colspan="2">评估结论</td></tr>
<tr><td>1</td><td></td><td colspan="4"></td><td colspan="2"></td></tr>
<tr><td>2</td><td></td><td colspan="4"></td><td colspan="2"></td></tr>
<tr><td>3</td><td></td><td colspan="4"></td><td colspan="2"></td></tr>
<tr><td colspan="8">附件材料1.
2.</td></tr>
<tr><td rowspan="5">参加评估验收人员签字</td><td>施工单位</td><td colspan="4"></td><td colspan="2"></td></tr>
<tr><td>监理单位</td><td colspan="4"></td><td colspan="2"></td></tr>
<tr><td>设计单位</td><td colspan="4"></td><td colspan="2"></td></tr>
<tr><td>咨询单位</td><td colspan="4"></td><td colspan="2"></td></tr>
<tr><td>建设单位</td><td colspan="4"></td><td colspan="2"></td></tr>
</table>

注：本表一式 5 份，施工、设计、监理、咨询和建设单位各 1 份。

水准测量记录表(路基) 表 E.3

<table>
<tr><td colspan="8">自＿＿＿＿点测至＿＿＿＿点　　20　年　月　日
天气　温度　成像＿＿＿＿　太阳方向
第＿＿页　共＿＿页＿＿</td></tr>
<tr><td rowspan="3">测站编号</td><td>后尺 下丝 / 上丝</td><td>前尺 下丝 / 上丝</td><td rowspan="3">观测方向</td><td colspan="2">标尺读数</td><td rowspan="3">基＋K减辅(一减二)</td><td rowspan="3">备注</td></tr>
<tr><td>后距</td><td>前距</td><td>基本分划</td><td>辅助分划</td></tr>
<tr><td>视距差 d</td><td>∑d</td><td>(一次)</td><td>(二次)</td></tr>
<tr><td rowspan="4"></td><td>(1)</td><td>(5)</td><td>后</td><td>(3)</td><td>(8)</td><td>(14)</td><td rowspan="4"></td></tr>
<tr><td>(2)</td><td>(6)</td><td>前</td><td>(4)</td><td>(7)</td><td>(13)</td></tr>
<tr><td>(9)</td><td>(10)</td><td>后一前</td><td>(15)</td><td>(16)</td><td>(17)</td></tr>
<tr><td>(11)</td><td>(12)</td><td>h</td><td></td><td></td><td>(18)</td></tr>
<tr><td rowspan="4">1</td><td></td><td></td><td>后</td><td></td><td></td><td></td><td rowspan="4"></td></tr>
<tr><td></td><td></td><td>前</td><td></td><td></td><td></td></tr>
<tr><td></td><td></td><td>后一前</td><td></td><td></td><td></td></tr>
<tr><td></td><td></td><td>h</td><td></td><td></td><td></td></tr>
<tr><td rowspan="4">2</td><td></td><td></td><td>后</td><td></td><td></td><td></td><td rowspan="4"></td></tr>
<tr><td></td><td></td><td>前</td><td></td><td></td><td></td></tr>
<tr><td></td><td></td><td>后一前</td><td></td><td></td><td></td></tr>
<tr><td></td><td></td><td>h</td><td></td><td></td><td></td></tr>
<tr><td rowspan="4">3</td><td></td><td></td><td>后</td><td></td><td></td><td></td><td rowspan="4"></td></tr>
<tr><td></td><td></td><td>前</td><td></td><td></td><td></td></tr>
<tr><td></td><td></td><td>后一前</td><td></td><td></td><td></td></tr>
<tr><td></td><td></td><td>h</td><td></td><td></td><td></td></tr>
<tr><td rowspan="5">沉降点计算</td><td colspan="3">支(附合)水准路线长度(m)</td><td colspan="3"></td><td rowspan="5"></td></tr>
<tr><td colspan="3">往测高差(m)</td><td colspan="3"></td></tr>
<tr><td colspan="3">返测高差(m)</td><td colspan="3"></td></tr>
<tr><td colspan="3">往返测高差之差(mm)</td><td colspan="3"></td></tr>
<tr><td colspan="3">沉降点高程(m)</td><td colspan="3"></td></tr>
</table>

测量负责人：　计算：　日期：　复核：　日期：

路基沉降观测记录表（沉降观测桩） 表 E.4

工程名称： 测量单位：

观测点编号								
观测点里程								
观测期次	观测日期	累计天数（d）	两次观测间隔	本次高程（m）	本次沉降（mm）	累计沉降（mm）	沉降速率（mm/d）	备注

测量负责人： 复核： 监理： 年 月 日

路基观测桩沉降量记录汇总表

表 E.5

断面里程：　　　　　　　　　　　　　　　　　　　　　　第　　页共　　页

观测日期	累计天数(d)	两次观测时间间隔(d)	路肩左侧观测桩(编号：　　　　)				路肩右侧观测桩(编号：　　　)				备注
			路堤填高(m)	本次沉降(mm)	总沉降(mm)	沉降速率(mm/d)	路堤填高(m)	本次沉降(mm)	总沉降(mm)	沉降速率(mm/d)	

单位：　　　　　　　整理：　　　　　　　复核：　　　　　　　年　　月　　日

附录

路基沉降观测记录表(沉降板) 表 E.6

工程名称： 测量单位：

观测点编号									
观测点里程									
观测期次	观测日期	累计天数(d)	两次观测间隔(d)	填土高度(m)	本次高程(m)	本次沉降(mm)	累计沉降(mm)	沉降速率(mm/d)	备注

测量： 复核： 监理： 年 月 日

路基沉降板观测记录汇总表 表 E.7

断面里程： 第 页 共 页

观测日期	累计天数(d)	两次观测时间间隔(d)	路基基底沉降板(编号：)				路基顶面沉降板(编号：)				备注
			板顶填土高度(m)	本次沉降(mm)	总沉降(mm)	沉降速率(mm/d)	板顶填土高度(m)	本次沉降(mm)	总沉降(mm)	沉降速率(mm/d)	

单位： 整理： 复核： 年 月 日

附录

路基沉降观测记录表(剖面管)

表 E.8

工程名称：　　　　　　　　测量单位：

观测点里程					观测次数		上次观测时间			
填土高度(m)					基准点高程(m)					
测量位置(m)	观测时间(yy-mm-dd)	正向读数(mm)	反向读数(mm)	平均值(mm)	上次高程(m)	本次高程(m)	本次沉降(mm)	累计沉降(mm)	沉降速率(mm/d)	备注
1										
2										
3										
4										
5										
6										
7										
8										
9										
10										
11										
12										
13										
14										

填表：　　　　　　复核：　　　　　　监理：　　　　　　日期：

路基分层沉降观测记录表　　表 E.9

里程段落：　　观测日期：　　第　页　共　页

断面里程	测点编号	测点埋深（m）	原始磁环高程（m）	上次磁环高程（m）	测试读数（m）	平均值（m）	本次磁环高程（m）	本次沉降（mm）	累计总沉降（mm）	本次分层沉降（mm）
路堤填筑高度及其他情况										
水位深度			水位高程（mm）				管口高程（mm）			

注：1. 每次磁环测量和沉降管管口高程测量均应对准管口固定位置。

2. 每次磁环测量均需重复测量两次，并以磁环下部响声为准。

单位：　　测量：　　记录：　　年　月　日　时

路基分层沉降观测记录汇总表

表 E.10

断面里程：　　　　　　　　　　　　　　　　　　　　　　　　　　　　第　页　共　页

观测日期	累计天数（d）	路堤填高（m）	本次分层沉降（mm）														地面总沉降（mm）	备注
			1	2	3	4	5	6	7	8	9	10	11	12	13	14		

单位：　　　　　　　整理：　　　　　　　复核：　　　　　　　年　　月　　日

路基边桩位移观测记录表 表 E.11

里程段落： 观测日期： 第 页 共 页

断面里程	边桩编号	边桩位置	原始高程（m）	上次高程（m）	本次高程（m）	本次沉降（mm）	沉降速率（mm/d）	累计总沉降（mm）	上次总水平位移（mm）	本次水平位移（mm）	本次总水平位移（mm）	位移速率（mm/d）	备注

单位： 测量： 记录： 年 月 日 时

路基边桩位移观测记录汇总表

表 E.12

断面里程：　　　　　　　　　　　　　　　　　　　　　　　　　第　　页 共　　页

观测日期	累计天数(d)	两次观测时间间隔(d)	路基左侧边桩(编号：　　)							路基右侧边桩(编号：　　)							地面总沉降(mm)	备注
			填土高度(m)	本次沉降(mm)	总沉降(mm)	沉降速率(mm/d)	本次水平位移(mm)	本次总水平位移(mm)	位移速率(mm/d)	填土高度(m)	本次沉降(mm)	总沉降(mm)	沉降速率(mm/d)	本次水平位移(mm)	本次总水平位移(mm)	位移速率(mm/d)		

单位：　　　　　　　　　　整理：　　　　　　　　复核：　　　　　　　　　　　　　　　　年　　月　　日

过渡段沉降量记录汇总表

表 E.13

第　　页 共　　页

断面里程			观测点编号		位置描述			
观测日期	累计天数 (d)	两次观测 时间间隔 (d)	填土高度 (m)	原始高程 (m)	上次高程 (m)	本次高程 (m)	本次沉降 (mm)	累计总沉降 (mm)

单位：　　　　　　　　测量：　　　　　　　　记录：　　　　　　　　年　　月　　日

桥梁墩(台)沉降观测汇总表 表 E.14

桥梁名称： 桥梁起止里程：

观测时间 高程、沉降值 台、墩号、观测点	年　月　日			年　月　日			年　月　日		
	高程 (m)	本次 沉降量 (mm)	累计 沉降量 (mm)	高程 (m)	本次 沉降量 (mm)	累计 沉降量 (mm)	高程 (m)	本次 沉降量 (mm)	累计 沉降量 (mm)
北京台 0 号									
承台标 1									
承台标 2									
墩身标									
……									
……									
……									
……									
××号墩									
承台标 1									
承台标 2									
墩身标									
……									
……									

填表： 复核：

桥梁墩(台)沉降量记录表 表 E.15

桥梁名称： 观测日期： 第 页 共 页

墩台编号	墩台中心里程	观测点编号	位 置	类 型	原始高程(m)	上次高程(m)	本次高程(m)	本次沉降(mm)

单位： 测量： 记录： 年 月 日

表 E.16

桥梁墩(台)沉降量记录汇总表

桥梁名称：　　　　墩(台)编号：　　　　墩(台)里程：　　　　第　页　共　页

观测日期	累计天数(d)	两次观测时间间隔(d)	测点编号：				测点编号：				测点编号：				测点编号：			
			位置	本次沉降(mm)	总沉降(mm)	沉降速率(mm/d)	位置	本次沉降(mm)	总沉降(mm)	沉降速率(mm/d)	位置	本次沉降(mm)	总沉降(mm)	沉降速率(mm/d)	位置	本次沉降(mm)	总沉降(mm)	沉降速率(mm/d)

单位：　　　　整理：　　　　复核：　　　　年　月　日

涵洞沉降量记录表

表 E. 17

里程段落：　　　　观测日期：　　　　第　　页 共　　页

涵中心里程	断面里程	观测点编号	位　置	类　型	原始高程（m）	上次高程（m）	本次高程（m）	本次沉降（mm）

单位：　　　　测量：　　　　记录：　　　　年　　月　　日

表 E.18

涵洞沉降量记录汇总表

涵洞中心里程：　　涵洞孔径(m)：　　涵长(m)：　　第　页 共　页

观测日期	累计天数(d)	两次观测时间间隔(d)	涵洞进口(线路左侧)						涵洞中部(线路中心)						涵洞出口(线路右侧)					
			观测点编号：			观测点编号：			观测点编号：			观测点编号：			观测点编号：			观测点编号：		
			本次沉降(mm)	沉总降(mm)	沉降速率(mm/d)	本次沉降(mm)	沉总降(mm)	沉降速率(mm/d)	本次沉降(mm)	沉总降(mm)	沉降速率(mm/d)	本次沉降(mm)	沉总降(mm)	沉降速率(mm/d)	本次沉降(mm)	沉总降(mm)	沉降速率(mm/d)	本次沉降(mm)	沉总降(mm)	沉降速率(mm/d)

单位：　　整理：　　复核：　　年　月　日

横剖面沉降测试记录表

表 E.19

测量单位					负责人				
					（签字）			观测日期：	
观测点编号				测次					
观测点里程				时间					
填土高度(m)						基准点高程(m)			
测量位置（m）	观测时间（yy-mm-dd）	第一次高程读数（m）	第二次高程读数（m）	平均值（m）	上次高程读数（m）	本次沉降（mm）	累计沉降（mm）	沉降速率（mm/d）	备注
基准点									
1									
2									
3									
4									
5									
6									
7									
8									
9									
10									
11									
12									
13									
14									
15									
16									
17									
18									
19									
20									
21									
23									

填表：　　　　复核：　　　　监理：

年　月　日　　　　年　月　日　　　　年　月　日

表 E.20

工点沉降观测断面、点布置表

施工标段：　　　　　　　　　　施工单位：

观测工点里程：________至________　　　　　　　　　　编号：

序号	观测断面里程	断面距离（m）	断面类型	观测点及埋设元器件类型、数量				说明
				沉降板	剖面沉降管	单点沉降计	路面观测桩	

填表：　　　　　　复核：　　　　　　设计代表：　　　　　　监理：

年　月　日　　　　年　月　日　　　　年　月　日　　　　年　月　日

路基面沉降观测资料汇总表 表 E.21

施工标段： 施工单位：

观测断面里程：__________ 路堤填(挖)总高度：__________

地基土种类：__________ 地基处理方法：__________

预加载高度：__________ 卸载时间__________编号：

观测时间(yy-mm-dd)	相隔天数(d)	左侧路肩			路基中心			右侧路肩		
		高程(mm)	本次沉降量(mm)	累计沉降量(mm)	高程(mm)	本次沉降量(mm)	累计沉降量(mm)	高程(mm)	本次沉降量(mm)	累计沉降量(mm)

填表： 复核： 技术负责人： 监理：

年 月 日 年 月 日 年 月 日 年 月 日

路堤施工过程和完成后填土高 h—时间 t—沉降 s 曲线格式　　表 E.22

观测断面里程：　　　　编号：

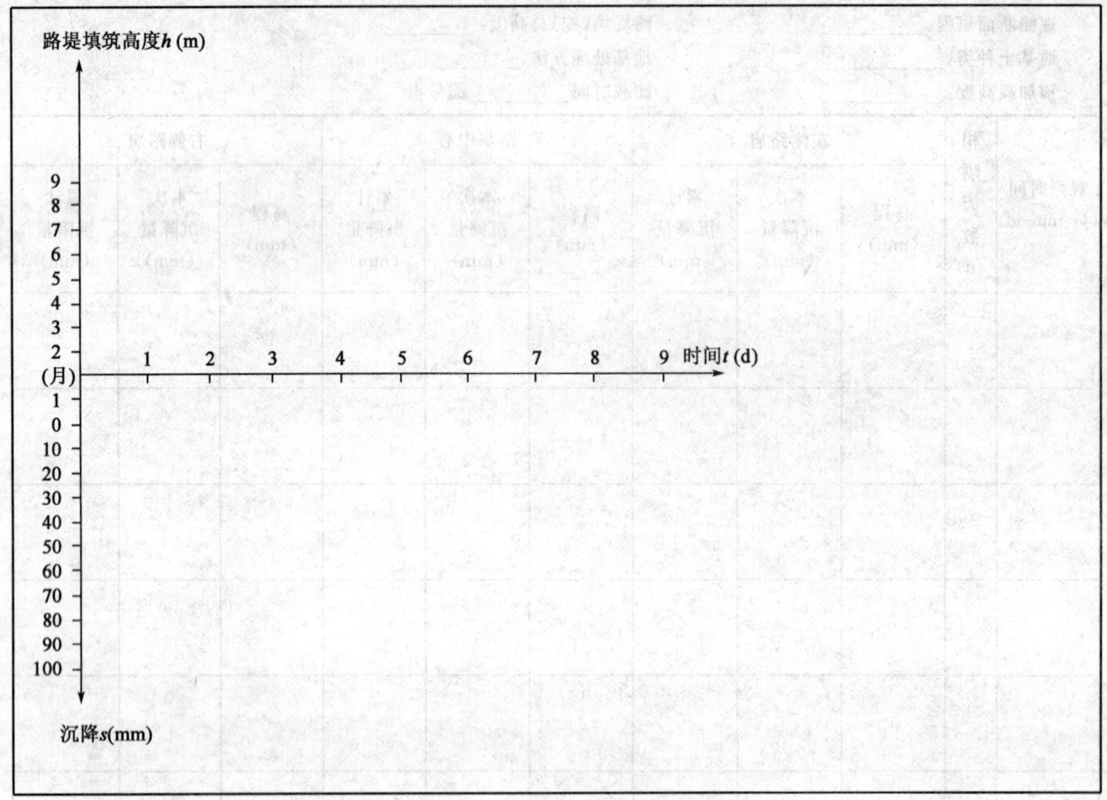

绘图：　　　　复核：　　　　技术负责人：

年　月　日　　　　年　月　日　　　　年　月　日

路基面沉降时间 t—沉降 s 曲线格式　　表 E.23

观测断面里程：__________　　　　编号：

年				年		
9月	10月	11月	12月	1月	2月	3月

沉降 s(mm)

绘图：　　　　复核：　　　　技术负责人：

年　月　日　　　　年　月　日　　　　年　月　日

单点沉降计观测资料汇总表

表 E.24

施工标段：　　　　　　　　　　　施工单位：

观测断面里程：　　　　　　　　　所在断面位置：

填筑总高度及填料种类：　　　　　地基土类型及地基处理方法：

单点沉降计规格型号：　　　　　　单点沉降计观测编号：

单点沉降计锚头高程：　　　　　　单点沉降计锚板高程：　　编号

观测日期	相隔天数(d)	填土顶面高程(m)	累计填土高度(m)	本次沉降量(mm)	累计沉降量(mm)	观测日期	相隔天数(d)	填土顶面高程(m)	累计填土高度(m)	本次沉降量(mm)	累计沉降量(mm)

填表：　　　　　　复核：　　　　　　技术负责人：　　　　　　监理：

年　月　日　　　　年　月　日　　　　年　月　日　　　　　　年　月　日

附录

剖面沉降管测试资料汇总表

表 E.25

施工标段：　　　　　　　　　　　　施工单位：

观测断面里程：　　　　　　　　　　所在断面位置：

填筑总高度及填料种类：　　　　　　地基土类型及地基处理方法：

剖面沉降仪规格型号：　　　　　　　剖面沉降仪观测编号：　　　编号：

起始(左)端管口原始高程：　　　　　终端(右)管口原始高程：　　　　　共　页 第　页

距左距离（m）	年　月　日				年　月　日				年　月　日			
	左向右	右向左	平均差值（mm）	累计沉降量（mm）	左向右	右向左	平均差值（mm）	累计沉降量（mm）	左向右	右向左	平均差值（mm）	累计沉降量（mm）
0.5												
1.0												
1.5												
2.0												
2.5												
…												
…												
…												
…												
…												
31.0												
31.5												
32.0												
管口高程（m）												
路堤填高（m）												

填表：　　　　　　　复核：　　　　　　　技术负责人：　　　　　　　监理：

年　月　日　　　　　年　月　日　　　　　年　月　日　　　　　　　年　月　日

桥梁梁部徐变观测汇总表

表 E.26

桥梁名称：　　　　　　　　　　　　　　　　桥梁起止里程：

观测时间 / 高程、沉降值 / 台、墩号、观测点	年　月　日				年　月　日			
	天气温度（℃）	高程（m）	徐变上拱量（mm）	徐变累计上拱量（mm）	天气温度（℃）	高程（m）	徐变上拱量（mm）	徐变累计上拱量（mm）
武汉端左 1								
武汉端右 2								
差值(左 3－左 1)								
差值(右 4－右 2)								
梁中左 3								
梁中右 4								
差值(左 3－左 5)								
差值(右 4－右 6)								
广州端左 5								
广州端右 6								

填表：　　　　　　复核：　　　　　　技术负责人：　　　　　　监理：

年　月　日　　　　年　月　日　　　　年　月　日　　　　年　月　日

附录

隧道沉降观测汇总表 表 E.27

施工标段： 施工单位：

隧道名称： 隧道起止里程： 编号：

观测时间 / 高程、沉降值 / 观测断面点	年 月 日			年 月 日			年 月 日		
	高程（m）	本次沉降量（mm）	累计沉降量（mm）	高程（m）	本次沉降量（mm）	累计沉降量（mm）	高程（m）	本次沉降量（mm）	累计沉降量（mm）

填表： 复核： 技术负责人： 监理：

年 月 日 年 月 日 年 月 日 年 月 日

附录 F　轨道控制网 CP III 的平面和高程控制网结构形式

F.1　CP III 控制网的平面构网图形

F.1.1　轨道控制网 CP III 的平面控制网宜采用图 F.1.1-1 所示的构网形式。平面观测测站间距应为 120m 左右，每个 CP III 控制点应有 3 个测站的方向和距离观测量。

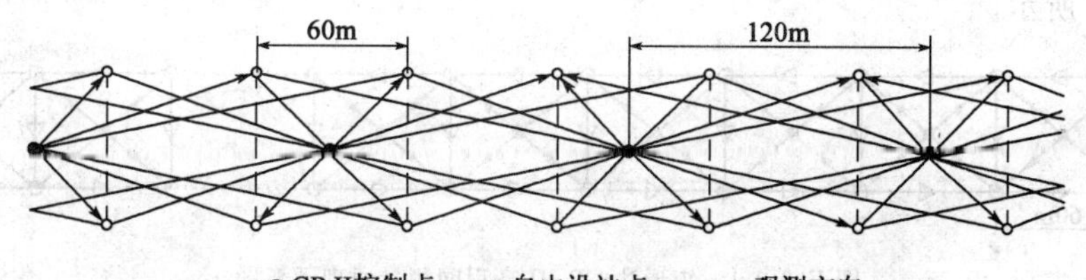

图 F.1.1-1　测站间距为 120m 的 CP III 平面网观测网形示意图

因遇施工干扰或观测条件稍差时，CP III 平面控制网可采用图 F.1.1-2 所示的构网形式，平面观测测站间距应为 60m 左右，每个 CP III 控制点应有 4 个测站的方向和距离观测量。

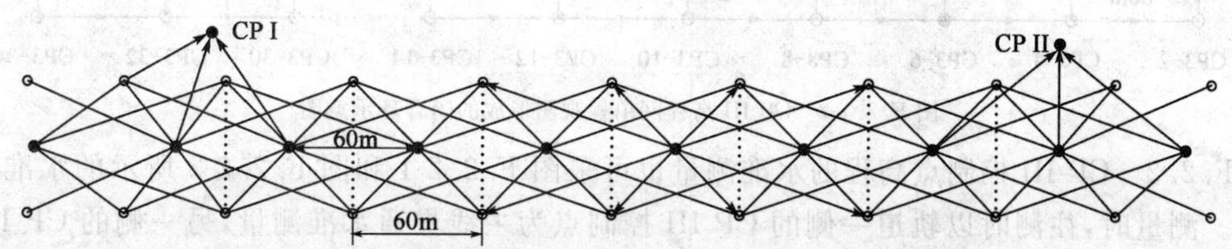

图 F.1.1-2　测站间距为 60m 的 CP III 平面网构网形式

F.1.2　CP III 平面网与上一级 CP I、CP II 控制点联测可以通过自由测站置镜观测 CP I、CP II 控制点，或采用在 CP I、CP II 控制点置镜观测 CP III 点。

(1)当采用在自由设站置镜观测 CP I、CP II 控制点时，应在 2 个或以上连续的自由测站上观测 CP I、CP II 控制点，其观测图形如图 F.1.2-1 所示。

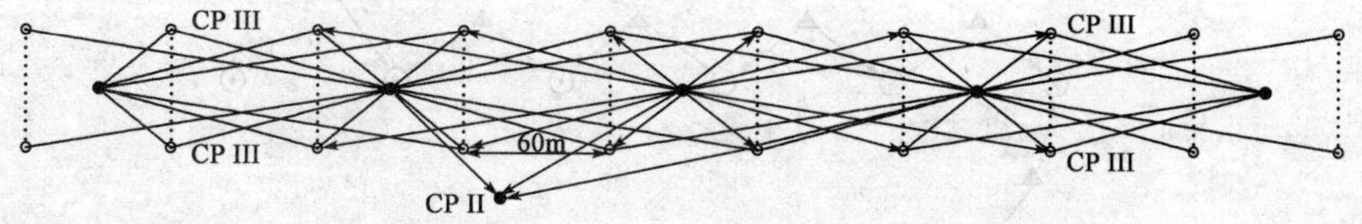

图 F.1.2-1　在自由设站置镜观测 CP I、CP II 控制点的观测网图

(2)当采用在 CP I、CP II 控制点置镜观测 CP III 点，应在 CP I、CP II 控制点置镜观测 3 个以上 CP III 控制点，其观测图形如图 F.1.2-2 所示。

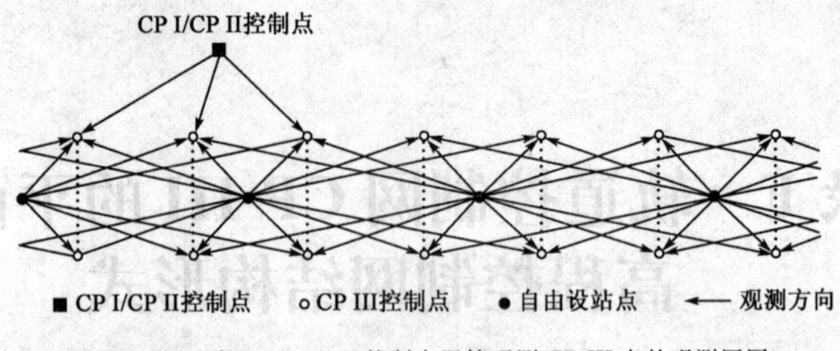

图 F.1.2-2　在 CP I、CP II 控制点置镜观测 CP III 点的观测网图

F.2　CP III 控制点高程测量的水准路线形式

F.2.1　CP III 控制点高程的水准测量宜采用图 F.2.1-1 所示的矩形环单程水准网形式。测量时，左边第一个闭合环的 4 个高差应该由两个测站完成，其他闭合环的 3 个高差可由一个测站按照后—前—前—后或前—后—后—前的顺序进行单程观测。单程观测所形成的闭合环如图 F.2.1-2 所示。

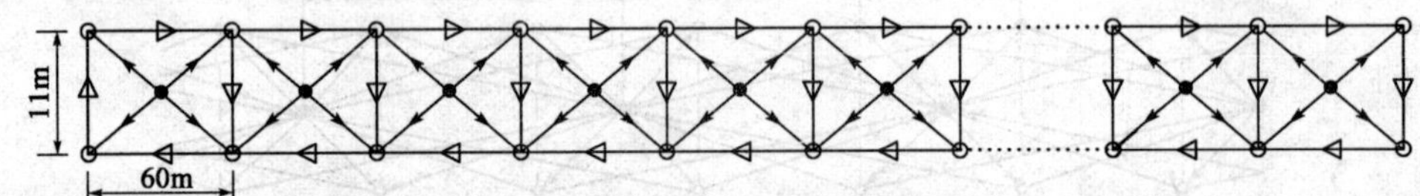

图 F.2.1-1　矩形法 CP III 高程网测量原理示意图

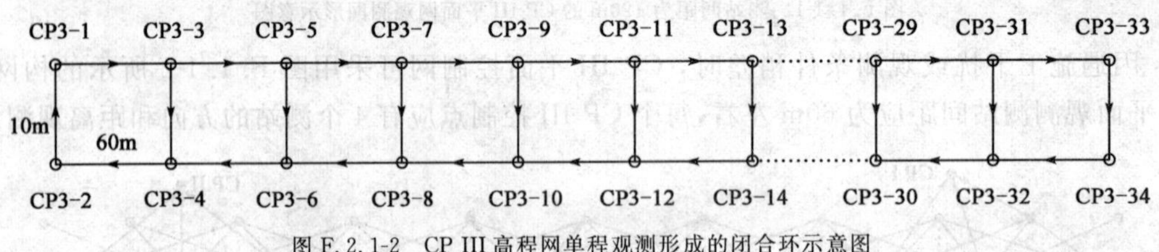

图 F.2.1-2　CP III 高程网单程观测形成的闭合环示意图

F.2.2　CP III 控制点高程的水准测量也可采图 F.2.2-1 和图 F.2.2-2 所示的水准路线形式。测量时，往测时以轨道一侧的 CP III 控制点为主线贯通水准测量，另一侧的 CP III 控制点在进行贯通水准测量摆站时就近进行中视观测。返测时以另一侧的 CP III 控制点为主线贯通水准测量，对侧的控制点在摆站时就近进行中视观测。观测所形成的闭合环如图 F.2.2-3所示。

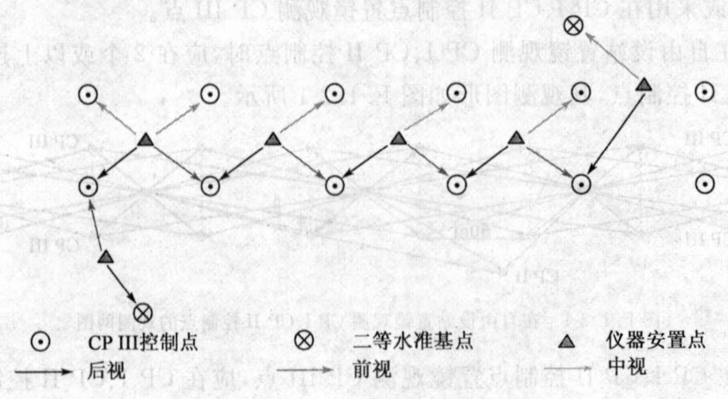

图 F.2.2-1　CP III 往测水准路线示意图

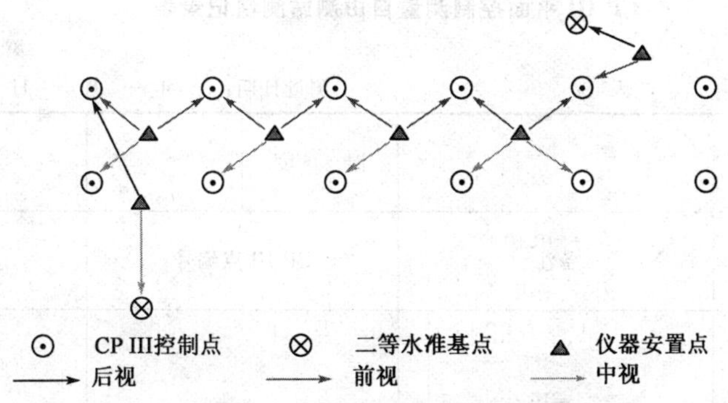

图 F. 2. 2-2　CP III 返测水准路线示意图

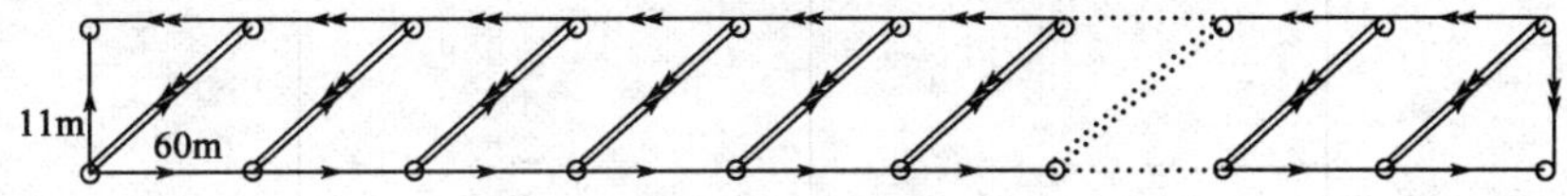

图 F. 2. 2-3　CP III 高程网往返观测形成的闭合环示意图

F.3　CP III 控制网自由测站三角高程测量建网形式

F. 3. 1　由单个 CP III 测站 12 个测点可计算 16 段 CP III 相邻点间的高差，如图 F. 3. 1 所示。

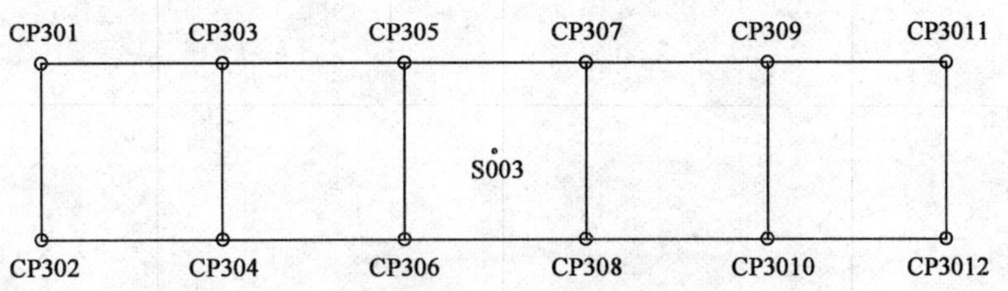

图 F. 3. 1　单个测站 CP III 控制网自由测站三角高程网示意图

F. 3. 2　多个测站所形成的 CP III 三角高程网如图 F. 3. 2 所示。

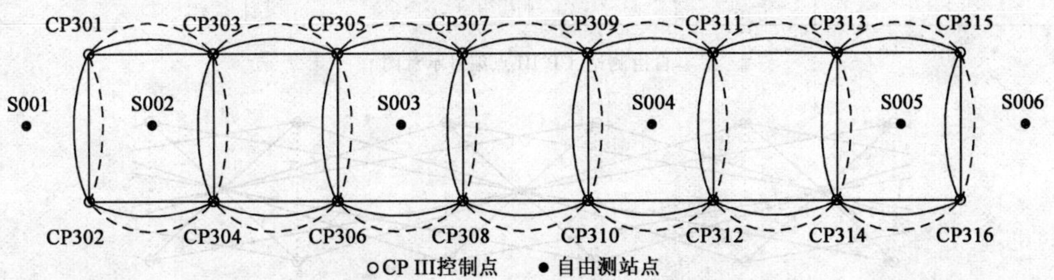

图 F. 3. 2　多个测站 CP III 控制网自由测站三角高程网示意图

F.4　CP III 平面控制测量

自由测站测量记录如表 F. 4. 1 所示，测站信息记录如表 F. 4. 2 所示。

CP III 平面控制测量自由测站测量记录表 表 F.4.1

________线________段 第 页 共 页

测量单位： 天气： 测量日期： 年 月 日

自由测站点编号		温 度		气 压	
CP III 点编号	备注	CP III 点编号		备 注	

自由测站、CP III 点编号示意图

60m

线路里程方向

说明：将自由测站点和 CP III 点的编号标记于上述示意图中。每一测站均应填写一张表格。

观测： 记录： 测量时间： 时 分

×××高速铁路 CP III 测站信息表 表 F.4.2

土建＿＿标(＿＿工区/＿＿组)＿＿＿＿＿＿段 第 页共 页

仪器型号和编号：

序号		1	2	3	4	5	6	7	8
测站	编号/点名								
	测站高								
	温度								
	气压								
	天气								
	时段								
CP III (按观测顺序填写)	编号 1								
	编号 2								
	编号 3								
	编号 4								
	编号 5								
	编号 6								
	编号 7								
	编号 8								
	编号 9								
	编号 10								
	编号 11								
	编号 12								
	棱镜高								
CP I/ CP II	点名								
	棱镜高								
备注									

组长： 复核： 监理： 日期：

附录 G　高速铁路工程现场交接桩纪要

交接桩纪要封面式样如下，纪要内容和交接记录如表 G.1 和表 G.2。

__________线__________段

测量控制桩现场交桩纪要

__________标段

(DK　　＋　　至 DK　　＋　　)

年　　月　　日

______交接桩纪要 表 G.1

______年______月______日至______年______月______日，______建设单位、______测量单位、______监理咨询单位和______施工单位进行了交接桩工作。测量单位测量代表将测设在实地的桩点交给接桩单位代表，现纪要如下：

一、交桩范围：

标段 DK ＋ 至 DK ＋ 段

二、参加单位及参加人员：

建设单位： （参加人员）

测量单位： （参加人员）

监理咨询单位： （参加人员）

施工单位： （参加人员）

三、交接桩记录表（见附件）：

四、资料交接单位及签字：

交桩单位： （章） 交桩者：

年 月 日

接桩单位： （章） 接桩者：

年 月 日

咨询监理单位： （章） 监理代表：

年 月 日

测量控制桩现场交接记录表 表 G.2

______线______段(DK ＋ 至 DK ＋)

序 号	控制桩编号	完 整 情 况	备 注

交桩人： 日期： 接桩人： 日期：

附录

参 考 文 献

[1] 石德斌,王长进,李博峰.高速铁路轨道控制网测量和数据处理探讨.铁道工程学报,2009(4).

[2] 李明军,基于某高速铁路精密工程控制测量若干问题的研究.吉林大学硕士学位论文,2009.

[3] 蔡士毅,李博峰,石德斌等.无砟轨道高速铁路精密测量数据处理.大地测量与地球动力学.

[4] 阳力,吕超.CORS系统卫星跟踪基准站建设的探讨.地理空间信息,2007(2).

[5] 梅熙.GPS技术建立铁路客运专线平面控制网若干问题探讨.铁道勘察,2005(5).

[6] 付仁俊.无砟轨道控制网网形和精度设计.西南交通大学硕士学位论文,2008.

[7] 匡翠林.高精度GPS水准算法研究及其应用.中南大学硕士学位论文,2004.

[8] 郑航行.GPS控制网优化技术及坐标转换研究.解放军信息工程大学硕士学位论文,2007.

[9] 李毛毛.无砟轨道CP III控制网数据处理方法及其软件的集成.西南交通大学硕士学位论文,2008.

[10] 彭仪普,许曦,杨文雅.客运专线无砟轨道精密定轨测量技术研究.铁道科学与工程学报,2007(12).

[11] 朱颖.客运专线无砟轨道铁路工程测量技术.北京:中国铁道出版社,2008.

[12] 覃辉,马德富,熊友谊.高等学校土木工程专业规划教材.测量学.北京:中国建筑工业出版社,2008.

[13] 芮东升,赵陆青.德国高速铁路轨道简介.铁道标准设计,2006(增刊),144-146.

[14] 刘成龙.三点极坐标后方交会原理及其精度估算.西南交通大学学报,1995,30(3):251-256.

[15] 刘卉卉,覃辉,赵福君.参数方程法确定线路放样中边桩坐标.海洋测绘,2008,28(2):44-47.

[16] 铁道第二勘察设计院.高速铁路工程测量规范.北京:中国铁道出版社,2006.

[17] 铁道第二勘察设计院.新建铁路工程测量规范(TB 10101).北京:中国铁道出版社,1999.

[18] 中华人民共和国铁道部.客运专线无砟轨道铺设条件评估技术指南.北京:中国铁道出版社,2006.

[19] 中铁一局集团有限公司.客运专线无砟轨道铁路功臣提供施工技术指南.北京:中国铁道出版社,2007.

[20] 铁道第三勘察设计院,铁道第四勘察设计院.新建时速200～250公里客运专线铁路设计暂行规定(上/下).北京:中国铁道出版社,2009.

[21] 中铁二十三局集团有限公司.高速铁路无砟轨道工程施工精调作业指南.北京:中国铁道出版社,2009.

[22] 中铁八局集团有限公司.客运专线无砟轨道铁路工程施工质量验收暂行标准.北京:中国铁道出版社,2009.

[23] 中铁七局集团有限公司.改建既有线和增建第二线铁路工程施工技术暂行规定.北京:中国铁道出版社,2009.

[24] 铁道部经济规划研究院.铁路轨道设计规范(TB 10082—2005,J 448—2005).北京:中国铁道出版社,2009.

[25] 铁道部.京沪高速铁路设计暂行规定(修订版).北京:中国铁道出版社,2004.

[26] 中铁十九局集团有限公司.铁路客运专线施工与组织.成都:西南交通大学出版社,2006.

[27] 中铁二院集团集团有限责任公司.高速铁路工程测量规范.北京:中国铁道出版社,2009.